NEGOCIAÇÃO EMPRESARIAL

ENFOQUE SISTÊMICO E VISÃO ESTRATÉGICA

NEGOCIAÇÃO EMPRESARIAL

ENFOQUE SISTÊMICO E VISÃO ESTRATÉGICA

DANTE PINHEIRO MARTINELLI

Economista e administrador; mestre, doutor e livre-docente pela FEA-USP (São Paulo); professor titular do Departamento de Administração da FEA-RP (Ribeirão Preto) da Universidade de São Paulo. Atualmente é diretor da FEA-RP-USP.

2ª EDIÇÃO

Manole

Copyright© 2015 Editora Manole Ltda., por meio de contrato com o autor.

Editor gestor: Walter Luiz Coutinho
Editora responsável: Ana Maria da Silva Hosaka
Produção editorial: Marília Courbassier Paris, Rodrigo de Oliveira Silva, Amanda Fabbro
Editora de arte: Deborah Sayuri Takaishi
Projeto gráfico e editoração eletrônica: Acqua Estúdio Gráfico

Dados Internacionais de Catalogação na Publicação (CIP)
(Câmara Brasileira do Livro, SP, Brasil)

Martinelli, Dante Pinheiro
    Negociação empresarial : enfoque sistêmico e
visão estratégica / Dante Pinheiro Martinelli. --
2. ed. -- Barueri, SP : Manole, 2015.

    Bibliografia.
    ISBN 978-85-204-3923-4

    1. Administração de empresas 2. Negociação
I. Título.

14-10065   CDD-658.4

Índices para catálogo sistemático:
1. Negociação empresarial : Administração executiva   658.4

Todos os direitos reservados.
Nenhuma parte deste livro poderá ser reproduzida, por qualquer processo,
sem a permissão expressa dos editores. É proibida a reprodução por xerox.

A Editora Manole é filiada à ABDR – Associação Brasileira de Direitos Reprográficos.

1ª edição: 2002; reimpressões: 2010, 2014
2ª edição: 2015

Editora Manole Ltda.
Av. Ceci, 672 – Tamboré
06460-120 – Barueri – SP – Brasil
Tel.: (11) 4196-6000 – Fax: (11) 4196-6021
www.manole.com.br
info@manole.com.br

Impresso no Brasil
Printed in Brazil

DEDICATÓRIA

Aos meus queridos pais, Dante Angelo Osvaldo Martinelli e Julieta Pinheiro Martinelli, que me geraram e me orientaram desde os meus passos iniciais, ensinando-me o caminho do bem e mostrando-me a importância e o valor dos estudos desde os primeiros anos de minha vida, dedico esta publicação tão singela.

AGRADECIMENTOS

À minha querida esposa, Célia, e às minhas filhas, Tatiana, Patrícia e Silvia, fontes contínuas de inspiração e alegria.

Aos meus pais, Dante e Julieta, fontes constantes de conhecimento e princípios.

Às minhas irmãs, Valéria e Adriana, por toda ajuda e apoio nos momentos de maior pressão.

A todos os colegas e amigos que contribuíram com suas ideias e reflexões para o aperfeiçoamento desta obra.

A todos aqueles que direta ou indiretamente colaboraram para que este livro se tornasse realidade.

E ao Grande Arquiteto do Universo, que me deu forças e coragem para seguir no difícil e tumultuado caminho da preparação deste livro, buscando deixar uma contribuição para esse campo de estudos.

SUMÁRIO

Apresentação, XI
Introdução, XIII

1. NEGOCIAÇÃO, ADMINISTRAÇÃO E VISÃO SISTÊMICA, 1

1.1 Negociação, 1

1.2 Negociação e administração, 3

1.3 Administração e visão sistêmica, 9

1.4 Os três níveis a serem inter-relacionados, 12

2. NEGOCIAÇÃO – VISÃO GERAL, 15

2.1 Breve estado da arte sobre negociação, 15

2.2 Negociação e solução de conflito, 25

2.3 Negociação e ética, 52

2.4 Negociações internacionais em um contexto globalizado, 58

2.5 Negociações na administração, 66

3. USO DOS ESTILOS DE NEGOCIAÇÃO PARA A SOLUÇÃO DE CONFLITOS, 71

3.1 A importância da utilização do conceito dos estilos de negociação, 71

3.2 Classificação de Sparks dos estilos de negociação, 72

3.3 Classificação de Gottschalk, 77

3.4 Os quatro estilos Lifo, 85

3.5 A classificação de Marcondes, 92

3.6 A tipologia de Kinston e Algie, 98

3.7 Os perfis psicológicos desenvolvidos por Ackoff, 108

3.8 Os dez papéis gerenciais do administrador, segundo Mintzberg, 114

X NEGOCIAÇÃO EMPRESARIAL

4. SISTEMAS, 119

4.1 Ligando sistemas e administração, 119

4.2 Pesquisa-ação (*action research*), 129

4.3 Os sistemas indagadores (*inquiring systems*) de Churchman, 134

4.4 O planejamento interativo (*interactive planning*) de Ackoff, 139

4.5 *Strategic Assumption Surfacing and Testing* (Sast) e *Testing Polarized Viewpoints* (TPV), 143

4.6 *Strategic Option Development and Analysis* (Soda), 146

4.7 A metodologia sistêmica flexível (SSM – *Soft Systems Methodology*) de Checkland, 150

4.8 A Heurística Crítica do Planejamento Social (HCPS ou CHSP – *Critical Heuristic of Social Planning*) de Ulrich, 153

4.9 *Critical Systems Thinking* (CST) / *Total Systems Intervention* (TSI) / *Local Systemic Intervention* (LSI), 156

4.10 Administração evolutiva, 158

5. ALGUMAS AVALIAÇÕES DAS ABORDAGENS DE NEGOCIAÇÃO, 163

5.1 Análise de algumas conceituações de negociação, 163

5.2 Análise das abordagens de negociação de alguns autores segundo o enfoque sistêmico, 169

5.3 Análise do nível de sistemicidade das abordagens dos autores considerados, 172

5.4 Classificação dos autores em termos de nível de sistemicidade, 181

6. EM BUSCA DE UMA VISÃO SISTÊMICA NA NEGOCIAÇÃO, 191

6.1 Ligando negociação e sistemas, 191

6.2 Uma proposta de abordagem sistêmica da negociação, 194

6.3 O grupo-laboratório como instrumento para levar a visão sistêmica da negociação às empresas, 232

Considerações finais, 239

Referências, 245

Índice remissivo, 261

APRESENTAÇÃO

O tema negociação vem passando por um desenvolvimento intenso nas duas últimas décadas. Muitas são as publicações que têm surgido, sobretudo de livros, em língua inglesa. A maior parte, porém, não se preocupa em enfocar a negociação sob um ponto de vista sistêmico.

A ideia inicial para a tese de livre-docência do autor (que deu origem a este livro) foi verificar o estado da arte sobre negociação, identificando as diferentes visões e examinando o nível de preocupação existente entre elas quanto a um enfoque sistêmico. A seguir, pretende-se mostrar a importância da visão sistêmica na negociação, bem como os benefícios, para o processo de negociação, da utilização dessa visão. Assim, procura-se inter-relacionar três níveis, a saber: negociação, administração e sistemas.

Nessa linha de pesquisa, foi publicado um primeiro artigo sobre o tema no Congresso Anual de Sistemas da International Society for the Systems Sciences (ISSS), realizado em Louisville, EUA (Martinelli e Almeida, 1996), enfocando a arte da negociação e a busca do "ganha-ganha" no processo, em um contexto de evolução da consciência humana.

Dentre os diversos temas de estudo desenvolvidos em um projeto de pesquisa coordenado pelo autor (inicialmente denominado Grupo-Laboratório, e, posteriormente, Grupo de Sistemas) na FEA-RP/USP e apoiado pelo Conselho Nacional de Desenvolvimento Científico e Tecnológico (CNPq), um dos selecionados foi negociação, cujo assunto foi aprofundado e constituiu-se em um estudo interessante sobre as diversas formas de solucionar um conflito. Esse primeiro estudo gerou um trabalho que foi publicado em congresso (Cavalcanti e Martinelli, 1997) e, depois, seguido por uma série de outros estudos.

O trabalho de pesquisa e o desejo de contribuir para o incremento desse tema originou, a princípio, dois livros sobre o assunto, escritos em coautoria com uma orientanda, que foram publicados em 1997 e 1998. Eles abordavam a negociação de um modo geral, a preocupação em solucionar conflitos e a utilização dos estilos de negociação para isso, buscando partir de um impasse e chegar a uma solução "ganha-ganha", por meio do processo de negociação (Martinelli e Almeida, 1997; Martinelli e Almeida, 1998a).

Apesar de esses dois livros já terem sido publicados, ainda não havia sido dada ênfase suficiente à visão sistêmica no processo de negociação. A tentativa inicial de enfocar a negociação sob esse ponto de vista foi sintetizada em um artigo publicado em uma revista de sistemas na Inglaterra (Martinelli e Almeida, 1998b), na qual se procurou interconectar os três níveis (negociação, administração e sistemas), partindo-se da arte da negociação e da busca do "ganha-ganha" no processo, mostrando as diferentes facetas da negociação e as diversas visões sobre conflito, além dos pontos básicos sobre o processo de negociação. Apresentaram-se ainda as ligações básicas entre negociação e administração, e entre negociação e visão sistêmica, a fim de incorporar a visão sistêmica ao processo de negociação.

Seguindo nessa linha, no VII Congresso Anual da Asociación Argentina de Teoría General de Sistemas y Cibernética (AATGSC) foi apresentado e publicado um artigo intitulado "Em busca de uma visão sistêmica da negociação", que tentou sintetizar a proposta de desenvolvimento da tese de livre-docência do autor, que estava em andamento (Martinelli, 1998). A preocupação principal nesse artigo foi a de estabelecer uma ligação entre a metodologia sistêmica e a negociação, percorrendo as várias correntes do pensamento sistêmico desde os seus primórdios, com a origem da pesquisa--ação, por meio da articulação dos passos fundamentais dessa metodologia (com Lewin, 1943-1947), chegando até as contribuições de Maruyama (1996) e Flood (1996a).

Negociação, administração e visão sistêmica podem ser considerados três níveis básicos a serem interconectados. A tese de livre-docência deste autor, apresentada e defendida em concurso na FEA-USP, em São Paulo, consolidada posteriormente neste livro, traz uma reflexão e uma contribuição para a busca de uma visão sistêmica no tratamento da negociação, seja no treinamento empresarial, seja nas atividades do dia a dia das organizações.

INTRODUÇÃO

As principais preocupações deste livro são: ressaltar a importância crescente que o tema negociação vem assumindo nas últimas décadas, mostrar como o conhecimento e a utilização das diversas classificações de estilos de negociação e dos diferentes perfis dos negociadores podem auxiliar no encaminhamento e na solução dos conflitos e, principalmente, apresentar o tema negociação segundo uma visão sistêmica, visando torná-la estratégica.

O Capítulo 1 apresenta a preocupação básica deste livro, que é buscar ligar e integrar Negociação, Administração e Visão Sistêmica. Para isso, são apresentadas inicialmente as principais características das negociações. Em seguida, busca-se mostrar como a administração está intimamente ligada à negociação, assim como a importância das negociações para os sistemas administrativos. Mostra-se ainda a relevância de identificação do contexto administrativo no qual as negociações se desenvolverão. Na sequência, busca-se mostrar a ligação entre administração e visão sistêmica. Finalmente, procura-se encaminhar para uma ligação entre essas três áreas tão importantes na atividade empresarial e no dia a dia das pessoas em geral.

O Capítulo 2 é dedicado à apresentação de uma visão panorâmica da negociação, com um breve estado da arte sobre o assunto, e dos autores clássicos desse tema, seguido da ligação entre negociação e solução de conflitos, além dos aspectos relacionados à ética e às negociações internacionais em um contexto globalizado, assim como dos principais aspectos das negociações no mundo empresarial.

O Capítulo 3 trata da importância da utilização dos estilos de negociação para a solução dos conflitos, bem como aborda diversas classificações sobre estilos de negociação, perfis psicológicos e papéis gerenciais do administrador, que são fundamentais para o bom encaminhamento de um processo de negociação e solução de conflito.

O Capítulo 4 versa sobre o pensamento sistêmico e suas diferentes correntes, enfocando a *action research* (muitas vezes traduzida por pesquisa-ação, pesquisa da ação ou pesquisa na ação), os *inquiring systems* (sistemas indagadores, de Churchman), o Planejamento Interativo (de Ackoff), assim como o *Strategic Assumption Surfacing and Testing* (SAST), o *Testing Polarized Viewpoints* (TPV) e o *Strategic Options Development and Analysis* (Soda). São abordados, ainda, a Metodologia Sistêmica Flexível (*Soft Systems Methodology* – SSM, desenvolvida por Checkland), a Heurística Crítica do Planejamento Social (*Critical Heuristic of Social Planning* – CHSP, de Ulrich), o *Critical Systems Thinking* (CST, de Flood & Jackson), o *Total Systems Intervention* (TSI, de Flood), o *Local Systemic Intervention* (LSI, de Flood) e a corrente da Administração Evolutiva, de Sankt Gallen, na Suíça.

No Capítulo 5 são feitas algumas avaliações a respeito das principais abordagens de negociação de que se tem notícia, em que se procura verificar o nível de sistemicidade existente nelas, concluindo com a divisão dessas abordagens entre as que podem ser consideradas pouco sistêmicas, as parcialmente sistêmicas e uma considerada como quase sistêmica.

O Capítulo 6 é dedicado à procura de uma visão sistêmica na negociação, partindo do que existe hoje na literatura sobre a ligação entre negociação e sistemas. Nele são apresentados alguns aspectos considerados fundamentais para uma abordagem sistêmica da negociação e, a partir disso, uma proposta de abordagem sistêmica da negociação. Esse capítulo é concluído com a ideia de se utilizar o Grupo-Laboratório (grupo de pesquisa criado e orientado por este pesquisador, atualmente chamado de Grupo de Sistemas da FEA-RP/USP) como instrumento para levar a visão sistêmica da negociação às empresas, na região de Ribeirão Preto (inicialmente com as empresas assistidas por esse grupo, pretendendo, posteriormente, estender essa visão às empresas, de maneira geral).

1.

NEGOCIAÇÃO, ADMINISTRAÇÃO E VISÃO SISTÊMICA

1.1 Negociação

A busca de relações duradouras nas negociações pode levar a novas ne-gociações no futuro, além de manter e, inclusive, aperfeiçoar o contato já existente entre as partes do processo. Esse esforço para atender às várias partes envolvidas leva ao que, na literatura, é chamado de "ganha-ganha" (Nierenberg, 1981; Jandt, 1985; Sparks, 1992; Weeks, 1992; Ury, 1993; Hodg-son, 1996; Lewicki et al., 1996).

Haja visto que, em uma negociação, sempre deve-se buscar a satisfação de ambos os lados envolvidos, ou seja, o "ganha-ganha", é importante que seja aplicada continuamente a visão sistêmica no processo, pois ela apresen-ta uma visão mais global da negociação, que possibilita enxergar, de maneira mais clara, os diferentes envolvidos, direta e indiretamente, no processo de negociação, bem como seus principais interesses e as diversas alternativas possíveis para a solução do conflito.

Além disso, a negociação deve buscar relações duradouras sempre, ten-tando identificar interesses comuns. Enquanto antes a ideia era a de levar vantagem em tudo, sem se preocupar em satisfazer ao outro lado envolvido na negociação, mais recentemente entendeu-se que atingir a satisfação de ambos os lados é um aspecto fundamental para o sucesso da negociação. Assim, deixar explícitas as necessidades básicas das duas partes tornou-se mais importante que a visão tradicional em negociação.

Como exemplo típico do "ganha-ganha" pode-se citar o tradicional caso de duas crianças que disputam uma laranja. Após muita discussão, identificam que a única saída é repartir a laranja ao meio, dividindo os resultados. O esperado seria que, após dividirem a laranja, ambas as crianças chupassem a polpa e jogassem a casca fora. O que pode acontecer, porém, é uma criança chupar realmente a polpa e jogar a casca fora e a outra jogar a polpa fora, mas levar a casca para casa, pedindo à sua mãe que faça um doce com ela.

Este é um exemplo típico no qual, se ambas as partes tivessem identificado seus reais interesses, poderiam ter maximizado seus ganhos, ficando uma com toda a polpa e a outra com a casca inteira, já que seus interesses eram absolutamente complementares.

Outra característica fundamental de um processo de negociação refere-se à importância da utilização de tempo, poder e informação ao longo da negociação, conforme será visto no Capítulo 2. Segundo Cohen (1980, p. 13), pode-se conceituar negociação como "[...] a utilização da informação e do poder, buscando influenciar o comportamento em uma rede de tensão". O poder pode ser dividido em vários tipos, sendo importante conhecê-los, bem como as suas possibilidades de aplicação. Já o tempo deve ser cuidadosamente analisado numa negociação, a fim de verificar como ele afeta o processo, devendo ser ponto de apoio para se projetar o negócio. Na verdade, o limite do tempo é definido por quem negocia, podendo se tornar mais flexível do que se imagina. A informação é a outra variável básica de um processo de negociação, sendo de fundamental importância tanto antes do processo como durante, conforme será detalhado nos Capítulos 5 e 6. É importante ressaltar, ainda, que as três variáveis estão fortemente entrelaçadas, porquanto informação pode gerar poder, informação pode gerar tempo, tempo pode gerar poder, tempo pode gerar informação, poder pode gerar informação, assim como poder pode gerar tempo. Vê-se, então, a grande ligação entre as três variáveis e, consequentemente, a importância de tratá-las em conjunto.

É importante ressaltar que todas as partes envolvidas em uma negociação normalmente têm um prazo limite para tomar a decisão. Porém, muitas vezes, a outra parte pode parecer indiferente em relação ao prazo, o que pode acarretar transtornos, haja visto que aumenta a pressão sobre o oponente, levando-o a fazer concessões. Entretanto, uma parte exercerá um poder maior sobre a outra, se souber estimar o prazo limite do oponente. O fato de não se esquecer de que os prazos são fixados de acordo com os interesses do negociador evita tumultos, concessões desnecessárias e um péssimo acordo.

Outro aspecto relevante refere-se à comunicação, cuja importância é frequentemente subestimada numa negociação. Reconhecer o momento correto, saber ouvir e falar objetivamente são aspectos fundamentais para uma comunicação efetiva. Assim, Fisher e Ury (1985, p. 30) definem negociação como "um processo bilateral de comunicação com o objetivo de alcançar uma decisão compartilhada".

Como observa Mills (1993, p. 6), em uma negociação ambos os lados têm interesses comuns e conflitantes; assim, para que a negociação se justifique, os dois lados têm de estar presentes no processo. Mesmo que eles não estejam presentes fisicamente, é fundamental seu envolvimento para encaminhar a solução das questões. Na verdade, se todos os interesses forem comuns, não há necessidade de negociação; por outro lado, se os interesses forem absolutamente conflitantes, torna-se impossível negociar, visto que ambos os lados tentam obter exatamente o mesmo resultado, ou seja, vencer. Dessa forma, torna-se fundamental identificar claramente quais são os interesses comuns e quais são os conflitantes.

Apesar dos interesses conflitantes, as partes têm sempre interesses comuns, mesmo que seja apenas querer o sucesso do empreendimento maior do qual fazem parte. Por exemplo, se o conflito se dá entre o empresário de uma indústria e o fornecedor da matéria-prima, ambos terão interesses conflitantes, principalmente quanto ao lucro. Devem atentar, porém, para o fato de que ambos têm interesse de que o mercado consumidor se consolide ou até se amplie, em função da qualidade e do preço do produto final (o que depende da satisfação de ambos e, portanto, de uma boa negociação). Destacar logo de início os interesses comuns pode ser fundamental para preparar psicologicamente as partes solucionarem os interesses conflitantes da melhor forma.

1.2 Negociação e administração

A administração está intimamente ligada à negociação, a qual, segundo Lax e Sebenius (1986), constitui o meio de vida do administrador. Seja qual for a maneira pela qual se encara uma empresa, como máquina, organismo ou sistema social (Ackoff, 1994, p. viii), ou, de maneira mais ampla, por meio do relacionamento entre as pessoas – o que transcende a visão tradicional de uma fronteira estabelecida entre a organização interna e seus clientes externos (Flood, 1995, p. 19) –, fica evidente a importância fundamental da negociação para os sistemas administrativos. Embora possa até ser classificada por muitos como um trabalho não gerencial, trata-se de uma parte vital da função de um administrador (Mintzberg, 1973, p. 91 e 93).

A literatura de Administração oferece pouco apoio para a teoria e a prática da negociação, embora o uso já tradicional dos estudos de casos e, especialmente, dos jogos de empresas (p. ex. Martinelli, 1987, 1988a, 1988b) na formação dos administradores evidencie a importância da negociação na administração – na verdade, muitos desses casos e jogos são situações de negociação, e a análise sistemática deles provavelmente forneceria um conjunto importante de dados empíricos a respeito das práticas de negociação.

É possível citar diversos jogos de empresas como casos típicos de negociação durante toda a simulação. Dentre eles, um exemplo é o Exercício de Gestão Simulada (EGS), desenvolvido na Universidade de Michigan e adaptado na FEA-USP por Mario Tanabe (Martinelli, 1987, p. 114). Nesse jogo, o autor afirma que a finalidade é "propiciar um meio ambiente empresarial hipotético, dentro do qual os participantes possam praticar a arte e a ciência do planejamento e da tomada de decisão em nível de alta administração". Nessa tomada de decisões contínuas na simulação da empresa, a tônica são as negociações que se realizam entre os participantes da empresa, assim como entre a empresa e o meio ambiente no qual ela está inserida.

Por outro lado, o autor do EGS observa que o jogo pode ser considerado um estudo dinâmico de casos, em que os resultados são determinados pela interação entre as equipes participantes e dentro delas, que ocorre no contexto da estrutura econômica modelada no computador. Aliás, essa observação vale para a grande maioria dos jogos de empresas, tendo como principal diferença em relação aos estudos de casos o fato de se ter, nos jogos de empresas, uma sequência de estudos de situações (após as diferentes decisões e seus respectivos resultados), o que dá uma ideia sequencial das decisões, introduzindo, com isso, uma série de situações de negociação, dentro e fora da empresa.

Mintzberg já havia afirmado, no seu fundamental estudo *The Nature of Managerial Work* (1973), que a negociação "é parte vital da atividade do administrador", o que contrasta com a tendência clara da literatura da Administração, que ou deixava de lado a negociação ou a apresentava como atividade não administrativa. Essa tendência vem mudando rapidamente ao longo das duas últimas décadas.

Essa maneira de ver a negociação pelos clássicos da Teoria da Administração ou pelo Movimento das Relações Humanas não é surpreendente. Para eles, o conflito era algo intrinsecamente mau (no caso dos clássicos da Teoria da Administração) e deveria ser ou suprimido, ou visto como uma doença, que deveria ser curada (para o Movimento das Relações Humanas). Em ambas as visões, isso deveria ser feito por medidas da alta administração.

Posteriormente, porém, com o desenvolvimento da Teoria da Administração e com as novas correntes que foram surgindo, era de se esperar que haveriam contribuições à negociação pelo menos por parte da Teoria da Contingência, com seu contínuo intercâmbio com o ambiente e, portanto, sua contínua adaptação interna em relação ao ambiente externo. Todavia, a abordagem mais propriamente empírica dos administradores "contingenciais" parece ter contribuído para empurrá-los para a corrente dos que viam a negociação como algo que se aprende fazendo, no dia a dia.

Talvez menos obviamente – até mesmo paradoxalmente, para muitos – deveriam ser esperadas contribuições da Cibernética Administrativa, especialmente do Viable System Model (Modelo de Sistema Viável, de Beer, 1972), que oferecia às organizações um esqueleto conceitual para se estruturarem e reestruturarem como entidades globais, capazes de se controlarem não apenas para o êxito a curto prazo, mas também para se manterem de maneira válida "no curso" a longo prazo, aprendendo continuamente a se adaptar a um ambiente em transformação constante.

Mesmo que esse aprendizado contínuo seja distorcido em um ambiente coercitivo, o funcionamento do modelo pressupõe negociação contínua. Todavia, não houve nenhuma menção específica a técnicas de negociação, pelo menos até Beer (1994) propor a Team Sintegrity como um meio de melhorar a cibernética do grupo em direção a uma forma mais democrática do que o padrão hierárquico habitual.

Nesse sentido, a Team Sintegrity pode tornar-se significativa também para a negociação, constituindo-se em um instrumento fundamental para a busca da visão sistêmica no processo. Há que se destacar que essa busca da visão sistêmica refere-se tanto às negociações internas da empresa quanto às negociações da empresa com o seu ambiente externo. Essas negociações são de fundamental importância para o processo de busca de consenso, conforme proposto por Ackoff (1994). E, em verdade, da própria escola de Beer deve ser mencionada a Metodologia Cibernética de Espejo (Espejo, 1990, 1992; Bowling e Espejo, 1992; Espejo et al., 1996), em razão de sua preocupação com o debate na transformação e no aprendizado organizacionais, embora aparentemente sem nenhum intercâmbio com a literatura de negociação. Ainda dever-se-ia esperar contribuições da chamada Administração Evolutiva (por exemplo, Ulrich e Probst, 1984; Probst, 1987) ou "corrente sistêmico-evolutiva" (Glasl e Lievegoed, 1993).

Característica comum a essas abordagens parece ser uma visão holística das organizações como sistemas viáveis que, pelas interações de seus participantes, são capazes de autoprojeto, autorreflexão e auto-organização. Elas não podem ser totalmente projetadas, controladas ou desenvolvidas por uma instância externa ou superior (se interna). Suas metas, seu projeto e toda sua história são apenas dados e restrições sobre os quais se constrói o autodesenvolvimento da organização, *pari passu* com o autodesenvolvimento de todas as pessoas envolvidas, sejam elas proprietárias, administradores ou empregadas – *shareholders* e *stakeholders*. Nas palavras de Malik e Probst (1984), "elas são, na verdade, o resultado da ação do homem, mas não somente o projeto do homem".

Viu-se assim, panoramicamente, que, na literatura produzida pelas grandes correntes da Teoria da Administração, não há preocupação explícita com a negociação. Contudo, há boas contribuições isoladas de interesse que podem ser úteis para o estabelecimento de uma visão sistêmica na negociação, dentre as quais se destacam:

- O esquema do padrão de negociação de Mintzberg (1973).
- "Os sete caminhos distintos de decisão e ação" de Kinston e Algie (1989).
- A análise e a utilização dos três cenários básicos – pluralista, unitário e radical/coercivo.
- Os perfis psicológicos, desenvolvidos por Ackoff (1996).

Na esquematização de Mintzberg, pode-se ver o processo de negociação como o acoplamento de dois caminhos de decisão e ação inicialmente independentes, que devem alcançar uma solução final comum a ambos. Os dois caminhos compreendem quatro fases básicas e recorrentes:

- Identificar a decisão.
- Especificar objetivos e restrições.
- Buscar alternativas.
- Avaliar as alternativas.

Se uma alternativa se mostra inaceitável, cada tomador de decisões busca novas alternativas ou revê seus objetivos e restrições. No curso do processo de negociação, os dois tomadores de decisão tentam o acordo. Se não se chegar a ele, as partes simultaneamente reveem as restrições, elaboram novas ofertas e negociam novamente. Isso continua até se atingir o acordo – seja sintetizando os argumentos opostos, seja negociando um compromisso –, ou até que uma das partes decida procurar uma alternativa diferente. E repetem-se os passos, até se atingir o acordo ou um impasse. Se as disputas persistem e se chega-se a um impasse, mediadores ou árbitros internos podem ser chamados para ajudar. Eles precisam ser capazes de reconhecer os interesses de ambas as partes e não ser indevidamente desviados por visões parciais (Kinston e Algie, 1989, p. 123).

Ao desempenharem seu papel de negociadores, os administradores tenderão a seguir seus perfis globais pessoais e profissionais, que poderão ser caracterizados por um dos sete tipos de Kinston e Algie, a saber: racionalista, empírico, pragmático, dialético, sistêmico, estruturalista e intuitivo, ou por uma combinação de alguns deles (conforme apresentado em detalhes no item 3.6).

A avaliação realista das características próprias e das características das outras partes, em relação a esse quadro de referência, pode ser muito útil para orientar cada um dos negociadores quanto aos caminhos de negociação e pode evidenciar possibilidades de uso de diferentes estilos de negociação ou de como se evitar determinados estilos.

Fortemente ligada a essa avaliação realista dos perfis dos negociadores está a identificação do contexto administrativo no qual a negociação se dará ou a identificação dos contextos administrativos de onde os negociadores provêm, a saber: o unitário, o pluralista ou o radical/coercitivo (Burrell e Morgan, 1979; Morgan, 1986; Jackson, 1991). Isso é crucial para a escolha do estilo de negociação conveniente.

Os contextos são concisamente descritos no Quadro 1.1:

Quadro 1.1 – Os três contextos gerenciais básicos

	UNITÁRIO	PLURALISTA	RADICAL/COERCITIVO
Interesses individuais ou grupais vistos como:	Coincidentes com os objetivos da organização, a serem atingidos mediante trabalho de equipe bem integrado	Coincidentes só em parte com os objetivos (formais) da organização, perseguidos, pois, mediante coalizões *ad hoc*	Amplamente incompatíveis, criando "campo de batalha" interno

(continua)

Quadro 1.1 – Os três contextos gerenciais básicos (*continuação*)

	UNITÁRIO	PLURALISTA	RADICAL/COERCITIVO
Conflito visto como:	Enfermidade, relativamente rara, a ser suprimida ou curada pela alta administração	Natural, potencialmente positivo e funcional	Parte inevitável de conflito social mais amplo, devendo ser reprimido (e permanecendo latente)
Poder	Substituído ou dissimulado por conceitos de autoridade, controle e (se possível) liderança, visando aos objetivos comuns	Distribuído entre os indivíduos e grupos da organização	Considerado reflexo das relações sociais de poder, dependendo, pois, de luta mais ampla para o controle social

No dia a dia da vida das organizações, o contexto coercitivo pode surgir como uma disputa pessoal aparentemente isolada entre proprietários e empregados e, conscientemente ou não, pode ser disfarçado como ambiente unitário, ou até mesmo pluralista.

Em estrita relação com os vários contextos, devem ser lembrados os estudos de Thomas (1976, 1977) sobre as cinco maneiras de lidar com o conflito (cujas três primeiras levam a situações com perdedores):

- Evitar.
- Acomodar.
- Competir.
- Colaborar, procurando o "ganha-ganha".
- Aceitar solução de compromisso (intermediária entre as outras quatro maneiras, necessariamente uma solução temporária, ou mesmo uma pseudossolução, especialmente se não se perceber que deve ser temporária).

Como já salientado, essas maneiras apontam, por razões éticas ou pelo menos pragmáticas, para a negociação orientada para o "ganha-ganha", estreitamente ligada às estratégias "abrangentes" de Churchman para lidar com os oponentes.

Também ligada aos diferentes contextos está a questão das "compreensões compartilhadas atingíveis" (Flood, 1996a, p. 6), que são:

- O consenso.
- A acomodação.
- A tolerância.
- O consenso imposto, típico de contextos radicais/coercitivos (e que, na verdade, amiúde atua dissimuladamente também em meios/ambientes unitários).

O consenso – concordância genuína graças à total coincidência das visões, das necessidades e dos desejos legítimos dos diversos participantes – pode ser alcançado tanto em ambientes unitários como em ambientes pluralistas.

A acomodação, que preserva até certo ponto algumas das diferenças, é característica dos contextos pluralistas.

Por sua vez, a tolerância entre visões fortemente divergentes ou mesmo irreconciliáveis é, com certa frequência, usada construtivamente para, em uma relação tensa, criar uma tensão positiva que permita procurar maneiras diversas de proceder, usando a liderança, que "começa quando o consenso normal começa", a fim de "capitalizar o potencial evolutivo do conflito" (Espejo et al., 1996, p. 20; Morgan, 1986, p. 190; Jackson, 1991).

1.3 Administração e visão sistêmica

Diversas definições de sistema podem ser encontradas na literatura, variando conforme os interesses, a formação e a especialização do respectivo autor; no fundo, cada sistemista tem sua própria definição. Apesar do exagero dessa assertiva, Rosen (1986, apud Klir, 1991, p. 213) observa que os próprios fundadores da Teoria dos Sistemas não tentaram dizer o que um sistema seria; e quanto à teoria, eles somente a caracterizaram obliquamente, dizendo que ela compreenderia todos os estudos de interesse para mais de uma disciplina. Com isso, evitaram toda a questão.

Sadovsky (1974), em seu *Fundamentos da Teoria Geral de Sistemas* (apud Blauberg et al., 1977, p. 126), analisou mais de trinta definições diferentes do conceito de *sistema*, dentre as quais se destacam:

- Bertalanffy (1971): "É um conjunto de elementos inter-relacionados".
- Ashby (1960): "Qualquer conjunto de variáveis [...] disponível na vida real".

- Hall e Fagen (1956): "Um conjunto de objetos, junto com relações entre os objetos e seus atributos".
- Sengupta e Ackoff (1965): "Um conjunto de atividades ligadas, no tempo e no espaço, por um conjunto de tomada de decisões e de avaliação de comportmentos, ou seja, de controle".
- Beer (1959): "Qualquer coisa que consista de partes interligadas".
- Mesarovic (1965): "O mapeamento de um subconjunto de termos (*inputs* e estados) em outro (*outputs*)".

Mesarovic e Takahara (1975, p. xi) distinguem duas maneiras pelas quais um sistema pode ser descrito:

- Como uma transformação de entrada (estímulos) em saídas (respostas) – é a chamada abordagem de entradas/saídas, ou causal, ou visão sistêmica como processo.
- Com referência à realização de uma intenção ou à busca de objetivo – é a chamada abordagem de tomada de decisão ou de busca de objetivo, ou modelo cibernético, e esta nos parece mais convincente parra nossos fins de uso da Teoria de Sistemas ou da "visão sistêmica, na negociação".

Nessa linha, encontra-se a definição de Churchman (1971): "sistema é um conjunto de partes coordenadas para realizar um conjunto de finalidades". Detalhando-a um pouco mais, serão grifados os termos com maior carga semântica, a eles associando (entre parênteses) outros termos, para lembrar que cada palavra dessa definição envolve inúmeras considerações bem amplas, algumas das quais serão feitas oportunamente.

Sistema (sempre parte de sistemas maiores) é um conjunto de **partes** (cada parte também é um sistema) **inter-relacionadas** (interações, fluxos de matéria, energia ou informação), constituindo um **todo** (globalidade, holismo, "wholismo", *Gestalt*) **organizado** (planejamento, controle) para **atingir** (dinamismo) determinado **objetivo** (atingir determinado resultado, realizar determinado processo, apresentar determinado comportamento).

Desde já observa-se que, para certas correntes, "não há objetivo", isto é, não há objetivo fixo, predeterminado: o sistema e seu ambiente estão em constante mudança e, com eles, os objetivos.

Churchman sublinhou cinco aspectos básicos para o tratamento dos sistemas, como se comentará no item 4.3:

- Os objetivos do sistema total e, especificamente, a medida de desempenho do sistema em si.
- O ambiente do sistema.
- Os recursos do sistema.
- Os componentes do sistema.
- A administração do sistema.

Como diz Boulding (1956), nota-se que a Visão Sistêmica, assim como todas as ciências verdadeiras, está baseada em uma busca sistemática de justiça e ordem no universo. Por ter um caráter tão amplo e geral é que Boulding a chamou de Teoria Geral de Sistemas.

A Teoria de Sistemas fornece uma perspectiva essencial para desenvolver as ciências sociais e estudar as organizações. A abordagem enfoca complexos inter-relacionamentos entre variáveis e fornece um conjunto de conceitos para descrevê-los e analisá-los.

Uma das grandes contribuições da Teoria de Sistemas para a Teoria da Administração foi o fato de ter levado os administradores a pensarem nas suas organizações como sistemas abertos, com suas responsabilidades focadas no estabelecimento de objetivos para os sistemas, na criação de subsistemas formais, na integração dos diversos sistemas e na adaptação da organização ao seu ambiente. É comum questionar-se a fixação de objetivos como instrumento para o planejamento e administração de uma empresa, dando-se ênfase cada vez maior às relações externas da empresa, ou seja, à sua adaptação ao meio ambiente, como ajustar-se a ele e até mesmo interferir nele para alterá-lo, de acordo com seus interesses e possibilidades (Melcher, 1975).

A Teoria de Sistemas fornece uma perspectiva "wholística", porque enfoca a atenção na dinâmica do relacionamento. Põe em forte relevo que as análises tradicionais, usando comparações estáticas, frequentemente levam a análises parciais e conclusões enganosas.

Burack (1975) vê o desenvolvimento dos conceitos sistêmicos como uma orientação de tratamentos frutíferos dos problemas organizacionais, e Neghandi (1975) vê a utilidade de conceitos sistêmicos para elaborar uma teoria das organizações que vá além das hipóteses simplificadoras da teoria tradicional, embora não veja o promissor *desideratum* de uma teoria sistêmica total das organizações ser atingido.

Os gerentes práticos frequentemente são confrontados com desafios que requerem novas maneiras de pensar e pedem ajuda ao mundo acadêmico, a fim de que este lhes forneçam um "par de lentes sistêmicas", com uma perspectiva geral, que seja genérica, abrangente, holística e concreta, capaz de descrever a atuação administrativa. Mas os acadêmicos estão ficando atrás dos profissionais.

Carlsson e Cavallo (1979) ainda observaram que, vendo a Teoria de Sistemas como uma metadisciplina, suas contribuições à Ciência da Administração poderiam ser dadas em termos de paradigmas, metodologias, adaptação da pesquisa operacional, linguagem e técnicas de modelagem, e que a Teoria de Sistemas deveria abordar esses problemas, a fim de dar sua contribuição à Ciência da Administração.

Checkland (1980), por outro lado, viu um problema, independente do impacto da Ciência da Administração na prática do gerenciamento empresarial. Apontou uma solução, com sua Soft Systems Methodology, a qual, de 1972 até os dias de hoje, tem dado boas provas em centenas de aplicações (Checkland e Scholes, 1990).

Na mesma época, aliás, surgiram, com o mesmo espírito *soft*, e com outras centenas de aplicações, o Social Systems Design, de Churchman (1979), e sua operacionalização por meio do SAST (Strategic Assumption Surfacing and Testing – Mason e Mitroff, 1981); o Interactive Planning, de Ackoff (1981); e o Interactive Management de Warfield (1983) (Warfield e Cardenas, 1994). E, mais recentemente, a SODA (Strategic Options Development and Analysis – Eden, 1989); a UDBSM (User Designer-Based Soft Methodology – Evans, 1994), que serão expostos no Capítulo 4.

Com o passar dos anos, a "visão sistêmica" passou a caracterizar numerosas pesquisas no campo da Administração, principalmente na busca de diretrizes e metodologias para a chamada "administração sistêmico-evolutiva", "integrada", "holística" (Ackoff, 1990; Ray e Rinzler, 1993; Doppler e Lauterburg, 1994; Bleicher, 1992a; Königswieser e Lutz, 1992; Malik, 1993; Ulrich e Probst, 1984, Schwaninger, 1994).

1.4 Os três níveis a serem inter-relacionados

Na verdade, pode-se considerar negociação, administração e visão sistêmica como três níveis hierárquicos básicos interconectados. Apesar disso, muitos dos novos resultados na evolução da negociação não são sequer mencionados pelos enfoques sistêmicos que lidam com Administração, embora esses enfoques sejam usualmente caracterizados pelo debate amplo e aberto de questões relevantes da condição humana (Churchman, 1979, p. 147). Mesmo os sistemistas mais recentes (até a década de 1990) nem ao menos citam os principais autores de negociação dos anos de 1980, tais como Cohen (1980), Nierenberg (1981), Fisher e Ury (1985).

Por outro lado, os autores que mais recentemente escrevem sobre negociação (Acuff, 1993; Gibbons e McGovern, 1994; Pollan e Levine, 1994; Steele et al., 1995; Albrecht e Albrecht, 1995; Casse, 1995; Hodgson, 1996; Robinson, 1996) também não parecem estabelecer grandes ligações com o movimento sistêmico.

Nesse sentido, parece conveniente buscar uma ligação entre essas três áreas tão importantes na atividade empresarial e no dia a dia das pessoas em geral. Assim, tenta-se uma reflexão sobre negociação, administração e sistemas, em busca de uma visão sistêmica na negociação.

2.
NEGOCIAÇÃO – VISÃO GERAL

2.1 Breve estado da arte sobre negociação

Até a década de 1980, poucas eram as referências ao tema *negociação*. Não havia praticamente nada escrito sobre o assunto, principalmente em português. Nas décadas de 1990 e 2000, porém, o tema *negociação* tornou-se um assunto muito discutido e aumentou muito a procura por cursos e treinamentos nessa área. Passando por um desenvolvimento muito intenso, muitas são as discussões a respeito desse campo do conhecimento. Seria um assunto novo que apenas agora vem surgindo? Ou seria um campo antigo no dia a dia das pessoas, porém sem um embasamento conceitual que lhe garantisse um bom desenvolvimento? Ou, ainda, tratar-se-ia de uma prática importante na atividade das pessoas de um modo geral e, em especial, no mundo empresarial, que necessitaria de uma maior análise e sistemicidade das suas atividades, de forma a ser mais útil no dia a dia das pessoas?

Ter ambos os lados envolvidos na negociação satisfeitos, com suas necessidades básicas supridas, é fundamental, além de ser uma visão mais recente sobre o assunto, já que, no passado, pensava-se em atender às próprias necessidades, sem se preocupar com o outro lado. O pensamento, em geral, era de levar vantagem e de não se preocupar em atender ao outro. Com o tempo, foi-se percebendo que uma negociação desse tipo, atendendo só a um dos lados e caracterizada pelos principais autores como negociação "ganha-perde" (no sentido de que, para um lado ganhar, o outro teria necessariamente que perder), teria poucas condições de se manter no médio prazo, bem como, provavelmente, não levaria a novas negociações, pois a parte prejudicada evitaria qualquer tipo de contato para não ser novamente lesada. Além disso, seria uma negociação que não contribuiria para criar nem para manter um relacionamento futuro entre as partes; ao contrário, poderia até contribuir para afetar negativamente ou até destruir um relacionamento já existente.

Utilizando-se os autores clássicos sobre o tema, várias são as definições que podem ser citadas, abrangendo diferentes aspectos e enfoques e mostrando visões diversas sobre o tema *negociação*.

2.1.1 A importância da comunicação no processo

"Negociação é um processo de comunicação bilateral, com o objetivo de se chegar a uma decisão conjunta" (Fisher e Ury, 1985, p. 30). Pela definição de Fisher e Ury, nota-se um fator fundamental no processo de comunicação (em especial dentro de uma negociação), ou seja, o fato de que ela deve ser bilateral, satisfazendo ambos os lados envolvidos, porque um estará sempre transmitindo uma mensagem (no caso, o emissor), enquanto o outro lado a estará recebendo (trata-se do receptor); provavelmente, em um momento seguinte, esses papéis invertam-se, tornando o receptor um emissor e assim sucessivamente.

A comunicação bilateral já mostra uma preocupação maior (mesmo que indiretamente) com a satisfação das necessidades de ambas as partes, ou seja, já se nota uma tendência maior de se encaminhar para uma negociação "ganha-ganha". Além disso, quando os autores citam o objetivo de chegar a uma decisão conjunta, percebe-se claramente a vontade de atender às duas partes envolvidas no processo. Portanto, parece tratar-se de uma abordagem muito mais voltada para uma negociação do tipo "ganha-ganha", em relação às anteriormente citadas.

"Negociação é o processo de comunicação com o propósito de atingir um acordo agradável sobre diferentes ideias e necessidades" (Acuff, 1993, p. 21). Nota-se, novamente, a grande ênfase da comunicação no processo, embora esse autor afirme que a negociação tem muito mais a ver com persuasão do que com o uso do poder simplesmente, ao contrário do que dizem outros, que dão importância excessiva, talvez até exagerada, aos vários tipos de poder nesse processo.

Outros aspectos importantes que estão por trás dessa definição são aqueles ligados a questões comportamentais. Segundo Acuff, negociação tem muito a ver com o outro lado sentir-se bem com o resultado da negociação, ou seja, existe uma preocupação muito grande em satisfazer às necessidades do outro, deixando-o contente. Além disso, o autor afirma que "negociação é uma coleção de comportamentos que envolve comunicação, vendas, marketing, psicologia, sociologia e resolução de conflitos". Por aqui se nota a grande amplitude que é dada a esse conceito, mostrando claramente a dispersão de comportamentos aí presentes e, portanto, a complexidade do processo que, à primeira vista, parece ser extremamente simples.

"Negociação é o uso da informação e do poder, com o fim de influenciar o comportamento dentro de uma 'rede de tensão'" (Cohen, 1980, p. 13). Nessa definição, nota-se que a informação passa a assumir um aspecto essencial dentro do processo, destacando-se a importância também da comunicação. Por meio da experiência prática, percebe-se claramente que a comunicação é básica e fundamental dentro de um processo de negociação, haja visto que ela está presente em todas as etapas do processo e de maneira muito intensa. Na verdade, provavelmente tende-se até mesmo a subestimar a importância da comunicação no processo, já que se pode considerá-la meio óbvia e automática.

Nierenberg (1981, p. 8) também afirma que a negociação depende da comunicação, pois ela ocorre entre indivíduos que agem tanto por si mesmos quanto como representantes de grupos organizados. Nesse sentido, o autor afirma que a negociação pode ser considerada um elemento do comportamento humano.

2.1.2 Variáveis básicas de uma negociação: poder, tempo e informação

As pessoas negociam sempre, muitas vezes até inconscientemente, mesmo não percebendo que o fazem. Entretanto, são poucas as pessoas que atingem o ápice numa negociação, ou seja, o acordo. Quando negociam, elas mantêm algum tipo de relacionamento, comunicam-se por meio de canais, tornando esse processo um caso de comunicação interpessoal.

A escolha dos canais de comunicação depende dos participantes, de suas características individuais e das habilidades pessoais, além dos objetivos definidos para a negociação. Cada pessoa participante do processo de negociação tem uma visão diferente das situações, enxerga-a sob seu ponto de vista, de acordo com sua conveniência, que até mesmo se altera de um momento para outro, além de dar diferentes ênfases a aspectos diversos.

Qualquer que seja o objetivo da negociação, sua importância e oportunidade, haverá três variáveis básicas que condicionam esse processo: *poder*, *tempo* e *informação*. Para que haja uma negociação efetiva, é importante contar com pelo menos duas das três variáveis presentes e, se possível, interligadas, além de saber utilizá-las corretamente. Em muitas ocasiões se tem uma ou outra variável, isoladamente, ou duas delas simultaneamente, ou, ainda, as três relacionadas.

Essas variáveis surgem do contato entre as pessoas, do aprendizado de situações vivenciadas, do aproveitamento de oportunidades, enfim, surgem no dia a dia de qualquer indivíduo, cabendo a este saber detectá-las nas entrelinhas do contato diário com pessoas, situações, oportunidades, explorando-as devidamente.

Um dos fatores de fundamental importância no processo é aquele que se refere ao uso do poder. Especificamente, o poder pode ser dividido em vários tipos (incluindo-se os poderes pessoais, que estão ligados diretamente às pessoas, e os poderes circunstanciais, que são aqueles associados a algum cargo/função ou a alguma situação específica) e utilizado individual ou simultaneamente, dependendo do momento, do tipo de negociação e das pessoas envolvidas no processo.

Poder

A palavra *poder* por si só transmite uma ideia de superioridade, capacidade de fazer, exercer controle, dispor de força, autoridade, ocasião ou oportunidade, ter direito, poder físico (derrotar, destruir, matar, vencer...). Um termo que sugere conotações negativas.

No entanto, essa generalização apressada não é justa com a realidade. O poder, por exemplo, permite mudar a realidade e alcançar objetivos. É uma maneira de ir de um lugar a outro.

Dentro de limites razoáveis, é possível conseguir tudo o que se deseja. Deve-se estar ciente das opções, testar suposições, correr riscos calculados e basear-se em informações sólidas, acreditando que se tem poder; dessa forma, transmite-se autoconfiança aos demais. A negociação utiliza essa forma positiva de poder, exercendo autoconfiança, defendendo interesses e realizando acordos satisfatórios para todas as partes.

Ao contrário do que se pensa, tem-se mais poder do que se imagina. Ainda que não se usem abertamente os poderes em uma negociação, é útil conhecê-los. Contudo, também é importante fazer uso do poder para mostrar à outra parte que o único caminho para ela vencer é ambos vencerem, juntos.

Para facilitar a compreensão, os poderes são subdivididos de acordo com a origem (Martinelli e Almeida, 1997, p. 67), a saber:

Poderes pessoais: são poderes inatos, presentes em qualquer situação, independentemente do papel desempenhado, dos conhecimentos e das habilidades para lidar com pessoas que auxiliarão no processo de negociação. Esses poderes podem:

- Tratar de questões morais importantes para cada negociador, conforme a influência de sua cultura (**poder da moralidade**).
- Referir-se a ações, decisões ou atitudes que determinarão certo comportamento (**poder de atitude**).
- Estar relacionados à perseverança de alcançar um objetivo estabelecido (**poder da persistência**).
- Estar ligados à habilidade de mostrar a importância de determinado aspecto da negociação e canalizar isso para um acordo que satisfaça aos interessados (**poder da capacidade persuasiva**).

Poderes circunstanciais: os poderes abrangidos por essa classificação enfocam a questão da situação, do momento, do tipo de negociação, da influência do meio. De acordo com as circunstâncias, analisa-se um fato de maneiras diferentes, enxergando-o por ângulos diversos.

Então, podem-se apresentar algumas situações que configuram um tipo de poder (entre outros):

- Conhecer o que se negocia e com quem, havendo certo entendimento específico sobre a questão negociada (**poder do especialista**).
- Ocupar certa posição, cargo ou função (**poder de posição**).
- Ter ocorrido um fato anterior que tenha aberto um precedente (**poder do precedente**).

- Conhecer as necessidades da outra parte, muitas vezes ocultadas no processo de negociação (**poder de conhecer as necessidades**).
- Exercer influência para vencer obstáculos e conquistar objetivos (**poder de barganha**).

Tempo

"O tempo significa a sucessão dos anos, dos dias, das horas, o que envolve a noção de presente, passado e futuro para o homem; meio contínuo e indefinido, no qual os acontecimentos parecem suceder-se em momentos irreversíveis; momento ou ocasião apropriada" (Ferreira, 1986, p. 1661), entre outras definições.

Na negociação, o tempo deve ser cuidadosamente analisado, verificando-se como ele afeta o processo. O tempo deve ser ponto de apoio para se projetar o negócio, com consequente satisfação dos envolvidos. Em razão de ser ilimitado, pode, portanto, ser controlado.

Normalmente, as partes envolvidas em uma negociação têm um prazo limite. Muitas vezes, porém, a outra parte pode tentar se mostrar indiferente em relação ao prazo, buscando colher resultados positivos, na medida em que a tendência é de que isso aumente a pressão sobre o outro lado. Entretanto, uma parte exercerá um poder maior sobre a outra se souber estimar o prazo limite que o oponente possui.

Na verdade, o limite do tempo é definido por quem negocia, dentro de certas restrições já existentes, tornando-se mais flexível do que se imagina. Como produto de uma negociação, os prazos também podem ser negociáveis.

Geralmente, constata-se que as concessões feitas em uma negociação ocorrem o mais próximo possível dos prazos finais e, muitas vezes, até mesmo depois de expirados os prazos. Assim, quanto mais próximo do fim, também maior é a pressão do tempo e a tensão de se fazer concessões para a realização de um acordo, que tenderá a não ser tão satisfatório.

Aqui se percebe, claramente, uma das importantes ligações entre as variáveis tempo e poder. O tempo é essencial para o sucesso, podendo até influenciar em um relacionamento. Se uma pessoa chega atrasada a uma entrevista para um novo emprego, isso pode ser visto como prova de autoconfiança ou falta de consideração pelos outros, ou, ainda, de hostilidade. Ao contrário, se chegar adiantada, demonstra sinal de ansiedade. O tempo pode favorecer tanto um como o outro lado, dependendo das circunstâncias.

Vale ressaltar ainda que, ao se aproximar o prazo limite, pode ocorrer uma troca de poder entre as partes, bem como surgir uma solução criativa para o acordo, ou, então, o outro lado pode mudar 180° o rumo da negociação. Conclui-se, assim, que, ainda que as pessoas não mudem com o passar do tempo, as circunstâncias mudam.

Informação

Informação é o ato ou efeito de informar-se acerca de alguém ou de algo.

Raramente se prevê com antecedência a necessidade de informações numa negociação. Normalmente isso só vem a acontecer quando ocorre uma crise ou algum evento que, por sua vez, desencadeie uma série de outros fatos, que acabem por se constituir numa sucessão de consequências desagradáveis e negativas. Aí, sim, percebe-se a grande importância das informações e de se antecipar a elas, buscando obtê-las o mais rápido possível e com a maior precisão que se puder.

A informação está intimamente relacionada com o poder de conhecer as necessidades, ou seja, ela pode encaminhar ao sucesso e afetar a avaliação da realidade e as decisões que serão tomadas. Um ponto chave da negociação é a busca dessas necessidades dos envolvidos, busca essa que deve ser iniciada antes mesmo de sentar-se à mesa para efetivar o acordo.

Depois de colher as informações, porém antes de iniciar a negociação, é hora de efetivar a busca dessas necessidades. O ponto-chave no processo de negociação é saber ouvir, escutar o que está sendo dito, procurar descobrir o que está sendo omitido, além de observar a expressão dos outros negociadores: como se comunicam, seus olhares, gestos, entonação ou ênfase, ou seja, as deixas que utilizam.

Um bom negociador deve saber captar os fatores não verbais em qualquer comunicação. Assim, durante uma negociação, pode ser interessante tentar distanciar-se um pouco, porque isso permite ouvir as palavras nos seus contextos não verbais, entendendo melhor o quadro geral.

Assim, aos poucos, as verdadeiras necessidades vão se revelando nos momentos oportunos, e essas informações servem também para confirmar as promessas feitas na negociação, se serão ou não cumpridas, e se o relacionamento será preservado ou não.

Outro aspecto da informação é o de dotar a pessoa de habilidade, conhecimento de determinado fato, assunto, negociação, o que pode até gerar um poder de especialização.

2.1.3 A busca do acordo

"Negociação importa em acordo e, assim, pressupõe a existência de afinidades, uma base comum de interesses que aproxime e leve as pessoas a conversar" (Matos, 1989, p. 240). Aqui se vê a importância do diálogo, do relacionamento e da existência de interesses comuns para que se possa chegar a um acordo. Conforme afirma Matos, sem a conversação não se pode negociar, e ela, para resultar eficaz, não se improvisa, mas nasce do hábito. Quem nunca conversou ou não se dispõe a conversar, bem como não se dispõe a ouvir, a trocar opiniões e experiências, não tem condições de se sentar à mesa para negociar, pois faltam-lhe tradição e credibilidade, não transmitindo confiança para a outra parte.

"Negociação é o processo através do qual as partes se movem das suas posições iniciais divergentes até um ponto no qual o acordo pode ser obtido" (Steele et al., 1995, p. 3). Alguns pontos importantes estão contidos nessa definição de negociação, em especial quanto ao aspecto de que uma negociação sempre envolve movimento. Assim, as partes se movem das suas posições divergentes em resposta a um ou mais dos possíveis enfoques em negociação, que, segundo esses autores, podem ser classificados em:

- Compromisso.
- Barganha.
- Coerção.
- Emoção.
- Raciocínio lógico.

2.1.4 Negociação e o relacionamento humano

Em uma negociação, deve-se buscar um relacionamento que possa ser duradouro, que leve a novas negociações no futuro e que mantenha, ou melhore, o contato entre as partes envolvidas. Além disso, buscando atender às partes, tende-se para uma negociação classificada pelos autores como "ganha-ganha". Quando se pensa em ambos ganharem, costuma-se pensar em dividir os ganhos entre as partes envolvidas. Na verdade, melhor do que isso é que se identifiquem as necessidades de cada uma das partes e que se possa atendê-las, pois nem sempre essas necessidades são conflitantes (ao contrário do que se tende a pensar em um primeiro momento), podendo até ser complementares.

Nierenberg (1981, p. 3) é autor de uma das mais antigas definições de negociação ao afirmar, na primeira edição de seu livro (1968), que "negociação é um negócio que pode afetar profundamente qualquer tipo de relacionamento humano e produzir benefícios duradouros para todos os participantes". Segundo Nierenberg, seu livro introduziu uma nova disciplina e uma nova era; ele afirma que foi nessa época que a palavra *negociação* passou a ser respeitada, já que, no passado, ela era sinônimo de relações adversas.

Robinson (1996, p. 11) também observa que todos podem negociar sempre, dizendo que se negocia desde o dia em que se nasce, ao chorar, e que, se não se é atendido, chora-se mais, até conseguir chamar a atenção e ser atendido. Segundo ele, talvez nos dias de hoje já não se considere isso deliberadamente como negociação, porém aprende-se muito cedo a lidar com o choro, para efetivamente conseguir aquilo que se pretende. Além disso, observa que, para se tornar um bom negociador, é preciso gostar de negociar, pois, quando se faz aquilo de que se gosta, a chance de fazê-lo bem é muito maior.

Para que se possa ter mais opções e um bom desempenho na negociação, é importante que esse processo envolva flexibilidade. Muitos são os autores que tratam da importância da flexibilidade para um maior êxito na negociação. Entre eles, pode-se citar Gibbons e McGovern (1994, p. 97), que dizem que não é preciso seguir rigidamente a agenda prevista, o que permite criar momentos especiais no processo de negociação por meio de possíveis acordos que podem surgir, em vez de estar bloqueado por aquilo que pode parecer o mais trivial na sequência lógica da negociação. Isso não impede que se faça um planejamento da negociação, estabelecendo aquilo que se pretende atingir, bem como os passos a serem seguidos. A abertura, porém, para novas situações e opções que possam surgir durante o processo, trará novas alternativas.

2.1.5 Negociação sob um ponto de vista estratégico

Lewicki et al. (1996, p. 4) apresentam a importância de pensar nas negociações sob um ponto de vista estratégico. Segundo eles, as negociações exigem uma série de passos estratégicos, que foram pesquisados pelos principais especialistas no assunto para um processo de análise do planejamento. Para um negociador estratégico, os passos descritos a seguir exprimem quatro questões estratégicas básicas, a saber:

24 NEGOCIAÇÃO EMPRESARIAL

- Objetivos tangíveis.
- Objetivos emocionais e simbólicos.
- Resultados desejados.
- Impactos esperados nos relacionamentos.

Ainda segundo Lewicki et al. (1996), os negociadores estratégicos são superiores aos negociadores convencionais, pois seguem regras específicas, sendo que a primeira delas é utilizar algum tempo para pensar nas negociações antes que os negociadores convencionais o façam. A análise, porém, é necessária, independentemente da estratégia utilizada na negociação. Aliás, a análise pode ser fundamental para definir qual estratégia empregar.

2.1.6 Habilidades básicas em negociação

Pollan e Levine (1994, p. 6) afirmam que a negociação é, depois de ler e escrever, a habilidade mais importante das necessárias para se tornar bem-sucedido, pessoal e financeiramente, nos negócios. Os negociadores, segundo esses autores, são proativos; eles não aceitam as coisas como elas são, sem antes perguntar por que elas não poderiam ser mais bem-feitas. Todavia, esses autores afirmam, ao contrário da maioria, que há poucos negociadores efetivos, principalmente se forem considerados alguns pontos básicos para se negociar efetivamente, porquanto todos negociam, a todo momento, a vida inteira, mesmo sem terem consciência disso. Negociar efetivamente, porém, exige outras condições que nem sempre são preenchidas pelos que negociam informalmente. O fato de existirem, na realidade, pouquíssimos negociadores efetivos se deve a três razões:

- Muitas pessoas simplesmente não sabem como negociar, já que ninguém nos ensina a negociar, seja na escola, seja em casa.
- As pessoas não acreditam que seja possível aprender a negociar, pois, como isso não nos é ensinado, acredita-se que não possa ser feito.
- A terceira razão, e provavelmente a mais forte, é o medo.

Segundo a visão desses autores, mais uma vez se nota a grande importância de estudar negociação, tanto para ensinar alguns conceitos e mostrar a possibilidade de aprender e desenvolver as habilidades de negociador por meio da prática, como para eliminar a resistência, vencendo o medo de se introduzir na arte da negociação. Trata-se de um fator muito importante e que se constitui em um diferencial na busca de um melhor acordo.

Algumas pessoas acreditam que as habilidades para negociação são inatas, não podendo ser aprendidas e desenvolvidas. Segundo Pollan e Levine (1994, p. 7), isso é absurdo, pois não existe nenhum gene especial para a negociação. Quando se deparam com a evidência de que outros são capazes de fazer algo que eles não podem (como negociar), algumas pessoas tentam denegrir essa habilidade que lhes falta, dizendo que negociar é uma maneira duvidosa de fazer negócios. Em outras palavras, acabam afirmando que, como não sabem negociar, deve existir algo de errado com quem sabe fazê-lo.

2.2 Negociação e solução de conflito

Quando se pensa em negociação, deve-se levar em conta que praticamente todas as negociações se iniciam a partir de algum tipo de conflito. Esses conflitos que dão origem às negociações podem ser de diferentes naturezas, conforme observado por Hodgson (1996):

- Conflitos de interesses.
- Conflitos de necessidades.
- Conflitos de opinião.

Podem, inclusive, ser de natureza totalmente amigável, de tal forma que não levem os participantes a pensarem em termos de conflito; entretanto, se não houvesse nenhum tipo de conflito, não haveria necessidade de negociação. Além disso, a negociação é um dos melhores e mais utilizados meios de solucionar conflitos.

2.2.1 Origem dos conflitos

Segundo Hodgson (1996), para que haja conflito basta a existência de grupos. A simples existência de diferentes grupos já cria um potencial latente de conflitos. Handy (1983 apud Hodgson, 1996) cita um experimento no qual dividiu alguns garotos, que não se conheciam, em dois grupos. Estes dormiam em quartos separados e desenvolviam atividades diferentes e totalmente independentes. Os observadores do experimento perceberam logo que a competição entre os dois grupos surgia muito rapidamente, e que essa competição logo se traduzia em conflito. Concluído o experimento, eles procuraram reunir novamente os dois grupos, buscando integrá-los. O que notaram, porém, é que era muito difícil dissipar os conflitos existentes, não obtendo, pois, sucesso em reagrupá-los. Além disso, os conflitos surgiam apenas em função da existência dos grupos, já que não existia nenhum motivo concreto para o seu surgimento.

Nesse contexto, sendo as organizações um aglomerado de subgrupos e interesses, Salaman (1978 apud Hodgson, 1996) pondera que elas deveriam ser representadas por estruturas cooperativas e harmoniosas, nas quais os conflitos surgissem apenas excepcionalmente, em função de diferenças de personalidade ou mal-entendidos. Assim, as organizações constituem-se em verdadeiras arenas para conflitos individuais ou grupais, nos quais os participantes lutam por recursos, que são limitados; possibilidades de progresso na carreira; privilégios; e outras recompensas que possam ser proporcionadas pela empresa. Os conflitos entre grupos são muito comuns, tanto dentro quanto fora das organizações.

Segundo Hampton (1991), o conflito pode surgir da experiência de frustração de uma ou ambas as partes, de sua incapacidade de atingir uma ou mais metas. A seguir, a parte frustrada interpreta a situação, projetando as suas consequências, passando a comportar-se à luz da situação imaginada. A outra parte envolvida reage a tal comportamento, com base nas suas próprias percepções e conceituações da situação, que podem ser bem diferentes daquelas imaginadas pelo oponente. Surgem, então, os resultados do conflito, que podem ser de natureza completamente diversa para cada um dos negociadores, ou seja, um ciclo de frustrações ocorre em virtude da má interpretação ou incompreensão dos interesses ou necessidades das partes, fazendo que cada um interprete a situação a seu modo.

Outras causas dos conflitos podem ser as diferenças de personalidade, a existência de atividades interdependentes no trabalho, metas diferentes, recursos compartilhados, diferenças de informação e percepção, entre outras.

Diferenças de personalidade são sempre invocadas como explicação para as desavenças entre pessoas no trabalho. As partes em conflito normalmente alegam que são reveladas no relacionamento algumas características indesejáveis do outro. Assim, o diagnóstico preliminar ajuda a antecipar o conflito e auxilia no controle de desavenças, pois, conhecendo a personalidade do oponente, é possível saber como lidar com ele, o que facilita a comunicação e o relacionamento.

Quanto à interdependência das tarefas no trabalho, existem vários estudos sobre fluxos de trabalho e padrões de interação e relacionamentos, mostrando que as atividades exercidas e os sentimentos pessoais geram interdependência e são apontados como uma das causas do conflito organizacional. Frequentemente, há atrito entre dois gerentes ou funcionários de departamentos diferentes, em função da sequência das operações na empresa.

No que se refere a metas diferentes, há muitas situações nas quais indivíduos que implantaram adequadamente os objetivos e metas de sua respectiva unidade entram em conflito com outro setor, por causa de tensões ou diferenças entre os objetivos e metas das diversas unidades.

Recursos compartilhados são, sem sombra de dúvida, outra causa frequente de conflitos nas organizações. Assim, pode-se citar como exemplos o tempo de uso do computador, a utilização de verbas limitadas para aquisição de equipamentos, o espaço restrito no escritório, entre outros.

As diferentes informações e tipos de percepção são causas muito comum de conflitos nas organizações. Assim, gerentes de diversos níveis hierárquicos, ou vários departamentos no mesmo nível tendem a obter diferentes informações e a ver as coisas de modos distintos. Essas divergências são induzidas por diferentes papéis e responsabilidades, podendo também estar relacionadas com as diferenças nas metas de cada unidade.

Quanto aos resultados positivos do conflito, conforme Brown (1983 apud Hampton, 1991), pode-se citar "a expansão do entendimento dos assuntos, mobilização dos recursos e energia das partes, esclarecimento das soluções competitivas, busca criativa de alternativas e maior habilidade para trabalhar em conjunto no futuro". Assim, é possível incitar as pessoas com certo nível de estímulo e tensão a gerarem uma energia que as ajudarão a buscar a melhor alternativa para solucionar o conflito. Vale ressaltar que grupos nos quais os participantes têm interesses diversos e expressam ideias diferentes, submetendo-as às críticas dos outros, criam sempre mais soluções e, normalmente, de melhor qualidade.

2.2.2 Entendimento dos conflitos

O que significa o termo *conflito*? "Do latim *conflictu*; embate dos que lutam; discussão acompanhada de injúrias e ameaças; desavença; guerra; luta; combate; colisão; choque; o elemento básico determinante da ação dramática, a qual se desenvolve em função da oposição e luta entre diferentes forças". Mais ou menos dentro desse conceito aqui colocado, há vários autores que definem e tratam a questão do conflito (Ferreira, 1986, p. 451).

Follett (apud Hampton, 1991) afirma: "Nós não devemos ter medo do conflito, porém devemos reconhecer que existe um modo destrutivo e um modo construtivo de proceder em tais momentos. Na maneira diferente de tratar o conflito pode estar o sinal do saudável, uma profecia de progresso". Aqui se notam claramente as duas possibilidades de agir em relação aos conflitos, que são uma constante no dia a dia dos indivíduos, não podendo ser evitados de maneira absoluta.

Então, existem duas maneiras de encará-los: uma negativista, que encara o conflito como algo apenas prejudicial, que deve ser evitado a todo custo ou, caso não se possa evitá-lo, pelo menos ter seus efeitos minimizados; uma positivista, que é a maneira de encarar o conflito de maneira positiva, procurando verificar aquilo que ele pode trazer de benéfico, em termos de diferenças de opiniões e visões, bem como de possibilidades de aprendizagem e enriquecimento, pessoais e culturais. Nesse caso, já que sempre existem também aspectos negativos, deve-se buscar minimizar os seus efeitos, reforçando-se, por outro lado, todos os aspectos positivos que possam advir do conflito.

De acordo com Hampton (1991), embora o termo *conflito* denote quase sempre situações desagradáveis, tais como competição, oposição, incompatibilidade, irreconciliabilidade, desarmonia, discordância, luta e discussão, que normalmente sugerem que não é possível uma boa solução, ou que o conflito necessariamente prejudicará algumas pessoas e alguns interesses, nem sempre ele deve ser analisado apenas de maneira pessimista. Segundo esse autor, "conflito é o processo que começa quando uma parte percebe que a outra frustrou ou vai frustrar seus interesses".

Desse modo, o conflito não necessariamente acontece entre duas pessoas, mas pode existir entre dois grupos, um grupo e uma pessoa, uma organização e um grupo, e assim por diante. E, de acordo com essa visão, percebe-se que o conflito está ligado à frustração, o que desencadeia o conflito. Provocado o início desse processo, o fenômeno do conflito pode ter um efeito construtivo ou destrutivo, dependendo da maneira como é administrado.

2.2.3 Tipos de conflitos

Handy (1983 apud Hodgson, 1996) distingue três tipos básicos de conflito nas organizações: discussão, competição e conflito propriamente dito. As duas primeiras formas são consideradas frutíferas e benéficas potencialmente, enquanto a terceira é apresentada como nociva.

Segundo o autor, no tipo "discussão", as contribuições das diferentes visões podem levar a uma melhor solução e sugerem dois pré-requisitos para haver discussões produtivas e construtivas:

- A existência de uma liderança compartilhada, com confiança e familiaridade entre os membros do grupo, levando-os a apresentar abertamente não só os fatos, mas também as suas impressões sobre a situação.
- O tratamento das questões de forma que os objetivos sejam esclarecidos, e a discussão foque em fatos conhecidos, metas a serem perseguidas e métodos a serem utilizados.

Já no tipo "competição" são estabelecidos padrões para um desempenho superior e as pessoas são motivadas a produzir e trabalhar mais, para atingir um nível de desempenho superior. Nesse caso, a competição só pode ser frutífera se ela for aberta (todos ganham), haja visto que, nas competições fechadas, tem-se uma pessoa ganhando da outra, o que pode levar aos conflitos destrutivos.

Muitos dos conflitos que surgem dentro e fora das organizações, porém não são nem do tipo discussão nem do tipo competição. As principais razões para isso são: falta de confiança, perspectivas diferentes e enfoques individuais no seu tratamento. Com isso, eles podem ser transformados em conflitos destrutivos.

Porter (1973 apud Hodgson, 1996) classifica os enfoques para lidar com o conflito, de acordo com as motivações que estão por trás do comportamento das pessoas, em três tipos, que são:

- Aquele que empurra para a solução.
- O que ajuda a solucioná-lo.
- Aquele que analisa o conflito.

Por trás do que empurra para a solução do conflito, tem-se o negociador que gosta de ver as coisas feitas. Normalmente, ele é assertivo e entusiástico ao trazer novas ideias. Procura estabelecer um objetivo a ser atingido e proporcionar a autoridade para que isso aconteça. Sua ênfase está sempre na ação, no movimento e cumprimento das tarefas.

Aquele que se preocupa em ajudar a solucionar o conflito se esforça para que o seu comportamento seja sempre benéfico aos outros. O negociador pondera que as pessoas sempre levam em conta coisas a serem feitas e procura ajudar quando sente que isso é possível (porém, muitas vezes, o faz retraindo-se e deixando que as pessoas aprendam com seus próprios erros).

Já o que analisa o conflito age em função da lógica e ordenação. Gosta muito de procurar fatos para basear sua tomada de decisões. Preocupa-se menos com o acompanhamento das tarefas e com as pessoas, e mais com a certeza de que tudo esteja sendo feito corretamente, de maneira ordenada e lógica.

Embora todas as pessoas tenham um pouco de cada característica apresentadas anteriormente para lidar com os conflitos, dependendo da situação em que estejam envolvidas a tendência é que cada uma tenha inclinação para um dos três tipos. Cada um deles tem uma maneira típica de reagir às situações, como, aliás, acontece com os estilos na tomada de decisões, conforme será apresentado no Capítulo 3. Assim, aquele que empurra o conflito tem como desafio combater o opositor; já o que se preocupa em auxiliar tem como reação normal a tentativa de deixar as coisas justas, mesmo que, para isso, precise se afastar do seu caminho, a fim de poder atender às necessidades da outra parte; por sua vez, aquele que analisa o conflito busca sempre os fatos, as regras e a lógica da discussão.

Faz-se necessário dizer que qualquer um dos tipos citados, quando levado aos limites extremos em um conflito, tende também a mudar de postura, assim como há mudanças nos estilos de tomada de decisão em condições de pressão. Dessa forma, o primeiro (o que empurra) tende a levar o conflito para uma luta com um fim amargo, o segundo (o que ajuda) propende a se entregar, enquanto o terceiro (aquele que analisa) pode retirar-se completamente, rompendo todos os contatos.

Os conflitos destrutivos acontecem quando:

- As pessoas sentem-se insatisfeitas e desmotivadas.
- O conflito torna-se mais significativo do que a tarefa a ser desempenhada e desvia as pessoas de lidar com as questões que realmente são relevantes.
- As pessoas ou os grupos tendem a se tornar não cooperativos entre si.

Nesse sentido, os conflitos podem ser construtivos, quando ajudam a abrir a discussão de um aspecto ou resultam em um problema que está sendo solucionado, contribuindo para aumentar o nível individual de interesse e envolvimento em uma questão, bem como para que as pessoas possam descobrir habilidades que possuem, mas que ainda não haviam se manifestado.

Caso os conflitos gerem desavenças profundas, rompimento de relacionamentos, enfoque nas posições e desprezo pelas necessidades da negociação, pode-se considerá-los destrutivos.

2.2.4 Análise dos conflitos

Segundo Rojot (1991), a ubiquidade do conflito é percebida com frequência, o que originou o crescimento de muitas escolas de pensamento que analisam essas diversidades. Mesmo com o risco de simplificar excessivamente, tanto a complexa realidade, como as valiosas contribuições de muitos teóricos e cientistas sociais, o autor classifica essas escolas em três categorias.

Essas categorias ilustram as três atitudes básicas que podem prevalecer entre cientistas sociais que se defrontam com o conflito:

- Tentar suprimi-lo, já que ele é negativo por si só.
- Tentar curá-lo (remediá-lo), já que ele é uma doença organizacional.
- Reconhecê-lo e tentar administrá-lo.

Com a identificação dessas categorias, pode-se obter três métodos para a análise do conflito: mecânico, de relações humanas e gerencial. Este último implica um entendimento das organizações como uma rede de negociações.

As teorias mecânicas são parte do que comumente tem sido chamada de teoria clássica das organizações, retornando a Taylor e Fayol. O trabalho deles deu origem a uma ampla corrente do pensamento, ainda em evidência até os dias de hoje.

A principal suposição por trás da teoria mecânica, ou clássica, é a de que o conflito pode ser suprimido. Ele deveria, porém, ser suprimido com a participação de todas as partes envolvidas na organização. E, se algum nível de conflito ainda persistir, é porque ou as regras da organização ou a postura de algumas pessoas estão falhas; dessa forma, deve-se aperfeiçoar as regras e/ou tentar eliminar as posturas inadequadas, restabelecendo, então, a harmonia.

A hipótese básica na qual essa suposição se assenta é a de que, se o esquema organizacional correto é definido e implementado depois de um estudo sistemático, de acordo com os princípios cientificamente estabelecidos, tudo vai funcionar de acordo com o que foi pensado e planejado.

Quanto às teorias originais de relações humanas, estas tendem a considerar o conflito como uma doença a ser curada e frequentemente se baseiam na análise das características e traços individuais. A hipótese básica que as sustenta é a de que os conflitos existem em razão de mal-entendidos entre as pessoas.

Assim, um dos objetivos dos pesquisadores contemporâneos da área de recursos humanos é verificar algumas das suposições contidas nas teorias de Taylor, assim, para tanto, as pesquisas se dirigiram para os aspectos de motivação no trabalho. O projeto experimental foi baseado em experimentos acompanhados por observadores e em entrevistas com funcionários. Os resultados das pesquisas mostram que os indivíduos não são motivados apenas por dinheiro, mas também, e principalmente, por questões afetivas.

Por outro lado, descobriu-se que o poder não é somente função das posições hierárquicas na organização, mas também da rede de relações que envolve afeto, respeito e outros sentimentos entre indivíduos, independentemente de suas posições.

Já o enfoque gerencial, ou seja, das organizações vistas como uma rede de negociações, é baseado em duas suposições críticas, que devem ser claramente definidas nos seus resultados, quais sejam:

- *O predomínio do conflito* – baseia-se na hipótese de que o conflito não é patológico, ao contrário do que é defendido pelas teorias de relações humanas, nem um acidente, sequer o resultado de uma organização falha, ao contrário do que estabelecem as teorias mecânicas.
- *Conflito e negociação* – pode-se ter dois tipos de conflito em um dado contexto. Geralmente, existe aquilo que pode ser chamado de conflito latente, que é a condição de oposição permanente entre duas ou mais partes, com interesses divergentes na produção, alocação ou troca de recursos escassos. Mas também existem conflitos abertos ou ativos, que são o ponto de discussão entre as partes a respeito de problemas específicos, quando a condição geral de conflito latente assume um caráter agudo, como, a compra efetiva de uma determinada quantidade de bens.

Deve-se ter em mente, porém, que existem várias outras maneiras de solucionar conflitos além da negociação. Dependendo da situação, poder-se-iam citar como alternativas: luta, guerra, sorteio, exame, competição, votação, uso de autoridade, normas rígidas a serem seguidas, entre outras.

Contudo, a negociação é o meio mais eficaz para se alcançar a melhor solução para um conflito, considerando que pode haver um debate de ideias e um envolvimento e comprometimento com a solução definida.

2.2.5 Situações de conflito: como enfrentá-las

Os conflitos surgem, normalmente, antes e durante as negociações; em alguns casos, eles podem ser previsíveis, em outros não.

Sparks (1992) apresenta um modelo mental de conflito que ele considera útil. Seu projeto origina-se da pesquisa psicológica, relativa à administração das interações de um grupo. Com esse modelo, segundo o autor, o negociador pode tomar duas decisões-chave em relação a qualquer conflito dado.

A primeira decisão é classificar o conflito com base em sua solubilidade. Segundo Sparks, tem-se:

- *Conflito terminal* – parece impossível de ser solucionado por meio de um acordo. Ele é, por suas características, um conflito "ganha-perde".
- *Conflito paradoxal* – parece obscuro; sua solubilidade é questionável. Com frequência, descobre-se, mais tarde, que ele está relacionado com um ponto fora de sequência, definido de modo insuficiente ou, na realidade, é parte de outro ponto, e o melhor seria que não fosse examinado em separado. Não é, por suas características, um conflito "ganha-perde" nem um "ganha-ganha".
- *Conflito litigioso* – parece ser solúvel. É, por suas características, um conflito de características "ganha-ganha".

Ainda conforme esse autor, "um negociador que adote uma posição litigiosa para um ponto de alta importância, não tendo progresso, em um dado momento passa por um conflito terminal. Caso contrário, arrisca-se ao empate forçado ou ao beco sem saída".

A segunda decisão é classificar o conflito com base na sua intensidade:

- *Conflitos muito intensos* – existem quando os interesses envolvidos têm muita importância para o negociador e seu oponente. Nessa situação, os negociadores tendem a ser mais enérgicos e ativos.

- *Conflitos menos intensos* – os interesses envolvidos são de importância menor. Com isso, os negociadores tendem a ser moderadamente enérgicos ou passivos.

Pode-se ter uma variante desses dois níveis, quando uma das partes se importa muito com a questão que está sendo negociada, porém a outra não.

2.2.6 Administração dos conflitos

Hampton (1991) afirma que existem quatro modos distintos de administrar conflitos:

- Acomodação.
- Dominação.
- Compromisso.
- Solução integrativa de problemas.

O significado da acomodação pode ser o de um instrumento para manipular o conflito. Quando os problemas, porém, simplesmente são encobertos, usualmente não se resolvem por si mesmos; na verdade, eles sempre se agravam quando não se toma nenhuma atitude. Segundo alguns pesquisadores, as organizações menos eficientes são marcadas pela tendência de esconder o conflito.

Para evitar o problema emocional, muitas pessoas nas organizações encobrem problemas por meio de uma série de técnicas, tais como: diminuir a seriedade do problema, negar sua existência ou tratá-lo apenas superficialmente, procurando manter uma aparência de sociabilidade.

O uso mais ou menos intenso de técnicas como a acomodação, para resolver o conflito, depende muito de questões culturais. Os americanos, por exemplo, sempre defendem o confronto, porém, na prática, utilizam intensamente a acomodação.

Já a cultura chinesa vem apresentando, há mais tempo do que as culturas americana e europeia (de um modo geral), atitudes contrárias ao conflito. Por terem postura muito coletivista e apenas pequena necessidade de evitar a incerteza, os chineses dão maior importância à harmonia, reduzindo as manifestações abertas de desacordo em relação a outras pessoas ou situações.

Uma maior sensibilidade para buscar a manutenção da harmonia no ambiente, por meio da acomodação, pode, em muitos casos, funcionar melhor do que partir para a realização do confronto de maneira irreversível.

Já a dominação pode ser considerada o exercício do poder levado ao extremo. Em algumas sociedades, a aceitação do poder é algo mais aberto, não existindo grandes restrições à sua utilização de maneira muito intensa e, às vezes, até radical. Em outras culturas, porém, o poder levado ao extremo pode causar grandes insatisfações, atritos e restrições por parte dos oprimidos no processo.

Na verdade, na dominação, uma parte impõe a sua solução preferida, pois ela tem poder para isso. A dominação tem, muitas vezes, a condição de resolver de uma forma muito rápida e decisiva o problema, por meio da utilização do poder de uma maneira muito intensa (às vezes até exacerbada).

Se um defeito da acomodação é o fato de o problema ser ignorado, podendo piorar, um defeito da dominação é que a pessoa dominada está sujeita a não obter nada e ressentir-se. A resolução do conflito pode ser rápida, porém muito insatisfatória. Além disso, a derrota corre o risco de ser interpretada como uma humilhação, e a futura cooperação entre as partes envolvidas pode se tornar ameaçada.

O compromisso, por sua vez, significa que cada parte desista um pouco daquilo que procurava; assim, cada um cede um pouco, a fim de resolver o conflito. O compromisso pode resultar em soluções que satisfaçam, pelo menos parcialmente, ao interesse original por trás do conflito, de maneira que permita, ao menos, tratar de outros assuntos.

Muitos autores contemporâneos não respeitam e até mesmo não aceitam o compromisso como técnica de resolução de conflitos e de negociação, em virtude de não satisfazer totalmente a ambas as partes envolvidas. Na verdade, o compromisso costuma não ser muito utilizado, pois falha ao servir apenas parcialmente cada um dos envolvidos.

Já a solução integrativa de problemas é a mais favorável, pois oferece a esperança de satisfazer completamente a ambas as partes. O método integrativo de solução de conflitos, na verdade, tem suas origens nas ideias de Mary Follett, expressadas já na década de 1920, o que tornou a solução integrativa a preferida para resolver situações de conflito.

Esse método não envolve barganha de posições, na qual um cede para conseguir algo do outro, nem tentativas de imposição de algo de uma pessoa sobre a outra, nem comprometimentos indesejados, mas que não podem ser evitados. Em vez disso, a solução integrativa de problemas busca encontrar a solução que serve completamente aos interesses de cada uma das partes envolvidas, embora isso nem sempre seja possível na prática.

Uma série de exemplos típicos de solução integrativa de conflitos poderia ser citada. Um dos mais tradicionais refere-se à situação em que duas pessoas, na sala de uma biblioteca, discutem sobre manter uma janela aberta ou fechada. Finalmente, decidem abrir a janela ao lado, e não a janela em frente, como tinha sido feito no início.

Na verdade, conseguem uma solução integrativa, visto que a pessoa que não queria a janela aberta não a queria assim porque não desejava vento sobre ele, ao passo que a outra, que queria abrir a janela, no fundo queria apenas mais ar na sala, e não necessariamente a janela à sua frente aberta. Com isso, conseguem uma solução integradora, que atende aos interesses de ambos. É preciso, porém, verificar se o fato de abrir outra janela não irá fazer vento sobre uma terceira pessoa, o que apenas deslocaria o conflito, transferindo-o para outro, inicialmente não envolvido, em vez de resolvê-lo.

A solução integrativa de problemas, ou abordagem colaborativa para o conflito, contrasta frontalmente com a abordagem da barganha. Na barganha, as partes estabelecem suas posições, algumas vezes até deturpando-as, ou fortalecem seus pressupostos, detendo informações e fazendo ameaças. O assunto acaba sendo tratado como uma situação de ganhar ou perder.

O método da solução integrativa de problemas envolve três passos:

- Identificar as considerações básicas ou subjacentes a ambas as partes envolvidas.
- Procurar alternativas e identificar suas consequências para as duas partes.
- Identificar a alternativa mais favorável.

A eficácia da solução do problema, porém, depende da troca sincera de informações precisas. Ela requer uma redefinição flexível e criativa dos assuntos, além de extrema confiança. As partes devem, necessariamente, confiar que a informação precisa e flexível não será, de forma alguma, utilizada para barganhar vantagem. Esse tipo de colaboração está alicerçado na ideia de que o processo não só pode, como deve ter dois ganhadores, e não um perdedor e um vencedor. Ou seja, trata-se da ideia de buscar obter uma negociação do tipo "ganha-ganha" para o conflito.

Dentro de uma visão contemporânea, tende-se a dizer que o conflito pode ser classificado em duas dimensões: uma distributiva, na qual se dividem os resultados entre os envolvidos, e outra integrativa, na qual se procura obter o melhor para todas as partes.

Segundo Pinzón e Valero-Silva (1996), para um indivíduo que está em conflito, há basicamente quatro maneiras de lidar com a outra parte.

A primeira delas seria o confronto direto, podendo acontecer com ou sem um diálogo anterior. Nesse caso, provavelmente, o mais forte irá atingir os seus objetivos, em detrimento do outro.

A segunda possibilidade é abandonar todos os seus objetivos, concedendo que a outra parte imponha as suas decisões.

Outra possibilidade seria a de negociar com o outro lado, na busca de atingir os seus interesses, porém fazendo certas concessões, para que os interesses da outra parte também sejam satisfeitos.

A última possibilidade seria a de buscar ou aceitar a intervenção de uma terceira parte, que pode ter autonomia para impor uma solução, no sentido de auxiliar as partes a chegar a um acordo. Essa alternativa se subdivide em duas:

- A mediação, na qual a terceira parte apenas ajuda os lados a obterem um acordo.
- A arbitragem (ou adjudicação), em que a terceira parte efetivamente tem autonomia para impor uma solução.

Evidentemente, os envolvidos no conflito podem usar uma combinação das alternativas anteriormente apresentadas, para solucioná-lo.

As organizações são fontes inevitáveis de conflitos. Segundo Jandt (1985), "organizar é introduzir fontes de conflito". Na definição do dicionário Random House, tem-se "estabelecer-se como um todo, formado de partes coordenadas ou interdependentes". Nota-se, aqui, a preocupação com o todo e com as partes que o compõem, bem como com o seu relacionamento; trata-se, portanto, da visão sistêmica. As partes tanto podem ser interdependentes como coordenadas, mas a tendência é que cada uma delas se veja como mais importante do que as demais.

Cada unidade, departamento ou divisão de uma organização vai desenvolver objetivos, metas, valores e procedimentos apropriados à sua missão. Evidentemente, começará a haver algum atrito entre esses objetivos e procedimentos, que poderão, muitas vezes, ser conflitantes, pois, embora façam parte de um todo, cada área da empresa busca, em um primeiro momento, atender aos seus objetivos básicos, que podem se chocar com os de outras áreas.

Cada pessoa na organização tende a se identificar com a menor unidade de trabalho. Com isso, inclina-se a aplicar os padrões da própria unidade de trabalho nas demais unidades da empresa, o que nem sempre é válido. Isso acarreta conflitos de uma maneira quase inevitável.

Claramente, quanto maior for a organização, maior será a possibilidade de conflitos, pois quanto mais ela se expande, maior é a tendência de divisões e subdivisões dentro da empresa, favorecendo, com isso, o surgimento de conflitos.

Entretanto, em certas situações o conflito é inerente à função. Policiais, por exemplo, não podem desempenhar a sua tarefa sem estar em conflito com os transgressores da lei. Advogados defendendo uma causa estão necessariamente em conflito com o outro lado. Em muitas empresas, um auditor interno ou um *controller* é requisitado para dar exemplos; se não houver exemplos, o titular da função é visto como não fazendo o seu trabalho.

Outra questão importante que gera conflitos com frequência é a competição por recursos limitados – uma realidade no dia a dia de qualquer empresa, independentemente do seu porte e da sua atividade –, visto que os recursos, por mais abundantes que sejam, são finitos.

Quando se pensa em recursos na organização, normalmente vêm à mente os recursos financeiros. Embora eles sejam de grande importância na empresa, há outros de tanta importância quanto o dinheiro na organização, pelos quais as pessoas também tendem a competir, gerando, com isso, conflitos.

2.2.7 Uma nova visão sobre os conflitos

Mas há outras visões de conflito diferentes da tradicional. Weeks (1992) apresenta uma nova visão de conflito, "diferente das noções depressivas como uma prolongada batalha ou colisão, ou a oposição de impulsos, desejos ou tendências". Embora também se possam encontrar definições menos dramáticas, tais como uma controvérsia ou um desacordo, muitas definições de conflito levam a associações menos sombrias e amedrontadoras.

Segundo Weeks (1992), nos seus seminários (*workshops*) pelo mundo sobre resolução de conflito, ao perguntar aos participantes quais são os primeiros pensamentos que lhes vêm à mente ao escutar o termo *conflito*, as palavras mais frequentemente associadas são:

combate	destruição	controle
raiva	temor	ódio
pânico	erro	prejuízo
guerra	evitar	ruim
impasse	perda	feito errado

Pelas citações anteriores, vê-se que, em um primeiro momento, o conflito está sempre associado a ocorrências negativas. Por meio da história, o ser humano aprendeu diversos caminhos ineficazes para perceber e lidar com o conflito. Quando se pensa em conflito, imediatamente vêm à mente pessoas mortas, aprisionadas, exiladas, segregadas ou isoladas, simplesmente porque diferem de outras, em questões simples ou amplas.

Há muitos exemplos típicos, tanto nos negócios como na vida em família e na sociedade, de como o conflito é mal interpretado e como a visão negativista sobre ele obstrui a habilidade de resolver efetivamente as diferenças.

Na verdade, o conflito tende a ser sempre visto como algo muito simples e de resolução evidente quando analisado externamente; quem está envolvido nele, porém, enxerga outras dificuldades, barreiras e bloqueios, muitas vezes imperceptíveis para quem está do lado de fora.

Quando se teme o conflito, ou ele é visto como uma experiência negativa, reduzem-se as chances de lidar com ele efetivamente. Na verdade, o conflito não é nem positivo nem negativo em si mesmo. Ele é resultado da diversidade que caracteriza os pensamentos, atitudes, crenças, percepções, bem como o sistema e a estrutura social. É parte da existência e da evolução do ser humano. Cada um exerce influência e poder sobre o conflito, sobre fato de ele se tornar negativo ou não, e essa influência e poder encontram-se na maneira como se lida com ele.

Muitos conflitos podem servir como oportunidades para crescimento mútuo, se são desenvolvidas e se utilizam habilidades de resolução de conflitos positivas e construtivas. Intrinsecamente, o conflito pode servir como um dos motores do desenvolvimento pessoal e da evolução social, gerando oportunidades para aprender com ele e para se adaptar às diferenças e diversidades que são naturais e que caracterizam a sociedade.

O conflito pode trazer alternativas abertas de pensamento e comportamento. Pode, também, levar a administrar a vida de maneira que se utilizem as diferenças individuais para benefício e crescimento mútuos.

Um dos primeiros passos para se tornar mais efetivo na resolução de conflitos é identificar o potencial positivo que existe em cada situação de discórdia. Para isso, deve-se mudar a maneira de interpretar um conflito.

A primeira percepção que precisa mudar é a de entender o conflito como uma quebra da ordem, uma experiência negativa, um erro ou uma falha no relacionamento. Deve-se entender que o conflito é realmente o resultado da diversidade, que pode ser utilizada para esclarecer um relacionamento, para proporcionar maneiras adicionais de pensar, bem como propor opções para a ação, além de abrir possibilidades para melhorar o relacionamento. Perceber o conflito dessa maneira encoraja um comportamento construtivo, enquanto enxergá-lo sempre como uma experiência negativa impede que se lide com ele, ou incentiva um confronto com o "adversário", o que pode servir para oprimir os envolvidos.

A segunda percepção a ser alterada é aquela que se refere a sempre achar que o conflito é uma batalha entre interesses e desejos competitivos e incompatíveis. Pensar dessa forma leva a julgar que a outra parte está procurando bloquear a tentativa de atingir aquilo que se pretende. Com isso, frequentemente se tenta bloqueá-la também nas suas tentativas, e, assim, ambas passam a se posicionar de uma maneira cada vez mais inflexível para buscar os seus desejos, ignorando a existência de necessidades e objetivos que ambas poderiam eventualmente partilhar.

A terceira percepção, segundo Weeks (1992), é também bastante comum. Muitas pessoas veem um conflito particular como uma situação que define todo o seu relacionamento com o outro. Ou seja, elas permitem que esse conflito se torne tão dominante que todo o relacionamento de longo prazo acaba sendo ignorado. Uma percepção efetiva mais extrema de conflito diz que ele é parte de um relacionamento complexo e proveitoso. Um conflito, em geral, marca o relacionamento de longo prazo, trazendo à tona algo que deve ser dirigido. Se esse conflito for bem administrado, ele pode até contribuir para esclarecer e melhorar o relacionamento.

A quarta percepção que necessita de transformação é aquela segundo a qual um conflito normalmente envolve um empenho entre valores absolutos, tais como certo ou errado e bem ou mal. Mas, muitas vezes, em vez de rotular de bom ou mau, certo ou errado (ou seja, lidar apenas com diferenças absolutas), deve-se explorar a possibilidade de que um conflito particular possa estar acima tanto de preferências subjetivas quanto de valores, considerando-se que existem outros aspectos do relacionamento que se pode construir de maneira positiva.

2.2.8 Resolução de conflitos

Quando se busca resolver um conflito de forma efetiva e sustentável para o futuro, deve-se considerar o enfoque da parceria, conforme exposto por Weeks (1992). Tanto a maneira pela qual um conflito particular é percebido quanto resolvido, deve levar em consideração o futuro do relacionamento. Não se deve buscar ganhar na negociação ou levar vantagem sobre a outra parte. Como afirma Weeks (1992), porém, a maior parte dos livros de negociação, mesmo aqueles que procuram encarar uma negociação buscando levá-la ao "ganha-ganha", dá pouca ênfase à melhora do relacionamento no futuro.

O enfoque da parceria no conflito dá destaque tanto ao conflito imediato quanto ao relacionamento em geral. Ele desenvolve habilidades que não são apenas de resolução de conflitos, mas também de construção de um relacionamento mais harmonioso. Esse enfoque proporciona o poder para alcançar o que normalmente se chama de alto nível de resolução de conflitos.

O alto nível de resolução de conflitos é obtido, segundo Weeks (1992), quando as partes envolvidas chegam a uma solução que atende a algumas necessidades individuais e compartilhadas, resulta em benefícios mútuos e estreita o relacionamento. Isso é, pelo menos, o que a parceria no conflito deveria proporcionar.

Já o nível médio de resolução é alcançado quando as partes chegam a acordos aceitáveis mutuamente, que estabelecem um conflito particular em relação ao tempo, porém fazendo muito pouco para melhorar o relacionamento além dos interesses imediatos. Negociações tradicionais, mediações e padrões de arbitragem tendem a atingir esse nível médio de resolução de conflitos.

Por seu lado, o baixo nível de resolução de conflitos é alcançado quando uma das partes simplesmente se submete às exigências da outra, ou quando o relacionamento é desfeito com prejuízos mútuos.

Quando as pessoas tentam aperfeiçoar as suas habilidades de resolução de conflitos, uma das mais importantes tarefas é se voltar para dentro de si para obter uma melhor compreensão das suas próprias tendências, padrões e crenças. Agindo assim, as pessoas podem se concentrar em habilidades particulares que elas precisam trabalhar, assim como aprendem a reposicionar seus enfoques ineficazes, substituindo-os por comportamentos de resolução de conflitos aperfeiçoados.

Weeks (1992) apresenta oito passos que considera essenciais para a resolução de conflitos, a saber:

- Criar uma atmosfera efetiva.
- Esclarecer as percepções.
- Concentrar-se em necessidades individuais e compartilhadas.
- Construir um poder positivo compartilhado.
- Olhar para o futuro e, em seguida, aprender com o passado.
- Gerar opções.
- Desenvolver "degraus": as "pedras dos passos" para a ação.
- Estabelecer acordos de benefícios mútuos.

Quanto maior for o tempo em que se persiste num conflito, maior será a probabilidade de uma escalada de sua importância. Por outro lado, é muito provável que conflitos não resolvidos deturpem a importância de futuros conflitos, que são intensificados.

O que é verdade para os conflitos em geral é especialmente verdade para o conflito nas negociações. Portanto, é melhor tentar resolver todas as questões ou tentar desembaraçar-se delas por acordo mútuo, pois se alguma questão for deixada de lado, sem ser resolvida, pode acabar emergindo no pior momento possível.

Outra abordagem interessante sobre resolução de conflitos é apresentada em um artigo de Pinzón (1993). Referindo-se ao problema de conflitos nacionais internos, como os da Colômbia, do Peru, da antiga Iugoslávia, entre outros, o autor faz uma abordagem inicial de natureza geral para a resolução de conflitos, entre duas ou mais partes, em nível micro, observando que, para se conseguir uma visão holística prática, útil para enfrentar situações problemáticas desse tipo, são necessários estudos interdisciplinares muito mais amplos.

Pinzón (1993, p. 154) lembra Ury (1993) e seus três focos básicos para a resolução de conflitos, que se entrelaçam fortemente: a satisfação dos interesses, o foco em direitos e o foco em poder.

Citando Lax e Sebenius (1986), Pinzón atenta para aspectos importantes para a resolução de conflitos, quais sejam:

- *Comportamentais* – em que se destacam estilos, atitudes, relações pessoais e esforços para entender a outra parte.
- *Estruturais* – em que se distinguem diferenças entre as partes envolvidas, interesses comuns, economias de escala e as "regras gerais do jogo".

Além disso, Pinzón apresenta a resolução de conflitos como um multissistema que deve ser observado pelo menos de dois pontos de vista complementares, que se concentram em aspectos diferentes:

- Os cinco elementos básicos que convergem no desenvolvimento de um conflito (o potencial humano dos negociadores, o potencial do mundo, as variáveis culturais, as variáveis físicas e os terceiros envolvidos).
- A negociação, conceituada como um sistema de atividades humanas girando em torno de uma situação problemática geralmente não estruturada, que deve levar em consideração dez elementos básicos: 1) os interesses e motivos das partes; 2) o ambiente do sistema; 3) as alternativas de acordo; 4) as fronteiras do sistema; 5) os componentes do sistema e suas inter-relações; 6) o relacionamento entre as partes; 7) a comunicação; 8) os processos de tomada de decisão; 9) os recursos do sistema; e, finalmente, 10) o foco utilizado na resolução do conflito – direitos, interesses ou poder.

Pinzón (1993, p. 159) conclui apresentando seis pontos fundamentais que devem ser considerados ao tratar uma resolução de conflito como sistema:

1. Uma resolução de conflito é um multissistema (Espejo, 1984).
2. É preciso, antes de mais nada, compreender o ambiente específico no qual a negociação está imersa.
3. As partes podem tentar exercer controle, umas sobre as outras.
4. A efetividade de uma negociação depende muito da comunicação entre as partes.
5. É importante ter foco proativo.
6. A resolução do conflito começa, efetivamente, quando se começa a ver o mundo através dos olhos dos outros.

2.2.9 Negociação nos conflitos

Ao se negociar com base em um conflito anterior, deve-se aplicar os mesmos estágios, habilidades e estratégias que normalmente se usa em outras negociações. Mas algumas coisas são mais difíceis, por exemplo, buscar um enfoque de solução de problemas – a necessidade de vencer pode ser aquilo que fala mais alto em sua mente.

Também pode ser difícil ter um enfoque racional sobre aquilo que a outra pessoa envolvida pode pretender. Os enfoques que levam a negociar uma solução aceitável são os mais difíceis de serem atingidos, mas, ao mesmo tempo, os mais vitais, quando se está efetivamente envolvido no conflito. Consciente dos aspectos que se consideram mais difíceis, tem-se condições de abrandar, ao menos, os possíveis sentimentos antagônicos das outras pessoas envolvidas.

Para se negociar em situações de conflito, Hodgson (1996) apresenta seis passos positivos a serem seguidos:

1. Buscar um enfoque de solução de problemas. Deve-se lembrar que, se for possível para a outra parte obter aquilo que pretende, ficará mais fácil obter aquilo que se deseja.
2. Saber ouvir. Este é um ponto muito importante, pois saber ouvir aquilo que o outro tem a dizer pode ser muito difícil, porque tende-se a ficar pensando naquilo que se pretende falar.
3. Formular questões é outro aspecto muito importante para conhecer um pouco mais sobre os pontos de vista ou propostas dos outros lados envolvidos. Formular questões é muito importante para esclarecer alguns pontos e testar a própria compreensão.
4. Manter a mente sempre aberta. Buscar novas opções, tanto para si próprio quanto para o outro lado envolvido, pode ser muito importante no desenrolar da negociação.
5. Lembrar-se de que os movimentos são a única maneira de estabelecer progressos também é outro fator fundamental, que pode levar a encontrar caminhos, tanto para se mover em direção ao outro lado como para fazer que o outro lado se mova na sua direção.
6. Isolar o problema, separando-o das pessoas envolvidas. Concentrar-se em negociar uma solução e esquecer-se da personalidade das pessoas envolvidas na negociação também pode ser uma questão de grande importância.

Nas negociações em geral, porém, muitas vezes é difícil vencer a intransigência do outro lado envolvido e ainda encontrar um enfoque racional para a solução dos problemas. A emoção do ambiente frequentemente é responsável por criar uma nova perspectiva para a solução do problema, em virtude da importância da questão, das pessoas envolvidas, das atitudes tomadas, enfim, da decisão a que se chegou para a solução do conflito na sua totalidade.

2.2.10 Mediação e arbitragem na resolução dos conflitos

Em muitas situações de conflito, é útil contar com a participação de uma terceira pessoa para auxiliar no encaminhamento da solução. Essa terceira parte que vem participar da negociação deve ser alguém que não esteja diretamente envolvido na situação, mas que possa ser útil para resolvê-la. Deve ser imparcial, podendo ser um amigo comum, nos casos de negociações mais simples, ou uma pessoa absolutamente neutra, que ambas as partes conheçam, e que venha auxiliar no processo, ou pode ser ainda um profissional habilitado para exercer esse tipo de atividade, habituado a essas situações e que as tenha como sua atividade profissional. Em países como os Estados Unidos, é mais comum contar-se com pessoas que exercem esse tipo de atividade profissionalmente, sendo até mesmo credenciadas para esse fim.

Os principais tipos de utilização de uma terceira pessoa para a solução de conflitos são a mediação (intervenção pacífica de acerto de conflitos para produzir um acordo, em que a solução é sugerida, e não imposta às partes interessadas) e a arbitragem (processo de julgamento com veredicto de um árbitro, com base nas necessidades das partes).

As principais vantagens de contar com uma terceira parte para solucionar o conflito são, segundo Lewicki et al. (1996):

- As partes ganham tempo para se acalmar, já que elas interrompem o conflito e o descrevem para uma terceira parte.
- A comunicação pode ser melhorada, visto que a terceira parte interfere na comunicação, ajuda as pessoas a serem claras, além de trabalhar para que os envolvidos ouçam melhor a outra parte.
- Frequentemente, as partes têm de determinar quais são as questões realmente importantes, porque a terceira parte pode pedir para priorizar alguns aspectos.
- O clima organizacional pode ser melhorado, pois as partes podem descarregar a raiva e a hostilidade, retornando a um nível de civilidade e confiança.
- As partes podem procurar melhorar o relacionamento, principalmente se essa tarefa for facilitada por uma terceira pessoa.
- A estrutura de tempo para resolver a disputa pode ser estabelecida e revista.

- Os custos crescentes de permanecer no conflito podem ser controlados, principalmente se continuar na disputa estiver custando às pessoas dinheiro ou oportunidades.
- Acompanhando e participando do processo, as partes podem aprender como a terceira parte as orienta, para, no futuro, serem capazes de resolver as suas disputas sem auxílio.
- As resoluções efetivas para a disputa e para o desfecho podem ser atingidas.

Como desvantagens da participação de uma terceira pessoa, podem-se citar:

- As partes se enfraquecem potencialmente ao chamar uma terceira pessoa, deixando uma imagem de certa incapacidade para resolver o conflito.
- Há também uma inevitável perda de controle do processo ou dos resultados (ou de ambos), dependendo de que tipo de pessoa é chamada para ser a terceira parte (se se trata de um mediador ou de um árbitro).

Lewicki et al. (1996) apresentam quatro tipos de envolvimento de uma terceira parte na disputa, a saber:

- *Negociação*: na qual há um baixo nível de controle da terceira parte, tanto sobre o processo quanto sobre os resultados.
- *Mediação*: com alto controle da terceira parte sobre o processo, porém baixo controle sobre os resultados.
- *Arbitragem*: existe alto controle sobre os resultados, porém a terceira parte tem baixo controle sobre o processo.
- *"Inquisição"*: em que há alto controle da terceira parte, tanto sobre o processo quanto sobre os resultados.

No caso de negociação sem uma terceira parte, os opositores mantêm controle tanto sobre o processo quanto sobre o resultado. Com a mediação, eles perdem o controle do processo, mas mantêm o controle dos resultados. Já na arbitragem, eles perdem o controle dos resultados, porém mantêm o controle do processo. Já no quarto caso (da "inquisição"), as partes não têm controle do processo nem dos resultados (e, na verdade, não há negociação).

Mediação

A mediação é baseada em regras e procedimentos preestabelecidos. O objetivo do mediador é ajudar as partes a negociar de maneira mais efetiva. O mediador não resolve o problema nem impõe uma solução. A sua função é a de ajudá-las a buscar o melhor caminho e fazer que estejam de acordo, depois de encontrada a solução. Assim, o mediador tem controle do processo, porém não dos resultados. O maior interesse do mediador é o de ajudar as partes nas questões de comunicação. O objetivo é maximizar a utilização das habilidades das partes, de forma a capacitá-las a negociar da maneira mais efetiva possível.

Na negociação mediada, as partes chegam a uma primeira solução, melhor do que aquela que poderia ser apresentada pelo mediador. Outro aspecto muito importante na negociação mediada é que o relacionamento entre as partes é uma questão fundamental, e elas buscam desenvolver ao máximo suas habilidades para resolver os problemas no conflito.

Embora possam existir diversas variações em um processo de mediação, basicamente o esquema geral de funcionamento é o mesmo (Lewicki et al., 1996). Inicialmente, escolhe-se um mediador. Este pode ser um mediador profissional, fazendo parte de algum centro de mediação especializado nessa atividade, ou pode ser alguém agindo informalmente como mediador, ao mesmo tempo em que desenvolve sua atividade normal.

O mediador tem sempre um papel muito ativo no processo. Normalmente, ele o inicia fazendo uma reunião com as duas (ou mais) partes envolvidas, visando estabelecer regras gerais segundo as quais o processo de mediação irá ocorrer. A função básica do mediador é a de fazer que as partes definam algumas regras de procedimentos, concordem em ouvir uma(s) a(s) outra(s) e, finalmente, levá-las a uma solução negociada entre elas. É importante destacar que o mediador não deve resolver a disputa, mas, sim, fazer que as partes cheguem à melhor solução por sua própria conta.

O mediador procura, durante sua atividade, ouvir ambas partes, isoladamente ou em conjunto, tentando entender as questões que são colocadas por elas e identificar interesses, prioridades e desejos, de forma a direcionar o conflito para uma solução colaborativa ou de compromisso. O mediador procura, então, juntar as partes, tentando levá-las a explorar as soluções possíveis.

A fase final do processo de mediação é o acordo, que pode ser tornado público por meio de uma declaração normalmente feita por escrito, podendo até ser assinada pelas partes. Muitos mediadores buscam fazer o acordo por escrito, para que fiquem bem definidas as funções e responsabilidades de cada parte após o acordo e para que se obtenha um comprometimento efetivo entre elas.

A duração de um processo de mediação é muito variável, por causa da natureza e do grau de dificuldade associado ao conflito. Durante o processo, o mediador, além de facilitar a própria negociação em si, pode auxiliar as partes envolvidas nas suas concessões, nos acordos e desacordos que surgem no processo e assim por diante. Dessa forma, é difícil estabelecer um período para a mediação, que pode estender-se muito além daquilo que seria previsível ou encerrar-se muito antes do que se poderia esperar.

A mediação pode ser útil em várias situações de conflito, por exemplo, em relações de trabalho, negociações contratuais, pequenas exigências, divórcios, disputas civis ou comunitárias, entre outras. A sua utilização tem sido cada vez mais intensa em disputas comunitárias por terras, entre vendedores e clientes, em alocações de moradias estudantis e entre diferentes grupos de estudantes que disputam determinado espaço nas escolas ou nas comunidades.

A mediação pode ser ensinada e explicada de diferentes formas. Ela pode ser ensinada até para as crianças em início de idade escolar, mostrando-lhes caminhos para solucionar conflitos em sala de aula ou nas brincadeiras nos horários de intervalo. Evidentemente, a maneira como se explica a mediação para as crianças é muito mais simples do que a forma como se encaminha uma mediação numa negociação internacional. Os princípios, porém, que estão por trás são exatamente os mesmos, e o aprendizado que as crianças obtêm na fase infantil pode, e deve, ser levado para a fase adulta e utilizado por toda a vida.

Para obter sucesso em uma mediação, alguns fatores são fundamentais. Lewicki et al. (1996) apresentam os seguintes pontos como indispensáveis para que uma mediação seja bem-sucedida:

- O mediador tem de ser visto pelos envolvidos no conflito como neutro, imparcial e sem vieses.
- O mediador deve ser um *expert* no campo no qual a disputa ocorre.
- Os envolvidos têm de ter consciência de que o fator tempo é fundamental para uma mediação.
- A partes precisam estar dispostas a fazer concessões e encontrar uma solução de compromisso.

A mediação tende a ter sucesso entre 60 e 80% dos casos nos quais ela é aplicada, de acordo com as estatísticas (Lewicki et al., 1996, p. 188). As situações com maiores chances de sucesso são, conforme Carnevale e Pruitt (1989 apud Lewicki et al., 1996, p. 188), aquelas nas quais:

- O conflito é de características moderadas.
- O conflito não é excessivamente emocional ou polarizado.
- Há alta motivação de ambas as partes envolvidas.
- As partes estão comprometidas a seguir o processo de mediação.
- Os recursos não estão limitados de maneira muito rígida.
- As questões não envolvem conflitos básicos de valores.
- O poder entre as partes é equilibrado.
- A mediação é vista como vantajosa em relação à arbitragem ou à falta de acordo.
- Os envolvidos têm experiência e compreendem o processo de "dar e receber", assim como os custos da não obtenção de um acordo.

Nas mediações bem-sucedidas, os negociadores tendem a estar comprometidos com o acordo que é gerado. Dessa forma, a taxa de implementação efetiva dos acordos gerados é bastante alta.

Em algumas situações, porém, a mediação apresenta desvantagens ou tem menos chance de ser bem-sucedida. Assim, pode-se dizer que a mediação é menos efetiva ou apresenta mais dificuldade para ser usada nas seguintes situações:

- Os negociadores são inexperientes e julgam que, se eles utilizarem uma linha de ação dura, a outra parte pode simplesmente se entregar.
- Há muitas questões em jogo, e as partes não conseguem entrar em um acordo quanto às prioridades.
- As partes estão fortemente comprometidas com as suas posições.
- Há muita emoção, paixão e intensidade nos conflitos.
- Uma das partes possui um conflito interno e não está muito segura do que fazer.
- As partes diferem quanto aos seus principais valores sociais.
- As partes diferem substancialmente quanto às suas expectativas daquilo que é uma declaração razoável e justa.

- Os pontos de resistência das partes são incompatíveis (o máximo que uma parte pode dar ainda é muito menos do que o mínimo aceitável pela outra parte, não gerando a chamada zona de acordo).

A mediação pode consumir muito mais tempo do que a arbitragem, visto que as partes costumam utilizar um tempo muito longo explicando a disputa para a terceira parte e, depois, participando do processo de busca de uma solução. Além disso, há o risco de a disputa recomeçar num momento seguinte e continuar, muitas vezes assumindo até proporções ainda maiores.

Arbitragem

A arbitragem é considerada a forma mais comum de resolução de disputa por meio de uma terceira pessoa. Em um processo de arbitragem, cada parte apresenta a sua posição para o árbitro, que, por sua vez, estabelece uma regra ou um conjunto de regras a respeito das questões envolvidas. Os pedidos das partes podem ser aceitos ou não, dependendo das regras do processo. As decisões do árbitro, por sua vez, podem ser voluntárias ou obrigatórias, em função das regras e dos compromissos prévios acordados entre as partes.

No seu desenrolar, o árbitro tanto pode optar pela solução proposta por um dos participantes como pode ele mesmo propor uma solução completamente diferente, ou, ainda, chegar a um meio termo entre as propostas dos dois lados envolvidos. Nos procedimentos formais, que são regidos por lei ou por acordos contratuais, como questões trabalhistas ou acordos empresariais, há normalmente uma posição muito clara e rígida de um conjunto de políticas sobre as quais as regras de arbitragem devem se apoiar.

As arbitragens são muito utilizadas em conflitos empresariais, em disputas entre empresas e união de trabalhadores, em relações trabalhistas e em contratos de um modo geral (em especial no setor público).

As principais vantagens da utilização da arbitragem são (Lewicki et al., 1996):

- Torna-se possível uma solução clara para as partes (embora possa não ser a opção principal de uma ou de ambas).
- Há a opção de escolher ou não a solução indicada.
- Os árbitros normalmente são escolhidos por serem justos, imparciais e sábios, e, dessa forma, a solução vem de uma fonte respeitada e com crédito.

- Os custos de prolongar a disputa são evitados. É interessante destacar que as decisões dos árbitros tendem a ser consistentes com os julgamentos recebidos dos tribunais.

A arbitragem, porém, apresenta uma série de desvantagens:

- As partes tendem a abandonar o controle sobre os resultados; assim, a solução proposta pode não ser aquela que se prefere.
- As partes podem não gostar do resultado, que, às vezes, lhes impõem custos e sacrifícios adicionais.
- Se a arbitragem é voluntária, elas podem sair perdendo, caso decidam não seguir a recomendação do árbitro.
- Há um efeito de aceitação da decisão, que mostra que existe menor comprometimento com soluções arbitradas por dois motivos: as pessoas não participam da construção dos resultados, e a declaração recomendada pelo árbitro pode ser inferior àquela que prefeririam. E, havendo menor envolvimento com o resultado, automaticamente haverá menor comprometimento com a implementação.
- A pesquisa em arbitragens geralmente mostra que há um resultado frio (isso ocorre pelo fato de que os negociadores, ao perceberem que a negociação se encaminha para uma arbitragem, mudam sua postura).
- Há também um efeito que mostra que as partes, ao saberem que há uma longa história de recorrência às arbitragens, tendem a perder o interesse pela negociação, a tornar-se passivas e dependentes da terceira parte, buscando apenas auxiliá-la na solução do conflito.
- Há outro efeito que mostra que, com a utilização cada vez mais intensa da arbitragem, os resultados passam a ser cada vez menos satisfatórios.
- Há, ainda, o efeito dos vieses, que mostra que os árbitros podem ser percebidos como não sendo imparciais, mas, sim, incorporando ao processo suas próprias tendências. Isso costuma ocorrer ainda mais quando um árbitro tende a tomar uma série de decisões sequenciais que favorecem sempre o mesmo lado. Quanto maior o conflito, maior a possibilidade de as partes acharem que o árbitro está sendo tendencioso.

Nesse sentido, é realmente fundamental que, antes de utilizar uma terceira pessoa em um processo de solução de conflito, as partes reflitam bem sobre a conveniência de solicitar essa intervenção. Para isso, é muito importante que pensem no tipo de conflito existente, nos estilos das pessoas envolvidas, na importância do conflito para elas, no tempo disponível para a negociação, nos custos envolvidos no processo e na disponibilidade de recursos existentes, nos poderes que estão por trás, no volume e qualidade das informações à disposição, além da frequência da utilização de uma terceira parte no processo.

E, após pesar todos os prós e contras, caso realmente optem pela utilização de uma terceira parte no processo de solução do conflito, é fundamental avaliar também qual será a melhor forma de utilização dela no processo, verificando criteriosamente as vantagens e desvantagens de cada uma das opções de solução por meio de ajuda externa, conforme apresentado ao longo deste capítulo.

2.3 Negociação e ética

"Ética é o estudo dos juízos de apreciação referentes à conduta humana suscetível de qualificação do ponto de vista do bem e do mal, seja relativamente a determinada sociedade seja de modo absoluto" (Ferreira, 1986, p. 733).

Daft (1991) define Ética como "um código de princípios e valores morais que governam o comportamento de uma pessoa ou grupo, com respeito ao que é certo ou errado". Assim, vê-se que a Ética estabelece padrões sobre o que é bom ou mau na conduta e na tomada de decisões, quer seja no plano pessoal, quer sob o ponto de vista organizacional.

A Ética é uma questão importante nas negociações. Como a negociação normalmente é parte de um processo competitivo, no qual as partes estão lutando por recursos escassos e para conseguirem o melhor acordo possível, elas frequentemente podem estar dispostas a se mover, de um comportamento honesto, para um tipo de comportamento que se pode considerar como desonesto, dependendo, evidentemente, do ponto de vista de quem o avalia.

Há muita discussão sobre até que ponto se está agindo de maneira ética ou não em uma negociação. Por exemplo, quando alguém pergunta até que limite se pode chegar em uma negociação, e não se diz a ele o verdadeiro limite, para ter maior espaço de barganha, até que ponto esse comportamento pode ser considerado ético e em que momento passa a ser antiético? Evidentemente, isso depende muito dos valores das pessoas envolvidas na negociação e do ambiente no qual elas estão inseridas.

As questões ética e legal têm certas sobreposições e, às vezes, também certos conflitos. Lewicki et al. (1996, p. 217) propõem uma matriz de análise dos comportamentos éticos e legais, na qual há quatro possibilidades básicas:

- Comportamentos que não são nem éticos nem legais.
- Comportamentos que são éticos, porém não são legais.
- Comportamentos considerados legais que, porém, não são éticos.
- Comportamentos legais e éticos, segundo os padrões daquele grupo.

Em termos éticos, não há, normalmente, um padrão formal único nem qualquer declaração escrita que seja absoluta e sirva como modelo para os negociadores, ao contrário do que ocorre em relação ao aspecto legal.

A ética de um negociador irá depender de algumas questões pessoais, tais como a formação filosófica e religiosa, sua experiência, valores pessoais, entre outros aspectos importantes.

Um dos principais motivos pelos quais as pessoas acabam se envolvendo em comportamentos não éticos (ou pelo menos questionáveis sob esse ponto de vista) é a busca de vantagem, em termos de poder. Essa é uma atitude típica de um comportamento "ganha-perde". Dado que informação gera poder, a parte que é capaz de manipular melhor as informações é capaz de obter certa vantagem, ao menos temporária, sobre a outra.

Por outro lado, é muito comum os negociadores guardarem certas informações, escondendo-as do outro, com intuito de ter uma posição mais forte para poder barganhar. Assim, a informação pode ser considerada o principal fator no comportamento ético na negociação. Nesse sentido, é muito importante saber de quanta informação se dispõe, quão precisa ela é, quanto dessa informação deve ser compartilhada com a outra parte, bem como o que deve ser revelado, quando e como. Essas questões são vitais, pois têm grande influência sobre o processo em si e sobre os resultados da negociação de um modo geral.

O comportamento ético tem dois componentes que afetam a maneira de agir das pessoas: o domínio da legislação, contendo os princípios éticos estabelecidos por lei, e o domínio da livre escolha, ou seja, a condição social de todo ser livre de fazer as suas escolhas e de agir da maneira que melhor lhe convier, em cada situação da vida pessoal e profissional.

Entre ambos, encontra-se o campo da Ética, que, a partir dos dois extremos, faz que cada indivíduo defina os seus padrões, considerando as suas questões individuais, porém levando também em conta as interferências que a sociedade e a legislação imprimem nas suas escolhas pessoais.

Mas quais são os fatores que levam à emergência de preocupações éticas na sociedade? De acordo com Gutiérrez (1994), podem-se citar quatro fatores básicos que levam a essas preocupações:

• Uma necessidade espontânea e natural de uma maior humanização.
• Uma reação diante de uma crise moral que se verifica na nossa sociedade e aos perigos de uma degradação.
• O fato de que a internacionalização e a globalização significam também integração dos diversos sistemas culturais.
• Uma grande mudança em termos culturais nas organizações, além de intensa alteração nos valores pessoais.

O que explicaria, porém, o surgimento das preocupações éticas na gestão das empresas? Segundo Gutiérrez (1994), seriam, basicamente, seis os aspectos que justificam essas preocupações por parte das organizações, no que se refere à sua gestão:

• Maiores exigências de responsabilidade social e econômica para empresários e gerentes das organizações.
• Grande desconhecimento, por parte do quadro gerencial nas organizações, das características básicas dos seres humanos.
• Maior consciência de que os aumentos de produtividade estão condicionados à elevação da qualidade de vida organizacional.
• A rentabilidade da questão ética, uma vez que coloca as preocupações vitais na cultura organizacional.
• A relação do surgimento de vantagens competitivas com o desenvolvimento de habilidades internas nas organizações.
• Incoerências entre os valores do ambiente e aqueles que são comunicados pela cultura organizacional.

Os administradores têm uma série de dificuldades e dilemas para lidar com as questões referentes ao aspecto ético. Alguns enfoques ligados à tomada de decisões éticas proporcionam critérios para o entendimento e a resolução dessas questões.

Entre esses critérios que orientam a tomada de decisões éticas, pode-se citar:

• *Enfoque utilitário*: é o conceito ético de que comportamentos morais produzem o maior bem, para o maior número possível de pessoas.
• *Enfoque individualista*: trata-se do conceito de que as ações são morais caso promovam o interesse individual, a longo prazo.

- *Enfoque moral*: parte do princípio de que os seres humanos têm direitos e liberdades que não podem ser sobrepujados por decisões individuais. Dessa forma, as decisões morais seriam aquelas que mantivessem os direitos das pessoas afetadas.
- *Enfoque de justiça*: considera que as decisões morais devem ser baseadas em padrões de equidade, probidade e imparcialidade.

Entre os fatores que afetam as decisões éticas, podem-se citar os gerentes e a organização. Os gerentes trazem à função que desempenham traços de comportamento e de personalidade específicos.

As organizações, paralelamente às suas atividades econômicas, têm uma responsabilidade social perante a sua comunidade. Essa responsabilidade se refere à obrigação da administração da empresa de tomar decisões e implementar ações que irão realçar o bem-estar e os interesses, tanto da sociedade quanto da organização.

O desempenho social da empresa pode ser avaliado de acordo com quatro critérios básicos, segundo diferentes enfoques de responsabilidade da empresa, conforme proposto por Daft (1991).

- *Responsabilidade econômica*: trata-se da responsabilidade de produzir os bens e serviços que a sociedade deseja, bem como de maximizar os lucros para os proprietários e acionistas.
- *Responsabilidade legal*: é aquela que define o que a sociedade considera como importante com respeito ao comportamento empresarial apropriado.
- *Responsabilidade ética*: inclui os comportamentos que não são necessariamente cobertos pela lei e que podem não servir adequadamente aos interesses econômicos diretos da empresa.
- *Responsabilidade discricionária*: trata-se da responsabilidade puramente voluntária da empresa, e é guiada pelo desejo da organização de trazer contribuições sociais não solicitadas pela economia, pela lei e pela ética.

Muitas empresas formam comitês de ética, que são grupos de executivos que têm como função fiscalizar a ética empresarial, por meio de regras estabelecidas, em alguns aspectos considerados como questionáveis, além de examinar questões envolvendo a violação da disciplina.

56 NEGOCIAÇÃO EMPRESARIAL

Para pensar na questão ética, seria importante analisar por que surgem os comportamentos antiéticos. O comportamento humano tem muitas dimensões, e o sistema das empresas, muitas vezes, motiva condutas antiéticas. Missner (1980 apud Lewicki e Litterer, 1985, p. 316) sugere quatro delas:

- Lucro.
- Competição.
- Justiça.
- Propaganda.

Embora as estratégias e táticas de negociação tenham muito pouco a ver com estratégias de propaganda em termos convencionais, questões e aspectos referentes a lucro, justiça e competição são comuns na avaliação do comportamento dos negociadores.

Os principais conceitos envolvidos em cada uma das dimensões do comportamento humano são lucro, competição e justiça.

O lucro é necessário para a empresa numa sociedade capitalista. É visto, porém, sobre diferentes enfoques pelos executivos da direção da empresa, pelos acionistas, pelos operários ou pela sociedade em geral.

Assim, o lucro é claramente um ponto de negociação. Segundo Lewicki e Litterer (1985, p. 317), "pela sua própria natureza, a negociação é um processo através do qual os indivíduos tentam maximizar os seus resultados." Ao tentar maximizar os resultados, é natural que os indivíduos tentem se utilizar de táticas e estratégias reconhecidas para essa finalidade.

A busca do lucro é um princípio fundamental, tanto para o sistema econômico como para o comportamento econômico individual. Esse comportamento ocorre em um contexto social, no qual a quantidade total de recursos disponíveis não é suficiente para satisfazer aos desejos de todos; com isso, ocorre a competição. Mesmo quando a quantidade de recursos é suficiente para satisfazer ao desejo de todos, existe a competição, pois todos buscam aperfeiçoar o seu produto para terem consumidores mais satisfeitos, além da garantia, em termos de futuro e de divulgação dos seus produtos.

O terceiro aspecto da conduta humana que motiva as partes para comportamentos antiéticos é a busca da justiça. São necessários certos padrões para garantir que a justiça seja preservada. As questões de justiça são baseadas em diferentes padrões de distribuição de resultados: aquilo que as partes realmente recebem (em benefícios econômicos ou sociais) comparado com aquilo que elas acreditam que merecem.

Os conflitos começam a surgir quando as partes discordam sobre seu desempenho real e sobre quanto acham que merecem pelo efetivo desempenho. Além disso, as questões de justiça podem surgir quando as partes discordam sobre a natureza das regras e se elas estão sendo seguidas para a obtenção de uma determinada finalidade.

Portanto, identificando as três principais questões da conduta humana e do sistema empresarial, quais sejam a busca do lucro, a natureza da competição e os padrões de justiça apropriados, pode-se fazer uma avaliação das questões éticas na negociação. Entende-se claramente que, quando as partes buscam avidamente a maximização de seus lucros, têm uma tendência maior a usar táticas questionáveis em termos éticos.

Da mesma forma, quando existe uma competição muito intensa, torna-se mais fácil e comum violar um padrão ético, na ânsia de derrotar o oponente, para atingir um objetivo. Assim, também, quando há algum desacordo quanto aos resultados desejados, há uma tendência maior de se desconsiderar os princípios éticos, para atingir o que é pretendido ou para bloquear os outros na conquista dos seus objetivos. Seria importante, então, identificar as diferentes maneiras pelas quais essas violações éticas normalmente ocorrem.

Segundo Lewicki e Litterer (1985, p. 319), há três aspectos principais de conduta ética ligados às questões básicas que aparecem nas negociações:

- Os meios *versus* os fins.
- Relativismo *versus* absolutismo.
- A questão de contar a verdade.

Ao analisar por que as pessoas têm comportamentos antiéticos, o primeiro pensamento é acreditar que elas são corruptas, degeneradas e imorais. Na verdade, essa análise é muito simplista e, além disso, não ajuda a entender ou a controlar o próprio comportamento, ou influenciar e predizer com sucesso o comportamento de outros em um ambiente de negociação.

As táticas antiéticas podem levar ao sucesso, mas apenas no curto prazo, bem como também à vingança por parte da vítima. De mais a mais, a experiência de ter sido explorado provavelmente produzirá efeito muito forte sobre a visão de negociação que essa pessoa terá no futuro.

Do ponto de vista do negociador, a principal motivação para utilizar um comportamento antiético é aumentar o poder e o controle. Como se acredita que a maior parte dos negociadores não é desonesta ou patológica, mas, sim, consciente das suas responsabilidades morais e sociais, então, quando decidem utilizar uma tática antiética, buscam razões para justificar esse comportamento.

2.4 Negociações internacionais em um contexto globalizado

As negociações no plano internacional assumiram, nos últimos tempos, uma importância cada vez maior, principalmente com a globalização da economia. Além da emergência de uma economia global, outros aspectos básicos para a ampliação de negociações no âmbito internacional são o aumento dos investimentos no exterior e a ampliação de acordos de negócios mundiais.

A maneira de atuar das empresas no plano internacional vem sofrendo grandes alterações, por causa de uma série de aspectos que caracterizam o novo mercado globalizado:

- Formação de uma rede de contatos internacionais.
- Busca intensa de novos conhecimentos em âmbito geral.
- Criação de uma mentalidade claramente internacional.
- Preocupação constante com o envio de executivos para conhecer profundamente os ambientes internacionais.
- Formação de redes integradas com subsidiárias.
- Participação intensa em redes de fornecedores internacionais (válido tanto para empresas internacionais quanto para empresas nacionais).

Dessa forma, pode-se tentar estabelecer as bases para o futuro das empresas de padrão internacional, tendo como principais pontos os seguintes:

- Desenvolvimento do seu próprio modelo.
- Respeito à sua história corporativa e à influência que ela exerce sobre os valores e as atividades da empresa nos dias atuais.
- Estabelecimento de uma mentalidade que contemple de maneira intensa a questão internacional.
- Incentivos constantes e contínuos ao desenvolvimento da criatividade na empresa (em todos os sentidos e na empresa como um todo).
- Reinvenção do seu setor (no sentido de assumir uma postura proativa em relação ao ambiente, antecipando-se às ameaças e oportunidades que possam surgir).

Com isso, o desenvolvimento de habilidades de negociação em âmbito internacional assumiu uma importância cada vez maior. Assim, a capacidade de um negociador em influenciar os outros, de uma maneira positiva e construtiva, passou a ser de fundamental importância. E os negociadores com visão sistêmica são aqueles que melhor levam as negociações a bom termo, pois visão sistêmica é, afinal, sinônimo de visão global eficaz.

Para que as negociações no plano internacional sejam efetivas, devem considerar como ingredientes básicos, além da visão sistêmica do mundo como um todo, mas interdependente nas suas partes e em permanente transformação nessa interdependência, os aspectos culturais de cada país envolvido, em virtude das grandes diferenças existentes e da enorme influência que esses fatores culturais têm sobre as atitudes e o comportamento das pessoas no dia a dia, tanto nas atividades empresariais quanto nas atividades pessoais e sociais.

Para ser eficiente, tanto como indivíduo como em termos de organização, é fundamental pensar de maneira global. E, mais do que isso, deve-se procurar ser global efetivamente, estar voltado para um mercado global, raciocinar de maneira global, estar informado e atualizado constantemente sobre aquilo que acontece no plano mundial.

Em segundo lugar, no aspecto dos recursos humanos envolvidos nos processos de internacionalização, cada vez mais as empresas se dão conta da importância de preparar adequadamente os seus funcionários para enfrentarem essa nova situação.

Um terceiro aspecto fundamental nesse processo é a questão do capital, que passou a ser trabalhado de maneira muito mais fácil e intensa, com a expansão dos mercados.

Nesse ambiente, a inovação foi um dos aspectos mais importantes para as empresas durante os anos de 1990, garantindo a elas não só a possibilidade de se manterem no mercado, mas, principalmente, de ganharem vantagem competitiva em relação aos seus concorrentes e ao seu ambiente. A inovação, apenas, não é suficiente às empresas para enfrentarem os desafios do século atual; elas precisam também, e principalmente, de criatividade.

Pode-se considerar a criatividade como o mecanismo pelo qual a realização tecnológica rompe e transforma a inovação (Nyströn, 1990). Dessa forma, vê-se claramente a importância de a empresa ir além da inovação, buscando, de maneira decidida, a criatividade como instrumento ágil e efetivo para a adaptação e antecipação às mudanças do ambiente.

Assim, um negociador de nível internacional deve estar apto e bem informado a respeito de uma série de pontos fundamentais para a sua atividade, a saber:

- As habilidades internacionais de negociação, que são críticas para o seu sucesso.
- A grande amplitude e variedade de acordos e negócios realizados em âmbito internacional.
- A frequência e constância cada vez maior de investimentos feitos pelas empresas no plano mundial.
- A emergência, e mesmo a realidade já presente, de uma economia cada vez mais globalizada, com a queda contínua das barreiras entre os países.

Sem dúvida, as escolas de Administração devem contribuir para alçar o país ao sucesso no mundo da globalização. Nesse sentido, os aspectos tecnológicos assumem fundamental importância.

Mais importante ainda, porém, do que os aspectos tecnológicos são os aspectos humanos, ligados à formação e preparo desses administradores para enfrentar os desafios do século atual. Nesse aspecto, as habilidades de comunicação e negociação assumem, sem sombra de dúvida, um papel fundamental, para que os administradores possam estar aptos a essas atividades, que são voltadas mais a aspectos ligados às Ciências Humanas, e menos às Ciências Exatas.

Nos Estados Unidos, no Canadá e na Europa já se nota um grande incremento de disciplinas ligadas a esses tópicos, seja na graduação, seja na pós-graduação. Assim, disciplinas como Política de Negócios Internacionais, Gerência Estratégica Internacional, Comunicação entre Diferentes Culturas, Marketing e Vendas nos Mercados Internacionais, Finanças Internacionais (entre outras) já fazem parte de currículos de Administração nas escolas desses países.

No Brasil, o atraso em relação à introdução desse tipo de disciplina é muito grande, com exceção apenas de algumas iniciativas isoladas de umas poucas universidades, principalmente nos cursos de Marketing Internacional, Finanças Internacionais e Economia Internacional.

As habilidades básicas a serem desenvolvidas nas negociações são habilidades que já se praticam desde criança, porém as pessoas acabam se esquecendo delas quando se tornam adultas, pois ficam mais exigentes, sofisticadas e criteriosas com o passar do tempo.

Aliás, as crianças são sempre consideradas excelentes negociadores, e isso se deve a uma série de fatores, conforme apresentado em Martinelli e Almeida (1997, p. 149):

- São persistentes.
- Não sabem o significado da palavra "não".
- Nunca se embaraçam; sempre têm uma resposta pronta para qualquer pergunta ou para qualquer situação que vier a se apresentar.
- Frequentemente, interpretam os adultos melhor do que estes as julgam.

As habilidades de negociação para os negociadores internacionais são basicamente as mesmas, podendo-se considerá-las como universais. A única diferença refere-se ao ambiente e, por conseguinte, à maneira de utilizar essas habilidades.

Assim, ao pensar em negociações internacionais, deve-se ter consciência da importância da análise do ambiente e das influências que este exerce sobre os negociadores, fazendo que suas habilidades devam ser utilizadas de maneira diferente, em virtude das características do país no qual ocorre a negociação.

Com o tempo e por meio da experiência, pode-se começar a identificar algumas características básicas de certos povos de determinados países. Entretanto, as generalizações são muito difíceis e pode-se incorrer em erros graves ao tentar generalizar.

Machado (2000, p. 80), em estudo realizado sobre as características de negociadores de diferentes países, levanta aspectos necessários aos negociadores para serem bem-sucedidos em negociações internacionais. Dentre elas, pode-se citar, conforme mencionado pelos negociadores dos diversos países analisados:

- Bom produto, boa equipe e flexibilidade.
- Conhecimento de idiomas e adaptação à cultura local.
- Capacidade de trabalho e caráter.
- Receptividade a opiniões alheias.
- Conhecimento de muitas coisas diferentes.
- Experiência e conhecimentos diversos.
- Familiaridade com diferentes culturas.

Contudo, sempre é útil conhecer um perfil aproximado dos negociadores de um país, embora isso deva ser utilizado com as restrições apresentadas anteriormente. Assim, Steele et al. (1995, p. 117) apresentam algumas características básicas de alguns povos, tais como suecos, ingleses, alemães, franceses, holandeses, americanos, russos, japoneses e povos de países do Mediterrâneo, conforme destacado em Martinelli e Almeida (1997, p. 152).

Esses pontos são apresentados a seguir, podendo ser muito úteis quando se tem contato ou se vai tratar com pessoas desses países, seja em negociações, seja em outras atividades profissionais ou sociais do dia a dia. Claro que esses aspectos não podem ser generalizados de maneira absoluta, visto que cada pessoa tem suas características individuais de personalidade. Porém, há algumas características muito comuns e que tendem a ser encontradas na maior parte das pessoas desses povos:

- *Suecos*: têm como características principais serem reservados, quietos, confiantes, autocríticos, interessados em novas ideias, sérios e muito preocupados com a qualidade. Como método de persuasão, tendem a utilizar a lógica, ameaças e compromissos. Suas principais necessidades que buscam satisfazer: a confiança, estar em evidência e receber uma proposta profissional completa. As táticas básicas que costumam utilizar são a lógica, o entusiasmo, as novidades e o uso de fatos e figuras de retórica.
- *Ingleses*: apresentam como características básicas o fato de serem lógicos, educados, utilizarem a comunicação verbal indiretamente, demonstrarem despreparo, poderem parecer inflexíveis; são justos e muito orientados para o seu mercado interno, demonstrando um senso de nacionalidade muito forte. Em termos de métodos de persuasão, costumam utilizar a lógica, ameaças, compromissos, usando, porém, a barganha de maneira intensa. Têm uma grande preocupação em satisfazer às seguintes necessidades: confiança, confidência, argumentos lógicos que não ameacem, busca de um acordo que atenda a ambas as partes, não ter sua privacidade invadida, não ser visto como perdedor, passar seus dias de folga individualmente. As táticas básicas que utilizam com maior frequência são: apresentações conservadoras, porém com imaginação; uso da linguística; ofertas justas e concessões modestas, discussão item por item numa negociação.
- *Países do Mediterrâneo*: apresentam como características mais comuns serem emotivos, animados, pessoais, voláteis. Costumam utilizar como

principais métodos de persuasão a barganha e a emoção. Têm como necessidades básicas a serem satisfeitas o entusiasmo e a compreensão e mostram, como principais táticas utilizadas, o relacionamento e as mudanças e atrasos no último momento.

- *Alemães*: normalmente são lógicos, meticulosos, eficientes, formais, metódicos, nacionalistas e persistentes. Os métodos de persuasão utilizados com mais frequência por eles são a lógica, a barganha e ameaças. Apresentam como principais necessidades que buscam continuamente satisfazer: o reconhecimento de *status* (tanto pessoal quanto profissional), a descoberta das necessidades do sistema e sua honra pessoal. As táticas mais usadas por eles são: solicitar decisões rápidas, pedir apenas mais uma coisa, fazer análise detalhada, demonstrar decepções suaves.
- *Franceses*: demonstram como características mais comuns entre seus cidadãos mostrarem-se como intelectuais, orgulhosos e refinados; amam sua língua, são estruturados por classes, nacionalistas, fechados em família. Os principais métodos de persuasão que costumam utilizar são emoção e poder. Buscam satisfazer às seguintes necessidades: respeito pessoal e profissional, sentir que a França é o centro cultural e intelectual do mundo. Normalmente são um povo animado, conversam com imaginação e sabedoria, buscando sempre algo novo ou diferente, com estilo próprio bem definido. Suas táticas mais comuns são: "jogar duro" até obter o que pretendem, buscar encontrar contra-argumentos esotéricos.
- *Holandeses*: tendem a ser lógicos, arrumados e metódicos. Têm como métodos de persuasão mais comuns a lógica e as ameaça. Buscam normalmente satisfazer ao respeito pessoal e profissional. As táticas preferidas que eles apresentam são a persistência, o uso de humor ponderado (podendo, às vezes, utilizar a falta de humor como tática), o fato de serem metódico (esperando precisão) e forçarem as vendas.
- *Americanos*: apresentam-se normalmente como entusiásticos, abertos, persistentes, obstinados, orientados para a ação, competitivos, amigos, porém superficiais muitas vezes. Além disso, são patrióticos, tendem a se isolar e são constantemente impacientes. Como métodos de persuasão, preferem utilizar a barganha, o poder e as ameaças. As necessidades que mais buscam satisfazer são: obtenção do melhor acordo, cooperação total, reconhecimento em termos de resultados, obtenção do nível mínimo estabelecido, negócios rentáveis e busca de ação constantemente.

Suas táticas principais são: pressão de tempo, velocidade, ação, comprometimento, mudança do acordo quando este é colocado no papel, propostas de ofertas razoáveis – com pequenas concessões, item por item.

- *Russos*: têm como características principais: tentar esquivar-se, ser inflexíveis, rígidos, ter expressão fria, ser tenazes, lentos, quietos, estar sempre em grupo, buscar segurança para eles mesmos, ter dificuldades para tomar decisão. Em termos de métodos de persuasão, eles procuram o não comprometimento, as emoções, os poderes e as ameaças para comprometer o outro lado. As principais necessidades a serem satisfeitas são: custo total reduzido; troca de bens, presentes e moedas ocidentais; segurança pessoal; rejeição a responsabilidades pessoais; precauções quanto a amizades. No que se refere às táticas, costumam: ceder o mínimo possível, conversar muito dizendo pouco, não utilizar autoridade, não cumprir prazos, mudar os times da negociação, obter informações e decisões sem dar nada em troca.
- *Japoneses*: de um modo geral, são formais; quando dizem sim pode significar não; são educados, perfeitos e eficientes; aparentam falta de sentimentos; são competentes; estão sempre em grupo; utilizam tecnologia avançada; são compromissados. Quanto aos métodos de persuasão, os mais utilizados são: buscam utilizar a lógica e fazem uso discreto do poder. Suas necessidades básicas são: entrar no mercado, ter volume, apresentar longas preliminares, manter relacionamentos e acordos de longo prazo, aceitar presentes. As táticas que eles mais gostam de usar são: comprometimento, atraso em entregas, ofertas muito altas, grandes concessões, acordo conjunto.

A importância da globalização da economia é tão grande e se faz presente de uma maneira tão intensa no dia a dia das empresas e das pessoas, que até chega a causar espanto a facilidade de penetração dos produtos nas economias espalhadas pelo mundo.

Durante muito tempo, os países se preocuparam em ser efetivos apenas na sua economia, relativamente fechada para o mercado externo. Isso podia ser suficiente, naquela época, para garantir não só a sobrevivência da empresa, mas também o seu crescimento ao longo do tempo. As empresas não focavam os mercados externos, sequer havia a preocupação de levar os seus produtos até outros países e outros continentes. Isso, em grande parte, acontecia por causa das enormes dificuldades de comunicação e de transporte apresentadas no período.

Com o intenso desenvolvimento da tecnologia da informação nas últimas décadas, a distribuição dos produtos no mercado global passou a ser facilitada, tornando-se mais viável e extremamente necessária. Então, hoje, ser efetivo no plano interno exige, necessariamente, a efetividade no plano global. Os mercados se abriram de tal forma que uma empresa localizada em qualquer ponto do universo pode, e deve, tornar-se uma empresa no plano global. Fica até difícil, nos dias de hoje, imaginar um novo projeto de empresa ou de produto que não leve em conta, no curto ou médio prazo, a perspectiva de expansão de seus negócios e de ingresso no mercado internacional.

O aumento na globalização da economia pode ser visto, de uma maneira muito clara, no crescimento explosivo no número e tamanho de empresas nacionais e multinacionais voltadas para o mercado externo nas últimas décadas. E, nos países desenvolvidos e melhor estruturados, essa relação é ainda mais forte.

A União Europeia é vista, pelos europeus, como um passo crítico para recuperar a posição competitiva desses países, em relação aos Estados Unidos e ao Japão. Essa posição foi perdida, principalmente na década de 1980, em especial por causa do grande desenvolvimento da economia japonesa no âmbito internacional e com a crescente globalização das economias.

Com isso, os países europeus, em especial aqueles com maior domínio do comércio internacional (principalmente Alemanha, Inglaterra, Holanda, França e Espanha), sentiram a necessidade e a importância de se unirem em torno de um objetivo comum, a fim de poder recuperar o nível de competitividade perdido. Isso, sem dúvida, gerou grandes negociações em torno dos aspectos necessários para se começar a pensar em uma união desses países, pelo menos no plano comercial.

Os primeiros aspectos, logo identificados, a serem negociados mostravam a complexidade dos problemas que iriam enfrentar: questões culturais extremamente importantes e com enormes diferenças entre países de origem latina, germânica, anglo-saxã; diversidade de idiomas (que levam a União Europeia a possuir hoje mais de dez línguas oficiais nas suas atividades); grandes desigualdades em termos de desenvolvimento econômico, social e político (basta comparar, por exemplo, Alemanha, França e Holanda com Grécia, Portugal e Irlanda); além de interesses, prioridades e perspectivas em termos econômicos, sociais, políticos e culturais completamente distintos.

Enfim, muitos eram os aspectos para negociar, discutir e acertar. Além disso, muitas e diversificadas eram as forças e os poderes que estavam por trás dessa tentativa de criação de uma união.

NEGOCIAÇÃO EMPRESARIAL

Se, individualmente, porém, os países europeus eram relativamente fracos e pouco competitivos no plano mundial, unidos poderiam se tornar uma grande força. Assim, depois da primeira ampliação dessa comunidade, e antes da inclusão da Áustria, da Finlândia e da Suécia na União Europeia (sendo que, depois disso, houve ainda a inclusão de alguns países do leste europeu, a saber: Estônia, Lituânia, Letônia, Polônia, República Checa, Eslováquia, Hungria, Eslovênia, além de Malta e Chipre; seguido por nova inclusão de Romênia, Bulgária e Croácia, completando assim os atuais 28 países), o Produto Nacional Bruto (PNB) dos doze países então componentes da União Europeia (na época ainda chamada de Comunidade Econômica Europeia e composta por Alemanha, França, Reino Unido, Itália, Espanha, Portugal, Irlanda, Bélgica, Holanda, Luxemburgo, Dinamarca e Grécia) já equivalia ao dobro do PNB da América do Norte (Estados Unidos e Canadá), ou mesmo quase o dobro do Nafta (Acordo do Livre Comércio da América do Norte, se aqui se incluir o México), bem como o triplo do PNB da Ásia e Pacífico (aqui incluídos o Japão e os Tigres Asiáticos). Sem dúvida, pode-se verificar a extrema representatividade desses países, se unidos, bem como o enorme poder de negociação que a eles estaria associado com a sua fusão.

2.5 Negociações na administração

A negociação pode ser considerada quase como um meio de vida para os gerentes, ocupando a maior parte do seu tempo, pois em muitas das situações enfrentadas no dia a dia há conflitos de interesses. As pessoas discordam entre si e utilizam a negociação para buscar uma forma de ação conjunta que possa atender melhor a ambas as partes envolvidas.

Apesar da sua importância, o processo de negociação frequentemente é incompreendido ou menosprezado, culminando em resultados inferiores aos que poderiam ser obtidos ao se pensar nos passos recomendados para uma negociação:

- Separar as pessoas do problema.
- Concentrar-se nos interesses, e não nas posições.
- Buscar opções de ganhos mútuos.
- Estabelecer critérios objetivos.

O assunto negociação vem assumindo uma importância cada vez maior no mundo empresarial. Nos cursos de Administração e *Business*, até vinte anos atrás, era muito raro encontrar-se esse tipo de disciplina nos currículos regulares. Hoje, sua presença é praticamente obrigatória nos cursos dessas áreas, sendo que, nos Estados Unidos, os que incluem essa disciplina são os mais procurados, quer no nível de pós-graduação, quer em termos de programas de formação e treinamento de executivos.

Os cursos de negociação se tornaram muito difundidos e atraem tanta atenção atualmente em virtude de diversos fatores; em especial, porém, ressalta-se que as recentes alterações econômicas e sociais em todo o mundo fizeram que as habilidades específicas de negociação fossem não só mais importantes, mas também mais difíceis de se desenvolver.

As negociações nas organizações frequentemente envolvem mais do que dois lados. Isso ocorre pelo fato de as organizações serem compostas por várias áreas, com diversos interesses comuns e outros conflitantes. A dinâmica das negociações em grupo é muito mais complexa do que aquela que é utilizada nas negociações que envolvem apenas dois lados. Em negociações bilaterais, há apenas dois conjuntos de interesses e uma única interação.

Com o envolvimento de diversos lados, a rede se amplia, abrangendo um conjunto muito maior de interesses e de interações entre as partes. Para buscar acordos integrativos nessas situações, é necessário considerar os interesses básicos dos diversos grupos e subgrupos dentro da organização, examinando as informações essenciais disponíveis, os diferentes poderes envolvidos, o tempo de que se dispõe para a negociação e, sempre que possível, os estilos das pessoas envolvidas na negociação, assim como as questões éticas que predominam na empresa em questão.

Quando ocorrem negociações em grupo (que são muito comuns nas empresas), os administradores devem conhecer bem não só as várias possibilidades de distribuição, como também as preferências dos membros dos demais grupos.

Outro aspecto importante a ser ponderado, nas negociações que envolvem várias áreas de uma empresa, refere-se à observação do comportamento dos grupos envolvidos, verificando se eles são cooperativos ou competitivos. Essa questão, evidentemente, depende muito da cultura organizacional e dos valores que predominam na empresa.

A negociação pode ser dividida em vários estágios. Assim Acuff (1993, p. 25), por exemplo, a subdivide em:

1. *Orientação e busca dos fatos*: trata-se do estágio mais crítico de uma negociação, e nem sempre se dá a ele a devida atenção.

2. *Etapa da resistência*: pode ser uma parte penosa da negociação; porém não se deve deixar abalar com a resistência que eventualmente se encontra.
3. *Etapa da reformulação das estratégias*: fase em que a principal característica é a da revisão das estratégias, que deve ser feita continuamente.
4. *Barganha e tomada de decisões*: esta fase da barganha é muito questionada por alguns, que defendem que a barganha não deve acontecer num processo de negociação, devendo-se, sim, buscar atender aos interesses de ambas as partes envolvida.
5. *Etapa do acordo*: trata-se da etapa da garantia da compreensão mútua quanto a todos os detalhes que foram negociados e deverão ser cumpridos.
6. *Acompanhamento*: constitui-se no estabelecimento do estágio para a próxima negociação a ser executada.

Evidentemente, essa divisão por etapas pode ser diferente, de acordo com o enfoque a ser dado pelos negociadores, além de diferenças referentes à importância que cada um dá àquela negociação especificamente.

Diante desse novo quadro, para ser bem-sucedido em sua carreira profissional, bem como para dispor de boas condições de adaptação contínua às mudanças constantes sofridas no ambiente, torna-se fundamental que os profissionais possuam boas habilidades de negociação e que as utilizem como uma ferramenta poderosa nos dias atuais.

Segundo Bazerman e Neale (1995, p. 17), "negociar racionalmente significa tomar as melhores decisões para maximizar seus interesses". Conforme afirmam ainda esses autores, negociar racionalmente significa também procurar chegar ao melhor acordo e não ficar satisfeito com um acordo qualquer. Eles dizem ainda que, em muitos casos, não fazer qualquer tipo de acordo é melhor do que simplesmente "receber um sim". É importante, porém, saber decidir quando é bom chegar a um acordo e quando não é.

Normalmente, o desejo de "vencer" a qualquer custo destrói a possibilidade de ser desenvolvida uma estratégia racional de negociação. Rapoport (1986 apud Bazerman e Neale, 1995, p. 26) afirma que o desejo obstinado de vencer leva a atitudes desastrosas, constituindo-se em um dos motivos pelos quais muitos compradores tendem a perder dinheiro nos processos de fusão e aquisição. Ele afirma ainda que, enquanto muitos argumentam que fusões criam sinergia, na verdade os beneficiários dessa sinergia geralmente são os vendedores, não os compradores.

Bazerman e Neale (1995, p. 92) apresentam também os conceitos de negociação distributiva e negociação integrativa. A negociação distributiva é aquela em que uma pessoa ganha às custas de outra. Os autores a exemplificam por meio do exemplo da "torta fixa", na qual se tem apenas uma torta (de tamanho fixo e conhecido) a ser negociada entre os participantes. Assim, o fato de uma pessoa ficar com um pedaço maior da torta fatalmente fará com que a(s) outra(s) parte(s) fique(m) com um pedaço menor. Na maioria dos conflitos, porém, há mais de uma questão em jogo, e cada lado dá diferente valor às diversas questões. Assim, os resultados disponíveis não formam mais uma torta fixa a ser dividida entre todos os envolvidos. Pode ser encontrada uma solução e um acordo melhor, para todos, do que aquele a ser encontrado por meio de uma simples negociação distributiva. Esse é o conceito de negociação integrativa.

Muitas pessoas recomendam que se comece uma negociação pelas questões mais simples (por exemplo, numa mesa de negociações de reivindicações salariais, em que normalmente há vários pontos a serem discutidos, pode-se começar pelas questões de mais fácil solução), pois após terem sido discutidas várias questões, o envolvimento e o compromisso são maiores, em virtude do tempo já dedicado àquela negociação, tornando-se, com isso, mais fácil resolver as questões subsequentes.

Outros entendem que é melhor iniciar uma negociação com vários itens pelo mais complicado e importante de todos, pois resolvido esse primeiro ponto básico, torna-se mais fácil seguir em frente com os outros, por serem de importância menor, e porque o grande passo já foi dado.

Um administrador efetivo deve avaliar objetivamente as alternativas de cada um dos lados, seus interesses e suas prioridades. Em conjunto, esses três grupos de informações determinam a estrutura de uma negociação. Deve-se compreender os componentes integrativos e distributivos, para ser capaz de ampliar o conjunto de recursos disponíveis para atuar na negociação.

Antes de iniciar qualquer negociação importante, é preciso considerar as consequências potenciais de não ser possível chegar a um acordo. Nesse sentido, é de fundamental importância determinar-se a Maana (Melhor Alternativa à Negociação de um Acordo), conforme proposto por Fisher e Ury (1985, p. 89). Isso é importante também para determinar o menor valor aceitável para se fazer um acordo negociado.

Bazerman e Neale (1995, p. 89) apresentam algumas propostas básicas para se chegar a negociações racionais:

- Avaliar o que se fará se não fechar um acordo com seu oponente atual.
- Avaliar o que seu oponente atual fará se não fechar um acordo.
- Avaliar as verdadeiras questões da negociação.
- Avaliar quão importante realmente é cada questão.
- Avaliar a importância de cada questão para seu oponente.
- Avaliar a área de barganha.
- Avaliar onde há possibilidade de trocas.
- Avaliar o grau em que se pode ser afetado pela tendência de aumentar irracionalmente seu compromisso com uma estratégia selecionada anteriormente.
- Avaliar o grau em que seu oponente pode ser afetado pela tendência de aumentar irracionalmente seu compromisso com uma estratégia selecionada anteriormente.

Encontrar soluções criativas, que fiquem fora dos limites do conflito, é uma forma muito útil de aumentar os recursos conjuntos compartilháveis pelos dois lados envolvidos no processo, aumentando as chances de chegar a uma negociação efetiva.

3.
USO DOS ESTILOS DE NEGOCIAÇÃO PARA A SOLUÇÃO DE CONFLITOS

Os estilos de negociação podem ser um instrumento muito importante para a análise, encaminhamento e solução dos conflitos. São diversas as classificações possíveis, segundo as visões dos vários autores e os diferentes enfoques utilizados no sentido de identificar e descrever esses estilos.

3.1 A importância da utilização do conceito dos estilos de negociação

Na verdade, o uso da ideia dos estilos de negociação é conveniente para se buscar resposta para certas questões fundamentais, como: O que é um comportamento efetivo de negociação? Seria um tipo de comportamento de negociação mais bem-sucedido ou mais efetivo do que outro?

Um entendimento do conceito dos estilos de negociação e dos seus limites pode ser útil para o desenvolvimento de habilidades ou para enfrentar uma situação corriqueira de negociação, tanto em termos conceituais quanto em termos práticos.

Muitas pessoas negociam a partir de uma base estilística, e não de uma orientação para a questão. Conhecendo o estilo da outra parte, os negociadores podem prever as ações que fazem parte dele. Em geral, os negociadores têm um estilo primário e pelo menos um secundário, sendo mais comum a existência de dois estilos secundários. A análise dos estilos primário e secundário do oponente é muito importante, até para enumerar os passos que os negociadores devem considerar quando estiverem lidando com ele.

3.2 Classificação de Sparks dos estilos de negociação

Entre as várias abordagens para visualizar os estilos de negociação, pode-se apresentar aquela baseada no modelo de personalidade desenvolvido pelo psiquiatra suíço Carl Jung, conforme exposto por Sparks (1992). Jung dava ênfase aos impulsos que dirigem nossas ações, em vez de enfatizar o desenvolvimento sexual passado, como fazia Sigmund Freud.

3.2.1 O modelo de Jung

O modelo de Jung foi alterado, para se adaptar ao tema dos oponentes estilísticos. Esse modelo revisto pode ser muito útil para o negociador, pois discute as táticas normalmente usadas em cada estilo, que, porém, não são exclusivas deles. Além disso, há a preocupação de desenvolver métodos para lidar de modo eficiente com cada estilo.

Existem quatro estilos primários usados por um oponente não orientado pela questão. Cada estilo se baseia em um conjunto de suposições. Em geral, dois impulsos agem em comum para criar esse conjunto de suposições sobre a outra parte. Conforme Sparks (1992), os impulsos são os seguintes:

- *Controle*: impulso para dominar e governar outros; crença na correção da rivalidade direta e desenfreada.
- *Desconsideração*: impulso para rebaixar outros; crença de que a tolerância passiva e a extrema atenção são da mais alta importância.
- *Deferência*: impulso para deixar outros assumirem o comando; crença de que o desinteresse ou a impaciência têm o mais alto valor.
- *Confiança*: impulso para incluir outros como parceiros no trabalho; crença de que o melhor é a colaboração.

Estilo restritivo

Neste estilo, conforme pode ser visto na Figura 3.1, o controle combina-se com a desconsideração, para formar a suposição de que os negociadores só chegam a um acordo se forem forçados. Dessa forma, eles não são cooperativos. Esses oponentes esperam que as pessoas ajam em seu próprio interesse, da forma que for necessária.

Os únicos resultados considerados aceitáveis para um negociador de estilo restritivo são a obtenção de um ganho ou de uma vitória, independente do resultado para o oponente.

Figura 3.1 – Os quatro estilos básicos do modelo de Jung
Fonte: Sparks (1992).

Estilo ardiloso

Aqui, a desconsideração combina-se com a deferência, para formar a suposição de que os negociadores devem ser evitados ou mantidos à distância, pois representam uma fonte de aborrecimentos.

A ideia é a de que as pessoas não podem ser influenciadas pelas ações de outros. É inútil tentar negociar no nível pessoal; é melhor concentrar-se nos procedimentos e regras. O objetivo dominante do oponente com o estilo ardiloso é sobreviver à negociação. O segundo objetivo em importância é manter o *status quo*. O terceiro é chegar a qualquer resultado.

Estilo amigável

Neste caso, a deferência e a confiança combinadas supõem que os negociadores são, em geral, cooperativos e até simpáticos. Eles são influenciados pelo bom espírito esportivo. Embora existam situações de competitividade, as coisas podem ser contornadas se a pessoa fizer um exame mais amplo, evitando o excesso de detalhes ou uma representação figurada.

O principal objetivo do oponente com estilo amigável é manter um bom relacionamento com o negociador, o que independente do fato de alguma conquista substancial ser atingida ou não.

Estilo confrontador

Trata-se da combinação entre a confiança e o controle, para formar a suposição de que os negociadores procuram a equidade. Eles apreciam a necessidade de contestar as questões, enquanto trabalham mutuamente para chegar a um acordo sólido. Sua opinião é que as pessoas irão colaborar, em vez de obstruir, caso essa opção exista. Elas serão objetivas se não forem tratadas de maneira subjetiva.

O objetivo do oponente de estilo confrontador é o melhor acordo global nas circunstâncias dadas. Esse acordo teria um forte apoio do mérito e do compromisso mútuo para ser aprovado.

Concluindo a análise dos estilos de Sparks (1992), esse autor afirma que o estilo restritivo e o confrontador são iniciadores, ao passo que o ardiloso e o amigável são, em sua maioria, reativos. Os oponentes de estilo restritivo e os de estilo confrontador apresentam, normalmente, um maior número de acordos. Entretanto, o comprometimento com o acordo por parte de um oponente de estilo restritivo é, muitas vezes, menor que o de um oponente de estilo confrontador.

Quando pende para o lado do oponente de estilo restritivo, há uma grande possibilidade de que o acordo se complique. É possível, até mesmo, que aborte por completo, pois os oponentes de estilo restritivo empregam táticas que representam as estratégias de força e intimidação.

Os compromissos com o acordo por parte dos oponentes de estilo confrontador tendem a ser mais firmes, durar um tempo maior e ter as melhores possibilidades de conclusão.

Os oponentes de estilo ardiloso e os de estilo amigável são menos produtivos que os dos outros dois estilos. Isso ocorre porque eles se concentram em outras coisas que não a obtenção de acordos. No caso do oponente de estilo ardiloso, o foco está na sobrevivência; e, no caso do oponente de estilo amigável, na manutenção do relacionamento.

Qualquer acordo feito com oponentes do estilo ardiloso leva a um compromisso extremamente tênue. A negociação é entediante, sobrecarregada e, em geral, uma experiência que não recompensa.

Já o compromisso com o acordo feito com um oponente de estilo amigável é dominado por aspectos sociais, e não pelo mérito da questão. Em alguns casos, isso pode ser suficiente. Mas ainda é menos desejável do que os acordos obtidos por meio da disputa e do confronto.

Cada estilo tem uma única aplicação ótima, segundo Sparks (1992), que evidentemente difere de estilo para estilo.

O estilo restritivo parece sábio quando é do tipo "tem de se chegar a um acordo", envolve altos interesses ou implica um conflito terminal.

O estilo ardiloso tem seu principal mérito quando a questão é de rotina, quando envolve muitos detalhes que requeiram um exame rigoroso, ou quando outros fatores, como a obediência à política, têm prioridade sobre a necessidade de se fazer um acordo.

O estilo amigável é aplicável em casos que requeiram exuberância, entusiasmo, diplomacia e tato, como para aplainar irritações ou quando o detalhe não é crítico.

A confrontação é o estilo mais adequado quando a questão é do tipo "buscar o melhor acordo possível", quando envolve altos interesses ou um conflito litigioso.

Sparks (1992) procura identificar as principais táticas dos diferentes estilos. Como tática, ele define "as ações através das quais a estratégia se desenvolve". Cada estilo costuma usar táticas que se baseiam em suas suposições sobre a outra parte. Em muitos casos, algumas das mesmas táticas são usadas com estilos diferentes. Na verdade, são inúmeras as formas nas quais cada tática aparece.

Além dos estilos principais, citados por Sparks (1992), segundo o modelo de Jung tem-se os estilos secundários. É importante destacar que raramente os oponentes mantêm seu estilo principal do começo ao fim em uma negociação, embora retornem com frequência a ele durante as negociações.

Há três causas básicas para as mudanças de estilo que acontecem durante as negociações, a saber:

- A natural, baseada nas experiências passadas e na caracterização pessoal do oponente (que ocorre de maneira subconsciente, em direção a uma confiança menor, tornando, com isso, a negociação mais difícil).
- A diretiva, na qual o oponente altera seu estilo principal por razões de conveniência ou na tentativa de conseguir um estilo complementar (neste caso, a ação é consciente e planejada).
- A reativa, que acontece como resultado de duas ações em sequência (o impedimento, por parte do negociador, de que o oponente atinja seu objetivo, e a pressão do negociador antes que o oponente tenha tempo para tomar uma nova linha de ação).

As diretrizes recomendadas nos casos de mudança de estilo são:

- Reduzir o tempo de negociação, dando menos oportunidade para que ocorram mudanças de estilo que venham a se misturar com o trabalho do negociador.
- Lembrar-se, em negociações com oponentes já conhecidos, dos estilos secundários e das ações apresentadas por eles em situações anteriores.

De acordo com Sparks (1992), os negociadores têm sempre um estilo principal de negociação e um ou dois estilos secundários. Deve-se, então, acomodar as diferenças de estilo sem, porém, deixar de ter uma orientação global sobre a questão.

Os negociadores devem, assim, desenvolver capacidade de diagnóstico em relação às orientações da necessidade do oponente e às táticas prováveis. Devem, ainda, ser capazes de iniciar confrontos sobre questões sem atacar ou ofender os oponentes. Aqui, nota-se claramente a importância de planejar a negociação, antecipando a identificação de possíveis problemas que poderão ocorrer no seu desenrolar.

Por outro lado, os negociadores devem evitar ações que os levem à defensiva ou outro comportamento que retarde a solução e o acordo. É importante também que trabalhem para manter a credibilidade, transmitindo mensagens precisas e conservando a atratividade em relação ao oponente. Isso requer que sejam bons ouvintes e que combinem bem as informações para manter a percepção desejada.

3.3 Classificação de Gottschalk

Gottschalk (1974 apud Rojot, 1991) apresenta o conceito de estilos de negociação, bem como de identificação das duas partes. Além disso, seleciona quatro estilos de negociação, cada um com vários componentes, e introduz um alto grau de flexibilidade ao enfoque com os conceitos de "âmago" e partes adaptáveis do estilo.

Gottschalk define *estilo de negociação* como "a descrição de todas as características de comportamento de um indivíduo envolvido em um encontro de negociação". Isso inclui tanto a impressão inicial quanto qualquer atribuição de situações prévias ou questões de outras fontes independentes do conhecimento, assim como o comportamento subsequente durante as negociações. O conceito de estilo inclui uma gama de ações, ou *inputs*, que, se tomados individualmente, podem não proporcionar nenhum *insight*, mas, se integrados, oferecem uma estrutura.

Segundo Rojot (1991), o ponto de partida para a análise dos estilos de negociação é a personalidade. Isso, porém, não é suficiente. A ligação entre os conceitos de personalidade, como utilizados pelos psicólogos, e o comportamento dos indivíduos na negociação é, pelo menos, tênue e, num limite, até enganosa. Mesmo conceitos populares, como introversão e extroversão, falham em gerar *insights* em virtude da interação entre as personalidades dos envolvidos e de fatores situacionais, tais como poder, objetivos e constrangimentos.

Variáveis de personalidade podem desempenhar um papel-chave na determinação de se expor a situações de negociação, mas o seu poder de predizer o comportamento dos "atores" nas reuniões é limitado. Entretanto, as estruturas básicas da personalidade de um negociador estão no âmago do estilo de negociação.

O conceito de estilos é, de certa forma, uma maneira de reunir um número de fatores que, de outra forma, permaneceriam difusos e separados, principalmente em situações nas quais eles têm um impacto crítico.

Baseado na experiência prática, Gottschalk (1974) reconhece quatro estilos como totalmente diferentes e os identifica de uma maneira muito simples, talvez até dramática: estilo duro, estilo caloroso, estilo calculista (ou dos números, ou, ainda, analítico) e estilo negociador (ou intermediário).

Cada pessoa, naturalmente, se identifica com um estilo de maneira rápida, construindo-o a partir de certos fatores facilmente assinaláveis. Mas é importante saber que cada estilo, em uma mesa de negociação, é a combinação de um estilo de negociador individual (para o qual ele é atraído naturalmente) e de seu estilo adaptado (que é aquele que ele acredita ser o que se adapta melhor à negociação específica que está se desenvolvendo).

É provavelmente impossível e inadequado tentar mudar um estilo de negociação deliberadamente. Certamente, a mudança será muito lenta, mesmo que seja sob pressão muito intensa. Entretanto, estar ciente da sua natureza e de como adotar a parte adaptativa é outra questão. Movimentos deliberados podem ser utilizados objetivamente.

3.3.1 Estilo duro

Tem como características principais ser dominante, agressivo e orientado para o poder.

Seus principais aspectos positivos são:

- Estabelece posições firmes e claras.
- É determinado a atingir sempre o melhor.
- Conhece bem os seus objetivos.
- Procura ter e manter o controle.
- Tem uma presença dinâmica.
- Não se intimida diante do conflito.
- Tende à liderança.
- Prefere dirigir e coordenar o trabalho de outros.
- Seleciona as oportunidades quando as identifica.
- Aceita assumir riscos.
- É competitivo, assertivo, aprecia as mudanças, responde às crises.
- Aprecia variedades, surpresas, mudanças.

Como pontos negativos podem ser citados:

- Desconhece os interesses da outra parte e não tem disposição para identificá-los.
- Não se interessa pelo que os outros pensam, a menos que eles possam impor seus pontos de vista.
- É dominador, agressivo e está sempre pronto para o combate.
- Torna-se coercivo quando ameaçado e pressionado.
- Diz aos outros como as coisas devem ser feitas.
- É ansioso por ser ouvido e respeitado.

- Tende a ser pessimista sobre o potencial individual durante as negociações.
- Torna-se nervoso, transtornado.
- Não permite que os outros do grupo contribuam.
- Tende a criticar muito, até mesmo os colegas.
- Traz um *feedback* negativo para si mesmo, durante e após a conclusão das reuniões.
- Não ouve as opiniões e necessidades dos outros.
- Aproveita oportunidades de outros no planejamento.
- É inflexível, obstinado, orgulhoso.
- Falha em obter concessões já disponíveis, por causa de sua maneira de agir.
- É impulsivo, impaciente, manipulador.
- Gosta de coisas novas por causa da surpresa.
- Tem visão de curto prazo.

O estilo duro dá uma primeira impressão de alguém orientado para tarefas e objetivos. As negociações correntes são vistas de uma perspectiva de curto prazo. O negociador parece precisar dominar e dirigir.

Durante as reuniões, esse negociador é preparado para ser direto, para claramente estabelecer e explorar as diferenças entre as partes, consciente de que uma delas pode fazer concessões para atravessar a ponte. Ciente de sua autoridade, ele está pronto para mudar os outros.

O negociador de estilo duro sabe exatamente o que quer, tanto interna quanto externamente à negociação. Os resultados têm de ser atingidos num tempo específico. Como indivíduo, requer liberdade de ação e um mínimo de detalhes. Uma declaração clara de objetivos deve estar ligada a uma informação sobre os limites de recursos que podem ser utilizados.

Como indivíduo, o negociador duro pode precisar de ajuda para desenvolver uma resposta pessoal mais equilibrada para as situações de negociação, dado que ele tende a responder em termos de luta ou com seu *feeling* subestimado.

3.3.2 Estilo caloroso

Suas principais características são: apoiador, compreensivo, colaborador, orientado para as pessoas.

Os aspectos positivos relevantes são:

- É amigo, interessado pelas outras pessoas.
- É um bom ouvinte; tem habilidade para elaborar questões.
- Preocupa-se com as necessidades da outra parte.
- Compreende os valores e os objetivos da outra parte.
- Enfatiza os interesses e as metas comuns.
- Reconhece a interdependência.
- Estabelece padrões muito altos para si mesmo e para os outros.
- Deseja com grande intensidade responder a aberturas positivas.
- É construtivo, auxiliador, cooperativo.
- Apoia propostas de outros tanto quanto as suas próprias iniciativas.
- Apoia os colegas.
- É modesto sobre a sua contribuição e suas habilidades.
- Confia nos outros e está sempre pronto a colaborar.
- É otimista.
- É informativo, aberto, acessível.
- É paciente, calmo, justo.
- Prefere reforçar o positivo, em vez de criticar o negativo.
- Sua base de poder vem de baixo.

Os aspectos negativos a serem citados são:

- Não estabelece claramente o que pretende.
- Não proporciona visão de oposição.
- É mais voltado às relações pessoais.
- Tem relacionamento suave.
- É incapaz de dizer não.
- Não reconhece a legitimidade no seu próprio caso.
- Perde o senso dos seus próprios interesses e objetivos.
- Desilude-se e desaponta-se facilmente.
- Reluta em enfrentar o conflito.
- Vale-se de ameaças para pressionar, tendendo a não ser confiável, e desculpa-se por usá-las.
- Reluta em assumir responsabilidades.
- É muito dependente dos outros.
- É confiante em excesso.

USO DOS ESTILOS DE NEGOCIAÇÃO PARA A SOLUÇÃO DE CONFLITOS **81**

- Em alguns momentos, porém, torna-se inseguro e pede ajuda.
- Quando inseguro, tende a se apoiar muito nos outros.
- É autodepreciativo.
- Tende a reclamar muito quando surgem os problemas.
- Acredita que possibilidade de comunicação e tempo resolverão muitos problemas.
- Não está preparado para dizer não diretamente e para assumir as consequências do risco.
- Superestima as reações dos outros.
- Antecipa problemas que podem nem existir.

A primeira impressão que se tem desse estilo é a de um negociador orientado para as pessoas e para o processo. Suas habilidades de ouvinte dão uma visão geral das questões envolvidas. Frequentemente, não se tem consciência de que o processo de obter um acordo foi atingido com um mínimo de conflito.

O estilo caloroso procura acomodar a situação, construir e fortalecer os relacionamentos, evitar perdas para o outro lado. Um ambiente confortável é importante para dar apoio ao processo no qual ambas as partes podem relaxar e evitar tensões pessoais desnecessárias. Negociar com alguém de estilo caloroso proporciona exemplos de comportamento que são apreciados, independentemente do objetivo da reunião.

Os contatos informais e as discussões continuam, com frequência, para aperfeiçoar a qualidade da compreensão e o relacionamento entre as partes. Esse processo é visto como um sistema de solução de problemas em conjunto, com um prêmio pela franqueza, confiança que deposita no outro e conhecimento das necessidades da outra parte.

O acordo, enfim, reflete a qualidade do relacionamento. O balanço de poder entre as partes tende a ser menos enfatizado e não se incentiva a identificação de fatores por trás das questões que estão sendo discutidas.

O negociador de estilo caloroso procura resolver os conflitos, tanto trabalhando com um relacionamento já existente quanto se valendo da oportunidade de desenvolver com a outra parte a estrutura e os procedimentos nos quais os benefícios mútuos podem ser identificados e combinados; muitas das questões que surgem podem ser resolvidas por causa da qualidade dos relacionamentos. Ambas as partes procuram construir e manter créditos tangíveis e de natureza psicológica com a outra parte. Esse estilo de negociador costuma trabalhar com um lucro baixo.

3.3.3 Estilo calculista

Trata-se de um estilo analítico, conservador, reservado e orientado para as questões.

Pode-se ressaltar como aspectos positivos:

- Possui bom conhecimento dos fatos, lógica e detalhes.
- É prático e preocupado com a operacionalização das questões.
- Pesa as alternativas e valoriza as suas opções.
- É metódico, sistemático, ordenado.
- É bem preparado, executa bem suas tarefas.
- Conhece a história dos relacionamentos e as situações que dão acesso aos arquivos.
- Tem confiança nas suas próprias habilidades analíticas.
- É membro valioso do grupo – recurso técnico.
- Insiste em números evidentes.
- Mostra a praticidade das suas ideias e contrapropostas.
- Confirma os seus objetivos com pessoas mais qualificadas e com autoridades externas.
- É persistente, paciente.

Os principais aspectos negativos são:

- Sente-se desconfortável com pessoas e sentimentos.
- Tem dificuldade para lidar com emoções.
- Normalmente é frio com os outros.
- Comunica-se minimamente com as pessoas – respostas com uma única palavra.
- Tem postura neurótica – precisa de uma quantidade muito grande de informações.
- Não toma decisões rápidas.
- Perde-se nos detalhes.
- Tem dificuldade para adotar uma perspectiva de solução de problemas.
- Necessita esclarecer palavras e ideias.
- É pedante no uso das palavras.
- Espera que os outros sejam convencidos pelos fatos e pelos detalhes que apresenta.

- Irrita-se com as pessoas que não adotam as suas perspectivas.
- Não analisa outros pontos de vista, a menos que sejam expressos em seus termos.
- Não dá atenção a respostas negativas, exceto com relação a questões de lógica.
- Não tem muita imaginação, é inflexível e obsessivo.
- Prende-se ao passado e é pessimista.
- Resiste às mudanças e a novos caminhos.
- É vulnerável a movimentos-surpresa.

A primeira impressão que se tem do negociador do estilo calculista é o de ordem e previsibilidade. Sabe-se o que vai acontecer; no final do encontro, as questões básicas estarão solucionadas. Cada item será, então, examinado de uma maneira metódica. Os negociadores estarão explorando a realidade que irá impor a lógica e a estrutura ao processo. A discussão será precisa até o ponto em que, dominado pela linguagem técnica apropriada, não se dê oportunidade a ambiguidades.

O comportamento e as razões da outra parte serão julgados pelo seu método de trabalho, pela sua competência técnica e por questões complexas, bem como por sua disposição para evitar envolvimento pessoal em questões triviais.

Durante os encontros, o negociador do estilo calculista vai apresentar as suas análises em detalhes, esperando ser aceito. Caso isso não aconteça, ele esperará que lhe seja apresentado um nível equivalente de informações estruturadas que possam ser examinadas com o mesmo rigor que caracteriza a sua preparação.

O negociador de estilo calculista aparenta buscar segurança e manutenção do *status quo*. Os precedentes, desde que estabelecidos, devem ser seguidos, e, se alguma mudança se fizer necessária, será preciso um longo período de ajustamento. Como negociador, ele precisa ser considerado competente pelos colegas e prefere pertencer a grupos nos quais a sua consideração em relação aos outros também é muito alta.

3.3.4 Estilo negociador

Apresenta como características principais: flexibilidade, compromisso, integração e orientação para resultados.

Os seus principais aspectos positivos são:

- É rápido para identificar oportunidades.
- Busca maneiras de viabilizar as atividades.
- Aprecia negociar por meio de barreiras culturais.
- É jovial, charmoso, fácil de lidar.
- Utiliza as habilidades sociais para persuadir.
- Evita ofender, mesmo quando diz não.
- Dá más notícias sem afetar o relacionamento.
- É adaptativo, flexível, imaginativo.
- Evita concentrar-se em um único ponto.
- Tem fala rápida.
- Concentra-se em adiar tensões, proporcionando um conforto pessoal.
- Faz uso efetivo de questões.
- Utiliza todos os fatos e argumentos disponíveis.
- Está preparado para utilizar a ajuda de recursos visuais não planejados para apoiar as suas ideias.
- Não desiste facilmente.

Como aspectos negativos tem-se:

- Busca um acordo quase a qualquer preço.
- É supercompromissado, difícil de ser encontrado.
- Considera que tudo está sempre em ordem.
- Assume tarefas que não são suas.
- Pode levar as pessoas a caminhos errados.
- Procura evitar conflitos, tanto em questões pessoais quanto em itens--chave nas reuniões.
- Não se prende demais a nada; segue em frente mesmo quando não está totalmente de acordo com o interesse dos envolvidos.
- Frequentemente mantém uma posição muito rígida.
- Perde credibilidade junto a seu próprio grupo e organização.
- Pode parecer artificial e pouco sincero.
- Falha ao preparar, planeja de maneira pobre.
- É muito hábil apenas em algumas situações.

A primeira impressão que se tem do estilo negociador pode ser a de alguém que mistura a negociação com um encontro social, de distração e risco. Além disso, o negociador pode ter uma imagem de confiança, sofisticação e flexibilidade. Muitas das suas expressões sugerem que as decisões podem e devem ser tomadas rapidamente e que, em um ambiente dinâmico, uma falha em resposta a uma oportunidade é um convite a uma perda significativa.

Nas reuniões, o negociador desse estilo não desponta como um pensador lógico. Fatos poderão ser considerados ou descartados, se isso ajudar a levar a reunião para seus objetivos primários, ou seja, a busca do acordo.

O negociador efetivo procurará garantir que, ao longo do tempo em que as negociações se aproximam do seu final, as partes envolvidas tenham estabelecido o seu relacionamento pessoal e estejam suficientemente fortes e flexíveis para assegurar que a compreensão e a conciliação sejam mais fortes do que palavras escritas.

O indivíduo de estilo negociador busca reconhecimento e apreço, como pessoa que consegue forçar o surgimento das coisas no momento adequado, bem como reconciliador de situações supostamente difíceis, e capaz de, aparentemente, salvar situações que poderiam levar a desastres.

Recompensas monetárias e benefícios são esperados como demonstração de aceitação e poder. A situação de ser marginalizado, ou mesmo pouco valorizado, é odiada pelas pessoas desse estilo. Além disso, os negociadores apreciam estar livres dos controles organizacionais, dos procedimentos e das rotinas, que adoram poder manipular como parte do jogo.

Os negociadores precisam, para se tornarem mais efetivos e bons administradores do seu tempo, equilibrar os seus conceitos pessoais para alcançar um acordo com os objetivos de longo prazo da organização. Isso pode, até mesmo, exigir a aceitação de uma supervisão mais próxima da sua própria gerência e o reconhecimento de que essa liberdade na tomada de decisões pode estar baseada numa aceitação mais madura desse controle.

O negociador desse estilo deve ser levado a reconhecer o impacto desse comportamento de curto prazo sobre a viabilidade da manutenção de um relacionamento de longo prazo.

3.4 Os quatro estilos Lifo

A classificação Lifo é muito semelhante à classificação de Gottschalk (1974), apresentada anteriormente, e mostra quatro estilos básicos, a saber:

- Dá e apoia (D/A).
- Toma e controla (T/C).
- Mantém e conserva (M/C).
- Adapta e negocia (A/N).

Essa tipologia dos estilos comportamentais, conforme apresentada por Bergamini (1980 apud Martinelli e Almeida, 1998a), parte do princípio de que o esforço para conhecer as pessoas, e classificá-las dentro de certas categorias, tem sua origem nas tentativas feitas pelos estudos de tipologia humana, que, por sua vez, têm suas raízes nos primeiros pensadores de que se tem notícias, ou seja, os primeiros filósofos que a humanidade conheceu. Com isso, percebe-se que a ambição do homem em conhecer melhor a si mesmo sempre existiu.

Bergamini (1980 apud Martinelli e Almeida, 1998a) considera a tipologia como um esquema classificatório concebido com vistas à possibilidade de se revelarem dimensões significativas da natureza humana, por meio da interligação dos mais variados aspectos que permitem que se conheça os indivíduos.

Evidentemente, a questão de rotular as pessoas é um tanto quanto perigosa, principalmente porque se corre o risco de se rotular errado. Torna-se extremamente importante, porém, tentar estabelecer algum tipo de classificação para poder ordenar o sistema. Assim, todas as ciências procuram ordenar e classificar os diferentes fenômenos que fazem parte do seu campo de estudos. Dessa forma, não há razão para não tentar fazê-lo dentro das ciências do comportamento.

Para não se correr o risco de classificações equivocadas ou imprecisas, um bom diagnóstico e uma classificação fidedigna tornam-se indispensáveis ao autoconhecimento, constituindo-se em importantes norteadores da compreensão mais exata do comportamento das outras pessoas. Assim, quanto mais próximo se está do conhecimento do verdadeiro estilo comportamental do outro, mais fácil será a formação do vínculo social com ele.

Os autores do sistema Lifo (Atkins e Katcher apud Bergamini, 1980, p. 63) se propuseram a verificar como quatro possíveis orientações comportamentais se apresentavam na prática no contexto organizacional, observando a maneira de agir dos executivos. Essas orientações são:

- A receptiva – de aceitar.
- A exploradora – de tomar ou assumir.

- A acumuladora – de conservar.
- A mercantil – de permutar, trocar.

Esses autores chamaram esses quatro parâmetros de norteadores de estilos comportamentais, surgindo daí os estilos anteriormente mencionados:

- O estilo "dá e apoia" corresponde à orientação receptiva.
- O estilo "toma e controla" corresponde à orientação exploradora.
- O estilo "mantém e conserva" corresponde à orientação acumuladora.
- O estilo "adapta e negocia" corresponde à orientação para trocas.

Ao caracterizar os quatro estilos, entretanto, é necessário descrevê-los em suas características de desempenho produtivo, levando em consideração, paralelamente, os seus comportamentos correspondentes quando sob pressão (ou seja, nas situações em que há queda do desempenho produtivo).

A filosofia Lifo está baseada no princípio de que não existem estilos ideais ou pessoas cujo comportamento possa ser considerado perfeito, tendo em vista as demandas do cargo. Ela propõe que os traços característicos de personalidade de uma pessoa sejam, em princípio, o seu reduto básico de forças pessoais. Assim, o impacto provocado no ambiente pelo seu comportamento é que determinará se ela está conseguindo utilizar-se dessas características de maneira produtiva ou improdutiva.

Quando o comportamento da pessoa se mostra eficiente, isso traz uma sensação de conforto, e a pessoa percebe claramente que está atravessando uma fase característica do uso produtivo de suas forças básicas. Isso gera um entusiasmo em razão do uso produtivo de seus pontos fortes, levando-a a dar mais ênfase a esse comportamento, utilizando-o de maneira exclusiva, sem verificar se as pessoas ou a situação à sua volta estão precisando desse tipo de orientação.

Então, nesse momento, o uso anômalo dos pontos fortes pode acabar transformando-os em fraquezas. O impacto do ambiente é marcado por pressões organizacionais e conflitos interpessoais, que acabam por transformar os pontos fortes em possíveis fraquezas.

Assim, por mais paradoxal que possa parecer, os pontos fracos de uma pessoa (ou seja, as queixas que ela faz de si mesma) podem se transformar em pontos fortes quando utilizados de maneira excessiva. Dessa forma, vê-se que os pontos fortes e os pontos fracos estão intimamente ligados e podem, com muita frequência, transformar-se de fortes em fracos (e vice-versa), principalmente quando utilizados em excesso (característica das situações de pressão que as pessoas enfrentam – pressões essas que podem vir do ambiente externo, da própria situação ou das pessoas envolvidas).

Dessa forma, pode-se apresentar os quatro estilos comportamentais de acordo com a forma de agir, segundo a classificação de Atkins e Katcher, tendo em vista os seus aspectos produtivos e improdutivos, bem como a sua filosofia básica.

3.4.1 Estilo Dá e Apoia (D/A)

Tem como premissa básica uma expectativa de altos padrões de desempenho nas situações do trabalho, tanto para a pessoa como para as demais que estão à sua volta. A orientação é, basicamente, de uma postura idealista, enfocando a situação presente.

Em relação à empresa, a pessoa de estilo "dá e apoia" assume pessoalmente o seu sucesso, bem como os seus problemas, dando o melhor de si sempre, de forma absolutamente honesta, sincera e dedicada. A tendência clara é a de exercer um tipo de chefia basicamente cooperativa, na qual os subordinados se sentem participantes das decisões.

Em situações de desempenho produtivo, o "dá e apoia" faz de tudo para não desapontar os demais indivíduos quanto à responsabilidade que lhe foi atribuída, buscando aprimorar sempre a sua atuação de forma sistemática. Dessa forma, proporciona recursos que favoreçam o desenvolvimento daqueles que o cercam, constituindo-se em um formador de talentos para a organização. Trata-se, na verdade, de alguém com quem se pode contar nas horas difíceis e a quem se pode pedir apoio nos momentos de necessidade.

Já quando em queda de desempenho, ou em casos de extrema pressão da situação ou das pessoas que o cercam, torna-se perfeccionista, por causa do excesso de preocupação com o autodesenvolvimento, chegando a sentir-se culpado pelo insucesso daqueles que ele não pode ajudar. Por outro lado, tende a conceder demais, para não ser visto como não colaborador, deixa-se invadir na sua privacidade, sendo sempre incapaz de dizer não, independentemente da situação que está enfrentando.

3.4.2 Estilo Toma e Controla (T/C)

A orientação básica deste estilo é caracterizada pelos objetivos e metas a serem alcançados. A pessoa "toma e controla" move-se, em geral, mais rapidamente do que a média das pessoas, buscando aproveitar sempre todas as oportunidades que surgem no ambiente, de maneira a chegar aos objetivos pretendidos.

O "toma e controla" tem extrema agilidade nas suas ações, respondendo de uma maneira muito eficaz às situações de pressão que enfrenta, bem como apresentando uma capacidade muito grande de trabalhar em diferentes atividades simultaneamente.

Quando em desempenho produtivo, esse estilo lidera e dirige o trabalho dos outros com enorme facilidade e competência, assumindo normalmente a direção no relacionamento interpessoal. A pessoa "toma e controla" não perde nenhuma oportunidade que se apresenta, demonstrando sempre um espírito muito aberto às inovações. As decisões desse estilo de profissional são tomadas sempre muito rapidamente, e ele também gosta de atuar independentemente, deixando, porém, grande liberdade de atuação aos que o cercam.

Já em queda de desempenho, o líder "toma e controla" força tanto sua tendência diretiva de chefia que se torna coercitivo; atua de forma impulsiva, sacrificando a ponderação em favor da ação; esquece-se de pedir a opinião dos outros, passando por cima deles com frequência; desperdiça recursos e processos, mesmo quando ainda podem ser úteis; chega até mesmo a deixar, muitas vezes, certa impressão de arrogância.

A filosofia de vida básica do "toma e controla" é fazer que as coisas efetivamente aconteçam e não ficar aguardando de braços cruzados.

3.4.3 Estilo Mantém e Conserva (M/C)

A pessoa deste estilo tem um ritmo mais lento, preocupa-se excessivamente com a qualidade do trabalho a ser executado, não dando tanta importância à quantidade que é realizada. Trata-se de um profissional que preza exageradamente os critérios de justiça objetiva.

Na verdade, o "mantém e conserva" procura nortear-se pelas coisas concretas, estando sempre aberto à análise da lógica entre os dados e fatos, apoiando suas decisões naquilo que pode comprovar como viável em termos práticos, o que, aliás, mantém a excelente qualidade das medidas que propõe.

Nas situações de desempenho produtivo, o "mantém e conserva" nunca toma decisões no calor de uma discussão, consegue evitar perdas desnecessárias para a organização, além de examinar os assuntos nos quais está envolvido com tanta profundidade que acaba por descobrir aspectos que a maioria das pessoas não vê com frequência.

Quando se encontra em situações de queda de desempenho, torna-se distante, dificultando o acesso das pessoas até ele, chegando mesmo a mostrar-se frio e ausente. Torna-se excessivamente intelectual nas suas atividades, desenvolvendo análises contínuas e repetidas, pensando tanto num determinado assunto que, quando chega ao ponto de tomar decisões, a oportunidade já passou. Tende a se apegar extremamente ao antigo, desestimulando as mudanças e podendo evidenciar certa rigidez.

Esse tipo gerencial tem como filosofia de vida preservar cuidadosamente aquilo que já conseguiu e construir o futuro em cima do passado. Num mundo em constante mutação, que exige sempre uma postura proativa, a tendência deveria ser de que esse estilo estivesse em baixa.

3.4.4 Estilo Adapta e Negocia (A/N)

Este estilo tem como características principais a facilidade da pessoa em colocar-se no lugar do outro, o que possibilita a compreensão das razões do seu opositor. O "adapta e negocia" normalmente adota os referenciais do grupo social como fator que norteia seu comportamento. Além disso, dá um grande valor a uma convivência agradável e salutar com as pessoas que o cercam, procurando ser sempre bem aceito pelos grupos dos quais participa.

O estilo "adapta e negocia" tem a grande vantagem de comandar seus subordinados de maneira entusiástica, respeitando sempre o espírito de equipe. Costuma ser conhecido por um grande número de pessoas, sendo bastante popular e cultivando muito o contato humano em diferentes níveis, situações e atividades.

Em situações de desempenho produtivo, este estilo aborda os problemas sempre com um elevado senso de humor. Por outro lado, tem tato suficiente para conseguir recuar diante dos argumentos sempre que eles forem convincentes.

Este estilo serve-se da sua habilidade social para abordar as dificuldades que se apresentam, tendo sempre uma postura otimista e acreditando em resultados altamente positivos, em função dos esforços despendidos. Normalmente, é o estilo que possui a maior facilidade de adaptação em relação às pessoas de outros estilos.

Em situações em que há queda no desempenho, costuma usar um enfoque eminentemente social, que o torna inconveniente, mas dificilmente percebe isso; na verdade, parece não atribuir suficiente seriedade aos problemas, assumindo atitudes infantis, com brincadeiras sem sentido e, às vezes, até indelicadas.

Outro problema deste estilo, quando em situações de pressão, é que a pessoa chega a perder o senso da própria identidade, não apresentando opiniões firmes, abrindo mão até das suas próprias convicções, desde que não se envolva em atrito com a outra parte envolvida.

A filosofia básica de vida deste estilo é a de que, para se conseguir algo, é preciso ir sempre ao encontro das expectativas e desejos das outras partes envolvidas.

Conforme alertado por Bergamini (1980), os autores do Lifo colocam como aspecto básico o fato de que as pessoas nunca são portadoras de um único estilo. Na verdade, a maioria das pessoas apresenta os quatro estilos ao mesmo tempo, evidentemente em graus diferentes de utilização.

No fundo, o que diferencia as pessoas na utilização dos estilos é a ordem na qual essas quatro orientações comportamentais aparecem, o que, aliás, é determinado pela intensidade com que cada tipo de estilo é usado.

A intensidade com que cada pessoa utiliza os quatro estilos depende da sua maneira de ser, assim como da situação que está enfrentando. Segundo os autores do Lifo, um conjunto particular de combinação de estilos aparecerá, sendo que os quatro estilos podem ser caracterizados da seguinte forma:

- *Primeiro estilo*: também denominado estilo de frente, caracterizando um comportamento que a pessoa exibe com grande facilidade. Trata-se da maneira preferida de ser de cada pessoa, e para a qual a atuação é quase que automática.
- *Segundo estilo*: também conhecido como estilo de fundo, sendo, de certa forma, menos frequente do que o anterior. Caracteriza-se como um comportamento alternativo, que a pessoa usa, na verdade, quando quer. Esse segundo estilo é o que dá o colorido especial ao primeiro, atenuando seu aparecimento de forma pura.
- *Terceiro estilo*: trata-se de um comportamento bem menos frequente do que os dois primeiros, sendo utilizado pelas pessoas apenas em situações nas quais seja absolutamente necessário. A utilização deste estilo requer maior esforço pessoal, por ser um estilo menos frequente e, portanto, menos automático.

- *Quarto estilo*: conhecido também por força negligenciada. Constitui-se num comportamento desgastante para os indivíduos quando há a necessidade da sua utilização, por não ser um comportamento muito frequente. Quanto à produtividade conseguida com a sua utilização, trata-se sempre de um resultado insatisfatório em termos organizacionais.

A identificação desses quatro estilos, na sua ordem de utilização, pode ser feita por meio de um questionário do sistema Lifo, disponível, porém, apenas para consultores autorizados e credenciados para tal.

Ainda segundo os autores, cada pessoa tem normalmente um conjunto de estilos característicos de desempenho em condições normais de atuação; já em situações de pressão ou de luta, pode apresentar um outro arranjo diferente entre os estilos, o que, porém, não leva necessariamente a um desempenho improdutivo.

Mas, de acordo com os proponentes desses estilos, o mais comum é que a mesma ordem de aparecimento dos estilos se dê tanto em situações de desempenho habitual quanto em situações de pressão no trabalho. Assim, uma característica produtiva pode se transformar em improdutiva nos momentos em que o indivíduo está sob pressão, seja ela de que tipo for.

A importância do conhecimento dos pontos fortes e dos possíveis excessos é muito grande, pois, conhecendo-os, o indivíduo passa a dispor de um conjunto de recursos para o planejamento da sua estratégia comportamental, planejamento esse que poderá ser feito a partir da descrição do seu próprio cargo, da redistribuição das suas atividades ou da reformulação de políticas. Utilizando ao máximo os seus pontos fortes, poderá evitar situações em que seu estilo menos desenvolvido seja solicitado. Dessa forma, poderá ser mais produtivo para a organização, além de ter a oportunidade de experimentar maior conforto pessoal nas situações de trabalho.

3.5 A classificação de Marcondes

Marcondes (1993) inicia sua apresentação de estilos de negociação com as afirmações de Giles Amado, da HEC-ISA (Hautes Études Commerciales, Institut Supérieur des Affaires, Paris), de que "negociar é saber adaptar-se ao ambiente". "A evolução e a mudança são, consequentemente, os eixos diretivos da negociação". "Um indivíduo capaz de fazer evoluir sua posição num sentido produtivo não é um derrotado, mas é, ao contrário, um negociador bem-sucedido."

Com isso, pode-se ver a importância da adaptação ao ambiente, para permitir a correta percepção e ação do negociador sobre as variáveis situacionais imediatas a que ele está sujeito, bem como sobre as influências contextuais mais amplas que interferem positiva ou negativamente no comportamento das pessoas.

Após identificar as condições, porém, é necessário agir, pois perceber e não agir na direção de um acordo satisfatório para ambas as partes é tão ineficaz quanto agir sem uma leitura correta do ambiente. Nessas condições, percebe-se claramente que a negociação é uma forma particular de comunicação na qual os interlocutores desempenham os papéis de emissores e receptores.

Giles Amado (apud Marcondes, 1993) considera que os comportamentos do negociador têm duas determinantes: uma direção e uma polarização. Por direção, entende-se o sentido em que se desenrola a negociação e no qual as mensagens são trocadas entre os interlocutores. Os comportamentos que determinam a direção da negociação são considerados construtivos, uma vez que será por meio deles que os negociadores poderão alcançar seus objetivos num clima saudável.

Para que esse resultado seja obtido, o negociador necessita assumir comportamentos ativos, ou seja, agir sobre os outros para que explicitem seu ponto de vista e seus julgamentos, a fim de, depois, procurar convencê-los. Os comportamentos ativos mostram como o negociador trata o próprio conteúdo da negociação para alcançar o objetivo por ele estabelecido.

Mas o negociador efetivo procura também agir em função das mensagens que recebe de seu interlocutor. Os comportamentos receptivos contribuem para a construção da negociação, na medida em que permitem comprometer o interlocutor, incitando a sua participação e obtendo o seu envolvimento.

O ato de negociar, por se tratar de uma forma de comunicação, pode ser afetado por ruídos. As diferentes culturas dos interlocutores podem se constituir em um fator de deformação das mensagens. Amado (apud Marcondes, 1993) afirma que "a negociação é um prisma deformante, fundado no diferencial de percepção entre duas pessoas... Assim, as mensagens enviadas a um interlocutor através desse prisma poderão adquirir, a seus olhos, uma coloração particular".

Numa situação em que se tem três ou mais pessoas envolvidas em uma negociação, cresce enormemente a probabilidade de polarização das mensagens ou mesmo de bloqueio da comunicação entre os interlocutores.

Como afirma Marcondes (1993), não existem comportamentos mágicos que possam evitar a polarização. O negociador hábil é capaz de analisar friamente as distorções que possam vir a ocorrer e de não agir para acentuá-las. Durante a negociação, ele também observa o impacto emocional do seu comportamento sobre o interlocutor e trata de forma positiva os eventuais conflitos que venham a surgir.

A negociação efetiva ocorre quando os negociadores estão atentos aos seus objetivos, aos objetivos da outra parte e, principalmente, ao impacto que o seu comportamento produz sobre o interlocutor. É dessa forma que a negociação evolui para resultados satisfatórios para as diferentes partes envolvidas.

É importante, porém, frisar que um comportamento não é bom ou mau em termos absolutos, mas depende da situação na qual se encontram, dos objetivos que se busca e do interlocutor que se tem pela frente.

Marcondes (1993) classifica os estilos de negociação em cinco tipos: estilo afirmação, estilo persuasão, estilo ligação, estilo atração e estilo "destensão".

3.5.1 Estilo afirmação

Por meio deste estilo, o negociador alcança seus objetivos usando assertividade. Os comportamentos típicos desse estilo são:

- Fazer conhecer seus desejos e expectativas.
- Explicitar suas condições para negociar.
- Emitir julgamentos de valor sobre o outro.
- Explicitar consequências positivas ou negativas para o outro.

Para algumas pessoas, o estilo afirmação é uma agressão ao outro; por isso, não se sentem bem ao utilizá-lo. Essa posição traz implícita a dificuldade que essas pessoas enfrentam ao fazer valer os seus direitos e dizerem não perante uma solicitação do outro.

Enquanto o estilo afirmação no seu nível ótimo traz como resultado uma negociação transparente, os seus comportamentos afirmativos extremos, por falta (indefinição) ou por excesso (imposição), trazem mais perdas do que ganhos.

3.5.2 Estilo persuasão

Caracteriza-se pelo uso de informação e raciocínio para que o negociador alcance seus objetivos. Os comportamentos típicos desse estilo são:

- Fazer sugestões.
- Apresentar propostas.
- Argumentar, justificar a partir de dados, fatos, casos ou questionamentos.

Quando o negociador não está preparado, ou mesmo não tem boas condições para o estilo persuasão, sua atuação é caracterizada como sendo inconsistente. O mesmo acontece quando ele apresenta propostas que não consegue justificar, o que também impede que os outros aceitem suas ideias, mesmo que estejam corretas.

O oposto desse comportamento seria a rigidez. Trata-se daqueles negociadores que apresentam argumentos herméticos, que colocam o outro em armadilhas, ou que se envolvem em argumentos sem objetividade, que não culminam numa proposta.

Os dois estilos anteriormente apresentados são considerados pelo autor como envolvidos numa dimensão construtiva (*push*). Os dois estilos *push* são considerados aqueles em que se busca exercer influência sobre o outro, para alcançar e explicitar seus objetivos.

Há mais dois estilos classificados na categoria construtivos (*pull*). O emprego desses estilos significa uma mudança radical de foco do negociador. Esses dois estilos permitem o foco nos aspectos pessoais e relacionais dos negociadores. Nesses dois estilos *pull*, age-se em função das mensagens recebidas, a fim de buscar a participação e o envolvimento do outro.

3.5.3 Estilo ligação

Esse estilo é caracterizado pelo uso da empatia para compreender os objetivos do outro. Os comportamentos típicos a serem citados são:

- Demonstrar apoio ao outro.
- Pedir sugestões e opiniões ao outro.
- Escutar com atenção.
- Dar importância às colocações e aos sentimentos do outro.
- Verificar se entendeu bem as posições do outro.
- Procurar pontos de acordo.

O estilo ligação não deve ser encarado como uma postura passiva, mas sim como construtiva, pois, para uma negociação efetiva ser alcançada, é necessário que haja o compromisso do outro.

O negociador pode demonstrar impaciência quando o interlocutor expõe seu ponto de vista, ou mesmo escutar o outro apenas para obter argumentos que sustentem suas posições. Isso denota que o foco não está no outro, mas sim no próprio negociador, indicando egoísmo (ou autocentrismo).

No outro extremo estão os negociadores altruístas, que são aqueles que reformulam constantemente suas posições para obter acordo ou apoiam e escutam o outro para não ter de expressar seu ponto de vista, bem como para não assumir responsabilidades dentro da negociação.

Tanto o egoísmo quanto o altruísmo não são comportamentos construtivos, podendo, inclusive, irritar o interlocutor e ocasionar consequente conflito na negociação.

3.5.4 Estilo atração

Caracteriza-se por um conjunto de comportamentos que levam a um envolvimento do interlocutor. Esse envolvimento pode ser obtido pela expressão dos seguintes comportamentos:

- Estimular e motivar o outro.
- Elevar o moral.
- Influenciar o outro com seu próprio comportamento.
- Reconhecer os seus erros e limitações.
- Enfatizar atributos e qualidades do outro.

Para certas pessoas, é difícil assumir os comportamentos desse estilo de modo autêntico, pois veem como fraqueza o fato de expor suas falhas e deficiências. Assim, acabam optando por manter-se numa posição mais defensiva, distantes, do outro lado. Mas existem os que buscam abrir-se aos outros, como uma tática para dominá-los. A primeira reação apresentada pode caracterizar frieza nas relações, enquanto a segunda pode demonstrar o intento de sedução subjacente nas atitudes.

Numa negociação, se, por um lado, o negociador deve concentrar-se na construção da negociação, por outro, deve ser também capaz de adaptar-se perante uma situação de impasse.

3.5.5 Estilo "destensão"

Buscar a convergência em uma negociação não significa negar o conflito, mas sim circunscrevê-lo, abordar pontos nos quais possa haver acordo ou até mesmo interromper a negociação, mesmo que momentaneamente, para poder preservar sua efetividade.

Assim, numa situação de ataques pessoais, irritação e desconfiança, que levam a um desvio crítico da discussão, o negociador pode:

- Destacar com clareza os pontos de desacordo.
- Focar novamente o debate sobre pontos precisos.
- Falar de elementos definidos com transparência para restabelecer a confiança.

Quando, porém, a negociação está paralisada ou focada numa relação de força, ou, ainda, quando os interlocutores se envolveram num jogo do tipo ataque/defesa, pode-se obter convergência ao:

- Explicitar as posições.
- Propor soluções alternativas capazes de interessar às duas partes.
- Centrar-se no conteúdo da negociação.
- Propor uma interrupção da negociação.

Assim, buscar e obter a convergência significa "destensionar" uma dada situação, ou seja "ceder" em uma determinada situação. Este esforço de "destensão" exige que o negociador faça uma leitura correta da situação, utilize sua criatividade e possua vivacidade de espírito para intervir no momento oportuno.

Quando, porém, diante de um conflito, não se é capaz ou não se pretende "destensionar", pode-se adotar dois caminhos: oposição ou fuga. Tanto oposição como fuga são comportamentos desaconselhados, pois não fazem progredir a negociação; tudo depende, porém, dos objetivos fixados.

Em pesquisa realizada com um grupo de executivos brasileiros, Marcondes (1993) identificou o estilo ligação como o mais presente entre os executivos brasileiros, num nível de 48% da amostra. Na verdade, o negociador pode mudar a sua postura em função da situação enfrentada, porém há sempre um estilo predominante na sua atuação. Num segundo nível, tem-se o estilo persuasão, também com uma grande importância entre os executivos (28%); em seguida vem o estilo atração (18% do total), enquanto o estilo afirmação tem uma importância muito inferior (apenas 5%), e o estilo "destensão" responde por apenas 1% do total.

Outro aspecto interessante dessa análise refere-se ao grau de flexibilidade de estilo do negociador, o que é obtido ao se analisar a combinação dos dois primeiros estilos. Combinações mistas (ou seja, aquelas compostas por um estilo *push* e um *pull*, em vez de dois estilos do mesmo tipo) demonstram um repertório mais amplo, em oposição às combinações puras.

Poucos executivos apresentam uma postura marcantemente ativa (estilos *push*) nas negociações. A maioria posiciona-se como negociadores receptivos (estilos *pull*), atingindo 39% da amostra. A soma dos estilos mistos (*push-pull* ou *pull-push*) atinge 47% do total de executivos ouvidos.

Evitar a exposição muito franca de suas propostas e argumentos, pautando seu comportamento pelas relações que vão se estabelecendo é uma tática que pode trazer resultados em situações específicas, mas seu uso constante, entretanto, leva os interlocutores a se sentirem como num campo minado e, possivelmente, a adotarem posturas defensivas, por não saberem onde termina a realidade e onde começa a fantasia.

Uma observação interessante colocada por Marcondes (1993) nas suas conclusões da pesquisa é a de que as negociações permeiam todas as relações humanas nas organizações, em especial entre chefes e subordinados.

Quanto ao processo decisório na negociação, ao declarar que negociar é decidir, Marcondes afirma que é importante que se compreendam os mecanismos do processo decisório, em especial os elementos utilizados normalmente para fazer as escolhas. Segundo ele, uma boa decisão é aquela que leva em conta e pondera, adequada e simultaneamente, as informações, o contexto, os preconceitos, os sentimentos, os aspectos culturais e os valores em jogo.

3.6 A tipologia de Kinston e Algie

A tipologia proposta por Kinston e Algie (1989), apresentada resumidamente na introdução deste livro, busca utilizar a visão sistêmica no tratamento dos problemas na Administração. As propostas de solução de problemas podem ser divididas nas seguintes fases, que vem caracterizá-las:

- Início.
- Exploração do problema.
- Levantamento das possibilidades de ação.
- Solução.
- Reiteração eventual do ciclo.
- Implementação.
- Revisão durante a ação.
- Superação de eventual insucesso.

Assim, são apresentados, a seguir, os sete perfis psicológicos para a tomada de decisão nas atividades dos executivos em suas funções gerenciais.

3.6.1 Racional (ou Racionalista)

- *Início*: desejos e valores gerais.
- *Exploração do problema*: especifica objetivos e critérios coerentes com a fase (início), em termos do que é factível e desejável.
- *Levantamento das possibilidades de ação*: formula opções e as analisa, em termos de prós e contras, usando objetivos e critérios.
- *Solução*: estabelece prioridades.
- *Reiteração eventual do ciclo*: detalha o plano, ordenando as tarefas em processo coerente.
- *Implementação*: mobiliza pessoas e recursos para a ação.
- *Revisão durante a ação*: verifica o andamento do plano e compara os resultados com os valores e os objetivos de nível mais alto.
- *Superação de eventual insucesso*: ajusta os planos, ou redefine a missão ou os objetivos fundamentais.
- *Aplicações*: planejamento, para sistemas nos quais a mudança é mínima ou lenta (mas nas quais se deseja alguma melhora), com problemas bem estruturados e bem compreendidos, em ambiente bem estruturado e estável ao longo do tempo. Pode ser aplicado em estoques, filas, outros problemas de Pesquisa Operacional e orçamentos.
- *Atividade típica*: planejamento corporativo. Não adequado para gerentes de linha, nem para lidar com os inúmeros aspectos práticos que atrapalham qualquer empreendimento.
- *Crítica*: não serve para problemas mal estruturados, que são muito frequentes. Tende a ser aplicado a eles também, redundando em planos que acabam não sendo postos em prática.

O Racionalista usa os objetivos e o futuro para determinar as ações presentes, isto é, abstração e potencial. Há quem prefira guiar-se pelas realidades concretas da situação existente, como os Empíricos.

3.6.2 Empírico

> • *Início*: percebe a existência de um problema e o reduz a dimensões tratáveis.
> • *Exploração do problema*: usando a informação disponível, define o problema real de acordo com o que faz sentido e é exequível.
> • *Levantamento das possibilidades de ação*: obtém fatos relevantes para o problema ou para as soluções imaginadas e extrai as implicações conjecturadas.
> • *Solução*: identifica a melhor solução específica e a adota.
> • *Reiteração eventual do ciclo*: testa a solução em versão-piloto com completa coleta de dados.
> • *Implementação*: estabelece a solução e aguarda a ação.
> • *Revisão durante a ação*: controla o processo e registra os resultados sucessivos. Verifica se o problema está sendo resolvido.
> • *Superação de eventual insucesso*: revisa o procedimento ou redefine o problema original.

- *Aplicações*: situação em que há visão compartilhada dos fatos que a caracterizam, independentemente de haver (ou não) valores ou aspirações comuns. Pode ser aplicado em problemas bem estruturados e organizações e ambientes relativamente estáveis.
- *Atividade típica*: *expert* investigador lidando com situações existentes. Preocupa-se mais em explicar do que em realizar. Está mais voltado para garantir a certeza e a precisão do que para desenvolver *staff* em planejamento. Indicado para academia ou consultoria.
- *Crítica*: pode querer aplicar a abordagem a situações complexas ou confusas (e, com isso, levar a organização à ruína). Restringe o foco. Pode reduzir o "moral", por excluir valores e interesses pessoais.

Tende a hostilizar mudanças e inovações, por alterarem os parâmetros básicos que determinam os fatos. O perfil seguinte, pragmático, lida melhor com a questão de mudanças e inovações.

3.6.3 Pragmático

> • *Início*: seleciona oportunidades de ação, eliminando tudo que lhe pareça pouco apropriado.
> • *Exploração do problema*: põe ênfase na maximização da vantagem e no uso e construção de forças existentes.
> • *Levantamento das possibilidades de ação*: busca as diferentes alternativas de ação de maneira muito prática e objetiva.
> • *Solução*: agarra as oportunidades mais atraentes.
> • *Reiteração eventual do ciclo*: elabora táticas convenientes, incluindo possibilidades e alternativas.
> • *Implementação*: persuade outros a cooperarem. Improvisa e aprende fazendo.
> • *Revisão durante a ação*: atenta para sinais de perigo e novas oportunidades. Reconhece ganhos e perdas durante a ação.
> • *Superação de eventual insucesso*: muda as táticas, explora outras possibilidades ou muda para outras coisas.

• *Aplicações*: talvez seja o método predominante. KISS (*Keep It Simple Stupid*). Quando a essência da situação está na ação (como nas crises), o resultado é mais importante do que o processo. Há muitas ações simples e imediatas que podem levar ao êxito. Também pode ser útil quando as preferências dos participantes são mal definidas e inconsistentes.

• *Aplicações*: empreendedor independente. Políticos e altos funcionários.

• *Crítica*: não serve para tratar holisticamente sistemas mal estruturados. Também não serve quando os interesses próprios não são bem aceitos. Nesse caso, deve-se recorrer ao dialético.

3.6.4 Dialético

> • *Início*: reconhece os conflitos e arranja base para discussão.
> • *Exploração do problema*: classifica os vários protagonistas e seus principais argumentos discordantes.

> - *Levantamento das possibilidades de ação*: debate a fim de esclarecer valores, premissas e *consequências* das propostas para a ação. Elabora ajustes de contas e negocia.
> - *Solução*: consegue consenso por síntese ou concessões mútuas.
> - *Reiteração eventual do ciclo*: acorda a solução e documenta o acordo.
> - *Implementação*: delimita a ação e define suas fases.
> - *Revisão durante a ação*: verifica se o acordo está sendo mantido. Avalia se os conflitos foram suficientemente resolvidos.
> - *Superação de eventual insucesso*: reativa o debate e trabalha em busca de outro compromisso; usa arbitragem externa.

- *Aplicações*: quando os envolvidos têm dúvidas quanto à própria natureza do problema e os *experts* discordam fortemente quanto ao caminho a seguir. Quando os envolvidos têm interesses claramente opostos, pois nesse caso não servem:
- O racionalista, que precisa de consenso quanto aos objetivos.
- O empírico, que precisa de consenso quanto aos fatos.
- O pragmático, que trabalha por aproximações sucessivas que, nesse caso, não consegue enxergar com clareza.

Situações complexas, mas em contexto relativamente estável, e problemas que levam a mudanças do sistema significativas, mas de escala relativamente pequenas.

Pode ser aplicado em administração e planejamento; contextos sociopolíticos; procedimentos de barganha; relações industriais (Fisher e Ury, 1985); negociação (Pruitt, 1981).

- *Atividade típica*: debatedor político; árbitro (se a disputa persiste, é preciso estar apto a reconhecê-la).
- *Crítica*: pode criar conflitos desnecessários e perdas de tempo (principalmente em problemas bem estruturados e situações quase estáveis, ou quando há consenso quanto a objetivos e táticas – casos nos quais devem ser preferidos o racionalista, o empírico e o pragmático). Pode levar a esquecer problemas específicos e práticos. Pode fazer esquecer a finalidade comum aos envolvidos.

3.6.5 Sistêmico

- *Início*: prepara o futuro cenário potencial para a situação, baseado nos valores interagentes.
- *Exploração do problema*: identifica características e restrições críticas e modela suas inter-relações e sua dinâmica.
- *Levantamento das possibilidades de ação*: extrai sistematicamente *expertise* para encontrar e usar catalisadores para o desenvolvimento. Simula, de várias maneiras, efeitos de ativar catalisadores.
- *Solução*: desenvolve a melhor estratégia factível.
- *Reiteração eventual do ciclo*: modela limiares progressivos em intervenções e resultados.
- *Implementação*: intervém recorrendo a respostas flexíveis e variadas e assegurando controle de toda a situação.
- *Revisão durante a ação*: usa o modelo de intervenção para verificar os desenvolvimentos; faz ajustes finos do modelo da situação por comparação com a realidade que vai se desenrolando. Analisa a correspondência entre os resultados e o cenário
- *Superação de eventual insucesso*: modifica o modelo de intervenção, repensa o cenário ideal ou remodela a situação.

- *Aplicações*: menos utilizado do que o desejável, mesmo em áreas em que poderia ser essencial. Tipicamente requer consultores externos, que poderiam ser do tipo da consultoria sistêmico-evolutiva. Parecem trabalhar implicitamente com uma abordagem sistêmica, guiados por uma "compreensão" não explicitada, a qual é um modelo mental do conjunto da situação. Preocupam-se com os fins últimos e suas relações com os meios. Pode ser aplicado em problemas ou situações complexas e mal estruturadas, que possam ser beneficiadas ao se lhes impor uma estrutura. Ex.: alocação de recursos e avaliação organizacional.
- *Atividade típica*: sistemista atuando como *Senior Action Researcher* ou coordenador holístico de grandes desenvolvimentos. Elabora cenários futuros que equilibrem uma rede de objetivos, modelando a situação presente e a futura, preparando modelos para intervir. Apresenta personalidade independente, é capaz de indagação reflexiva e de visão integrativa.

Os pontos principais de atuação do sistemista são: complexidade (abranger), fatores fundamentais (descobrir), interdependência e interação de postos e atividades (lidar), reconhecimento de fatores psicossociais, extração de conhecimento dos *experts*.

- *Crítica*: os modelos (em geral computacionais) não costumam ser compreendidos pelos que deveriam usá-los. Frequentemente omitem fatores cruciais de significado e experiência pessoais. Há o perigo de gerar complexidade desnecessária e consciência individual sobre violação de valores. Dá atenção relativamente pequena a aspectos de certeza, informação, adequação e poderes de grupos. Impõe estrutura ao sistema relevante para um problema (ou descobre a estrutura nele implícita). Todavia, existem problemas em estruturas sociais reconhecidas, e é o estruturalista que pode cuidar deles.

3.6.6 Estruturalista

- *Início*: identifica uma deficiência estrutural e estabelece com competência o que deve ser tratado.
- *Exploração do problema*: revisa organização e procedimentos, isto é, posições, pessoal, estruturas para tarefas, convenções.
- *Levantamento das possibilidades de ação*: procura possíveis obstáculos e meios de superá-los.
- *Solução*: atribui responsabilidades.
- *Reiteração eventual do ciclo*: especifica e atribui tarefas e subtarefas específicas.
- *Implementação*: emite instruções e dirige mediante a coordenação da execução das tarefas.
- *Revisão durante a ação*: monitora a execução das tarefas. Avalia os desempenhos e potenciais pessoais. Verifica se tudo funciona sem atrito.
- *Superação de eventual insucesso*: reavalia tarefas, posições e necessidades pessoais; atribui novas responsabilidades; reestrutura tarefas ou procedimentos.

- *Aplicações*: estabelecer organização clara e procedimentos definidos. Para mudanças mínimas e demandas ambientais insignificantes, basta estabelecer procedimentos. Se for necessária reorganização significativa de estruturas e funções, deve-se colocar a pessoa certa no cargo mais alto (elitismo necessário). Deve-se utilizar consultores.

• *Atividade típica*: burocrata dedicado (cauteloso, correto, impessoal, confiável, eficiente, equitativo). Ex.: tesoureiro, secretário de comitê. Executivo de linha orientado para *achievement*.

No geral, opera impessoalmente, mas tem preocupação pessoal quanto à capacidade de cada subordinado desempenhar a respectiva tarefa.

• *Crítica*: degenera facilmente em rigidez burocrática, elitismo opressivo, demora, mesquinhez, censuras e abafamentos de inovação.

Até aqui, nenhum dos tipos deu atenção explícita às ansiedades e paixões, irracionais ou racionais, que são os motivadores essenciais dos seres humanos e que devem ser procurados para a liderança poderosa. O próximo enfoque parte da vida interior dos seres humanos.

3.6.7 Intuitivo

• *Início*: Exprime um desassossego sentido; ou percebe que está faltando ímpeto.
• *Exploração do problema*: Sintoniza-se com todos para explorar percepções, sentimentos e preocupações. Abre a imaginação.
• *Levantamento das possibilidades de ação*: Agrupa todas as imagens e ideias que surgem, e joga com elas.
• *Solução*: Efetiva a inspiração.
• *Reiteração eventual do ciclo*: Articula as visões e busca a valorização do crescimento.
• *Implementação*: Entusiasma-se e lidera com carisma. Interage totalmente com apoio mútuo.
• *Revisão durante a ação*: Monitora-se e envolve-se com aconselhamento mútuo. Busca a concretização da visão e produnfa satisfação com a ação e seus resultados.
• *Superação de eventual insucesso*: Medita de novo sobre a visão para refiná-la; ou reexplora a área problemática

• *Aplicações*: quando os objetivos não são claros, há questões muito confusas ou até mesmo não se tem certeza de sua existência (ex.: escolher entre esposa e carreira, ter ou não ter filhos). Nas organizações, deve-

-se contrapor a outros enfoques, principalmente quando estão envolvidos sentimentos e necessidades profundos. Representa um importante instrumento para os líderes.

- *Atividade típica*: catalisador de apoio. Alguns recomendam que os gerentes de linha sejam assim. Mas, hoje em dia, é mais fácil esse tipo estar no *staff.* Líder carismático.
- *Crítica*: o enfoque desmonta-se completamente se a dinâmica do grupo se descontrola e se a confiança e a participação voluntária são pouco desenvolvidas. Então, a intuição, a experiência e a maturidade se degeneram em dogmatismo e afirmativas arbitrárias. Em vez de flexibilidade e imaginação, encontra-se uma postura defensiva. Este enfoque não serve quando é preciso explicar ou documentar o processo decisório, ou quando as facções são irremovíveis (nesse caso, o líder carismático pode resolver o problema, mas esses líderes são frequentemente vistos com desconfiança. São, porém, muito seguidos!).

3.6.8 As tendências dos vários tipos na escolha da abordagem

1. *O racionalista*: escolhe a abordagem mais adequada para os **objetivos**, ou seja, varia de abordagem conforme o objetivo:

   - Planejamento – trata-se do racionalista mesmo.
   - Necessidades imediatas e problemas em andamento – usam métodos empíricos.
   - Provar que algo aconteceu – métodos pragmáticos.
   - Satisfazer a todos os grupos interessados – métodos dialéticos são os mais indicados.
   - Revitalizar todo o sistema – enfoque sistêmico.
   - Reproduzir resultados e impor ou reforçar padrões – métodos estruturalistas.
   - Objetivos socioemocionais – intuitivo.

2. *O empírico*: escolhe a abordagem mais adequada para cada **problema** (em outras palavras, o empírico tende a ser eclético):

   - Quando há vários cursos de ação alternativos possíveis e evidentes, usa métodos racionalistas.

- Busca, pesquisa, problemas de adaptação técnica – para isso, utiliza métodos empíricos.
- Crises, oportunidades para pequenas melhoras com rápido retorno – para tal, é muito importante ser pragmático.
- Conflitos – o empírico tende a ser dialético.
- Situações complexas – o ideal é usar a abordagem sistêmica.
- Problemas ligados a posições, responsabilidades, manutenção confiável de atividades – a postura deve ser estruturalista.
- Relações humanas – a abordagem deve ser intuitiva.

3. *O pragmático*: escolhe o que é mais **conveniente** para o seu interesse pessoal (imediato ou não) e para os interesses da organização. O pragmático acaba utilizando várias abordagens, em função de redefinição de certas questões:

- Verifica o que realmente pode ser obtido com facilidade e confiança.
- Busca benefícios imediatos, de acordo com os interesses pessoais.
- As pessoas tendem a voltar aos enfoques nos quais se sentem mais confortáveis, principalmente nos momentos de pressão.

4. *O dialético*: escolhe a abordagem que salvaguarda e reforça o **poder do seu grupo**:

- Tem consciência de que cada enfoque, desde que utilizado racionalmente, pode ser uma arma excelente na batalha pela supremacia do grupo.
- Observa como cada participante utiliza um ou outro enfoque para atender aos seus interesses ou aos da organização.
- No caso em que nenhum participante ou enfoque prevaleça no processo de decisão, então o dialético vai preferir o compromisso, ou pode resolver as questões sintetizando dois ou três enfoques.

5. *O sistêmico*: é a abordagem que intensifica a **estratégia global**:

- Vê todas as abordagens como táticas a serem empregadas conforme a necessidade, sempre com vistas ao cenário futuro desejado, com a visão sistêmica dando o contexto.

6. *O estruturalista*: escolhe a abordagem adequada ao **seu papel**:

- Marketing e planejamento de serviços – usa o método racionalista.
- Pessoal de pesquisa – utiliza o método empírico.
- Vendas – faz uso da abordagem pragmática.
- Relações industriais – tende à abordagem dialética.
- Pessoal do desenvolvimento corporativo – enfoque sistêmico.
- Administração e finanças – abordagem estruturalista.
- Treinamento e desenvolvimento – tende a utilizar a abordagem intuitiva.
- Decidir conforme as regras preestabelecidas na organização, por exemplo:
  - Somente decidir com evidências e documentação completas (trata-se do estruturalista comportando-se como empírico).
  - A autoridade para decisão é dada pelo posto de quem decide (é o estruturalista sendo estruturalista mesmo).

7. *O intuitivo*: escolhe aquela abordagem que contribui para **seu crescimento pessoal**:

- O enfoque é fazer aquilo que a pessoa sente mais profundamente como certo, embora seja difícil: libertar-se da identificação inconsciente com uma só abordagem, procurando explorar outras como novas maneiras de ser.

3.7 Os perfis psicológicos desenvolvidos por Ackoff

Uma outra classificação interessante desses estilos é apresentada por Ackoff (1996, p. 435), partindo da classificação feita por Jung dos tipos psicológicos em introvertidos e extrovertidos. Esses tipos psicológicos são ampliados e, com hipóteses adequadas, são usados para explicar a qualidade das interações entre membros de pares ou em pequenos grupos.

O introvertido seria aquele voltado para dentro (chamado por Ackoff de *internalizer*) e que modifica a si mesmo, enquanto o extrovertido seria aquele elemento voltado para fora (conceituado como *externalizer*) e que tende a agir modificando o ambiente.

Além disso, esses dois tipos psicológicos podem receber dois tipos diferentes de estímulos: estímulos internos (provenientes dele mesmo) ou estímulos externos (provenientes do ambiente que o cerca). Isso foi descoberto a partir da constatação de que os tipos de Jung deveriam ser caracterizados por duas ou mais dimensões.

Aquele que é movido por estímulos internos foi chamado de *subjective*, enquanto o que responde aos estímulos externos recebeu de Ackoff o tratamento de *objective*.

Assim, teríamos os seguintes tipos básicos de personalidade:

- Introvertido movido por estímulos internos (*Subjective Internalizer* – SI): normalmente responde mais aos estímulos internos do que aos externos e o faz modificando a si mesmo.
- Introvertido movido por estímulos externos (*Objective Internalizer* – OI): tende a responder mais aos estímulos externos e com isso modificar a si mesmo também.
- Extrovertido movido por estímulos internos (*Subjective Externalizer* – SE): responde preferencialmente aos estímulos internos e o faz agindo sobre o ambiente no qual está inserido.
- Extrovertido movido por estímulos externos (*Objective Externalizer* – OE): tende a ser afetado pelos estímulos externos de maneira mais intensa, agindo de forma a modificar o ambiente no qual se encontra.

Segundo um estudo feito por Ackoff e Churchman (Ackoff, 1996, p. 437) o SI e o OE seriam os tipos puros de Jung, sendo o primeiro o Introvertido na classificação de Jung e o segundo representando a Extroversão naquele modelo. Já o OI e o SE seriam considerados como tipos mistos. Assim, os tipos puros seriam orientados para si ou para o ambiente em ambas as direções, e os tipos mistos seriam orientados para a própria pessoa em uma direção e para o ambiente na outra. Segundo Ackoff, em torno de 75% das pessoas possuem um estilo misto.

Além desses quatro tipos básicos de personalidade, Ackoff e Churchman introduzem um quinto tipo, que seria o *Centraversion*, caracterizado por estar num ponto intermediário de ambas as escalas. Com isso, o modelo poderia ser dividido em nove tipos diferentes, conforme representado na Figura 3.2

Evidentemente, quando se desenvolve uma análise adequada para tipos individuais, pensa-se em como os indivíduos do mesmo tipo ou de tipos diferentes interagem. Ou seja, quais seriam as características do sistema criado por essas interações?

1,0			Extrovert
Objective	Objective Internalizer	Objectivert	Objective Externalizer
0	Internalizer	Centraversion	Externalizer
Subjective	Subjective Internalizer	Subjectivert	Subjective Externalizer
1,0	Introvert		
	1,0	0	1,0

Figura 3.2 – Os nove tipos básicos de personalidade
Fonte: Ackoff (1996).

Há duas possibilidades de raciocínio num primeiro momento: a de que os iguais se atrairiam, e outra de que os diferentes é que teriam uma atração entre eles.

A primeira crença provavelmente seria a de que os tipos diferentes se atrairiam, enquanto os iguais se repeliriam, por estarem desempenhando essencialmente as mesmas funções, existindo, assim, uma possível disputa entre eles.

Depois de testado, Ackoff e Churchman chegaram à conclusão de que os pares seriam tanto mais balanceados quanto mais próximos estivessem do ponto central (*centraversion*). Assim, pontos simétricos seriam absolutamente balanceados, e os pontos menos balanceados seriam exatamente aqueles que tivessem um dos pontos muito próximos do centro e o outro o mais distante possível.

Dessa forma, quanto menos balanceados forem os pontos e quanto menos simétricos eles estiverem, maior será a dificuldade dos membros para se entenderem.

No fundo, tem-se duas medidas importantes a serem avaliadas para verificar a possibilidade das duas pessoas entrarem em acordo: a distância que as separa e o ângulo segundo o qual elas se afastam do ponto central. Apesar de, aparentemente, ser difícil conciliar ambas as medidas, nota-se que seria fundamental combiná-las em uma única, para poder avaliar de maneira mais objetiva as perspectivas de relacionamento entre as pessoas.

A medida que combina ambas é a distância existente entre o ponto médio das duas posições e o ponto central (*centraversion*). Assim, pode-se verificar que a habilidade de duas pessoas para lidar bem uma com a outra é inversamente proporcional à distância entre o ponto do par (média da distância entre os dois pontos) e o ponto central.

Assim, pontos que estivessem no mesmo local do espaço de personalidade tenderiam a ter o seu ponto do par no mesmo local, aproximadamente, dos seus pontos individuais, mostrando provavelmente dificuldades de relacionamento. E essa dificuldade seria tanto maior quanto mais afastados eles estivessem do ponto central.

Já os pontos que fossem bastante simétricos teriam o ponto do par muito próximo do ponto central (ou até coincidente com esse ponto), mostrando boas perspectivas em termos de se entenderem de maneira positiva.

Por outro lado, pontos que estivessem localizados numa mesma fronteira tenderiam a ter o ponto do par na própria fronteira (no ponto médio entre eles), portanto muito distante do ponto central, indicando dificuldades bastante sérias de entendimento.

Esse raciocínio pode ser estendido a mais de dois pontos (sendo um par e um outro ponto, dois pares de pontos, ou outras combinações possíveis), porém sempre é fundamental analisar-se o ponto final resultante em relação ao ponto central, sendo que a sua distância deverá indicar a facilidade ou dificuldade de entendimento.

Assim, dois pares de pontos muito afastados do ponto central (*centraversion*) – o que indicaria problemas muito grandes de relacionamento dentro do par –, poderão ter as dificuldades internas compensadas se estiverem em pontos simétricos (em termos dos pontos dos dois pares), podendo haver um bom entendimento entre os pares e uma convivência bastante boa entre os quatro participantes.

Por outro lado, um ponto isolado, absolutamente simétrico ao ponto de um par muito distante do ponto central, pode se constituir no ponto de equilíbrio daquele par que apresentava dificuldades tão grandes de convivência.

Esses conceitos podem ser aplicados também às personalidades dos membros de uma família. Assim, famílias, que, no fundo, representam pequenos grupos, tendem a crescer e a estabelecer contratos, como acontece com a maior parte dos grupos. A diferença, porém, é que as adições que são efetuadas a uma família tendem a ser de crianças, cujas personalidades ainda não estão formadas.

É importante notar que a introdução de um novo membro no grupo tende a aumentar ou diminuir a compatibilidade entre os membros do grupo. Assim, a família acaba desenvolvendo a personalidade das crianças de maneira a aumentar a estabilidade da família como um todo, já que a tendência é que o caráter das crianças seja altamente influenciado pela maneira como elas são tratadas pelos familiares. Há casos em que um filho pode vir a estabilizar um casamento muito instável e absolutamente desequilibrado. Resta, porém, a dúvida sobre que consequências isso pode trazer para o desenvolvimento da criança.

Seguindo ainda esse raciocínio, vê-se que um segundo filho tende a estar sempre mais próximo do ponto central, visto que o primeiro filho costuma levar a estabilidade do casal para mais perto desse ponto. Assim, cada filho que nasce deverá ter a sua personalidade tendendo cada vez mais para esse ponto central. Isso, porém, vale apenas caso a estabilidade da família seja mantida ao longo do tempo. No caso em que essa estabilidade venha a sofrer alterações com o passar dos anos, o nascimento de um novo filho pode levar a formação da sua personalidade para um ponto totalmente diferente, de forma a restabelecer o equilíbrio da família.

Quando se procura estender esse raciocínio para grupos de tamanho maior, é natural que se pense em aplicá-lo às sociedades em geral e às suas respectivas culturas. Considerando-se que cultura é para a sociedade aquilo que a personalidade representa para as pessoas (Ackoff e Emery, 1972 apud Ackoff, 1996, p. 444), então os tipos de personalidade podem também servir como tipos culturais.

Dessa forma, Ackoff fez um teste com um grupo de especialistas em características de países estrangeiros. Nesse grupo, cada um foi chamado a responder sobre características de personalidades de 25 países diferentes que eles conhecessem bem. Houve um nível de congruência muito grande entre as respostas, com pequenas exceções nos casos de países com os quais os EUA estavam interagindo muito pouco nos últimos anos.

Assim, com uma concordância total entre os respondentes, verificou-se que os EUA se constituíam em um tipo SE (*subjective-externalizer*). Ou seja, os EUA eram guiados pelas suas próprias opiniões, necessidades e desejos muito mais do que os desejos de outros (sendo, portanto, *subjective*). Por outro lado, observou-se que os EUA teriam tendência de manipular os outros e agir sobre o ambiente externo (*externalizer*).

Da mesma forma, identificou-se ser a antiga União Soviética mais orientada por eventos externos, aos quais ela demonstrou ser mais sensível do que os EUA, sendo ao mesmo tempo tão manipuladora do ambiente quanto eles. Assim, ela se constituiria em um grupo OE (*objective-externalizer*), tendo, portanto, dificuldades de conviver com os EUA. Os russos seriam considerados como os extrovertidos puros na classificação de Jung.

Por outro lado, a Inglaterra (ou o Reino Unido, de maneira mais ampla) foi classificada como sendo OI (*objective-internalizer*), embora tenha sido classificada como SE durante a época do império. Isso explicaria a aparente convivência amigável entre os EUA e a Inglaterra, ao contrário do que aconteceu entre os dois em épocas passadas.

Além disso, essa classificação confirma o relacionamento difícil existente entre russos e ingleses, dificuldades essas, porém, de natureza diferente daquela verificada entre americanos e russos. Para os ingleses, os russos tendem a ser vistos como muito manipuladores, enquanto os russos tendem a enxergar os britânicos como excessivamente passivos ou reativos (ou seja, de maneira oposta à postura proativa defendida por eles).

Já os franceses, ao contrário dos russos, podem ser considerados como os introvertidos puros (segundo a visão de Jung), tendo assim uma possível convivência pacífica com os soviéticos, uma vez que são diametralmente opostos, o que pode estabelecer um ponto de equilíbrio entre eles bastante adequado. Já com os ingleses e americanos, os franceses teriam dificuldades de relacionamento.

Analisando-se o grupo, vê-se que nenhum trio formado por eles apresentaria uma convivência pacífica e salutar, enquanto os quatro simultaneamente tenderiam a um equilíbrio bastante estável e duradouro.

A introversão dos franceses também explicaria uma frequente queixa dos turistas americanos em relação a eles: mostram-se inóspitos e ressentem-se da presença dos americanos. Por sua vez, os franceses veem os americanos como muito falantes e impertinentes.

Por outro lado, vê-se que os canadenses tendem a ser classificados como os ingleses (OI). Isso é coerente com o tradicional bom relacionamento entre americanos e canadenses. Isso também explica os problemas e as diferenças existentes entre canadenses de origem francesa e inglesa. O desejo dos *"québécoises"* de se tornar independentes está coerente com a sua característica introversão.

Já os alemães são classificados como os americanos (SE), embora não tão radicais como eles, tendo, assim, dificuldades de relacionamento com os próprios americanos, além de um relacionamento menos estável com russos e franceses. Já com ingleses e canadenses tenderiam a se relacionar melhor, por serem opostos e se complementarem. O seu estilo explicaria por que os alemães ocidentais tiveram menos dificuldades ao longo do tempo para se colocarem de acordo com os ingleses, em relação ao que ocorreu para se entenderem com americanos e franceses.

Entretanto, ao se analisar um dos mais antigos e difíceis conflitos que persiste no mundo ao longo dos anos, o dos árabes e judeus em Israel, vê-se que ambos os grupos, classificados pelos especialistas como movidos por impulsos internos e agindo sobre o ambiente externo (SE), os dois tentando manipular o outro lado para satisfazer às suas finalidades, deixam um espaço muito limitado para cooperação entre si, reduzindo as chances de solução da pendência.

Além disso, nas investidas frequentes dos EUA para tentar solucionar o conflito, o fato de os americanos também serem um SE reduz as chances de facilitar as negociações, sendo que, em alguns casos, chega até a acirrar ainda mais os ânimos. Assim, analisando-se as características dos países, vê-se que os ingleses poderiam perfeitamente se constituir num facilitador mais adequado para essa disputa, podendo agir como mediador ou mesmo como árbitro na tentativa de solucioná-la.

Os tipos de personalidade podem perfeitamente ser utilizados para analisar, prever e explicar comportamentos dos consumidores de determinados países, em termos de desejos e decisão de compra de certos produtos. Na verdade, eles já foram muito utilizados para isso e podem continuar sendo, principalmente no que se refere a produtos de massa.

3.8 Os dez papéis gerenciais do administrador, segundo Mintzberg

Mintzberg (1973) analisa as funções gerenciais nas empresas, dividindo-as em dez papéis básicos a serem desempenhados pelos administradores, quer se trate de pessoas diferentes, quer sejam dez facetas da atividade de uma só pessoa:

- Três papéis interpessoais, decorrentes de autoridade e do *status* do administrador:

- Figura de proa.
- Ligação.
- Líder.

- Três papéis informativos, decorrentes dos interpessoais e do acesso à informação que esses três proporcionam:

- Porta-voz.
- Monitor.
- Disseminador.

- Quatro papéis decisórios, decorrentes da autoridade e da informação concentradas no administrador:

- Empreendedor.
- Controlador de distúrbios.
- Alocador de recursos.
- Negociador.

O primeiro papel – de figura de proa – cabe, em geral, apenas aos administradores que ocupam os mais altos cargos.

Já o segundo – de ligação – está focado no relacionamento da unidade organizacional do administrador com o ambiente externo, cabendo esse papel aos que ocupam cargos mais elevados e a administradores médios ou mesmo de nível inferior: é o caso do executivo-chefe, na área administrativa, na qual o segundo em comando se concentra nas operações internas e, no outro extremo, por exemplo, temos o diretor de vendas.

Na ordenação de Mintzberg, ligação é o terceiro papel, e líder o segundo; aqui se inverteu a ordem somente para salientar que o papel de ligação é mais voltado para fora, como o da figura de proa.

O terceiro papel – de líder – corresponde ao relacionamento do administrador, em qualquer nível, com seus subordinados, conjugando as necessidades e aspirações deles com as da organização, motivando-os, controlando-os e mantendo-os alerta, contratando, treinando e promovendo.

Os papéis de ligação e de líder propiciam-lhes informações privilegiadas do exterior e do interior, colocando-os na posição de "centro nervoso" da organização, o "generalista da informação", os mais bem informados a respeito de suas operações e de seu ambiente.

O porta-voz – quarto papel – transmite informações para pessoas externas à sua unidade organizacional, seja ela a própria organização, seja um de seus subsistemas, conforme a posição do administrador e as circunstâncias, que podem aproximá-lo do papel de ligação ou, de outro lado, do monitor e mesmo do disseminador (quinto e sexto papéis).

Na ordenação de Mintzberg seria o sexto papel. Aqui foi deslocado para o quarto papel somente para ressaltar que, analogamente à de ligação, essa faceta é mais voltada para fora do que as de monitor e de disseminador.

O monitor – quinto papel – está continuamente buscando e recebendo informações internas e externas das mais variadas fontes, que cultiva a fim de ter conhecimento amplo e detalhado dos ambientes interno e externo à unidade, em papel muito próximo ao de ligação.

Como disseminador – sexto papel – o administrador transmite a seus subordinados parte de suas informações internas e externas (sendo o único acesso deles a certa informação privilegiada). Parte dessa informação é "factual", parte está relacionada com os valores dos "influenciadores" da organização.

Os outros quatro papéis estão diretamente relacionados à elaboração das estratégias da unidade organizacional, elaboração essa baseada na autoridade e na informação reunidas no administrador como resultantes de seus seis primeiros papéis.

Como empreendedor – sétimo papel –, o administrador é responsável por iniciar e delinear a mudança controlada de sua unidade organizacional, buscando continuamente novas oportunidades e novos melhoramentos, ou atuando diretamente ou delegando e supervisionando.

O papel do controlador de distúrbios é necessário em qualquer nível no qual apareça um estímulo novo que não esteja diretamente ligado a alguma função específica e para o qual não haja resposta programada. As perturbações podem surgir como consequências imprevistas de amplas inovações ou, no outro extremo, como imprevistos no cotidiano da manutenção das atividades já estabelecidas, solicitando quase que ininterruptamente o empenho dos administradores de empresas pequenas e dos supervisores de linhas de produção.

Como alocador de recursos – nono papel –, o administrador claramente controla o processo de elaboração de todas as estratégias da unidade. Pode fazê-lo detalhadamente – decidindo o que vai ser feito e por quem, pessoas ou estrutura. Pode também fazê-lo escolhendo pessoas e/ou propostas, mantendo o controle final pela autorização prévia à implementação.

Enfim, Mintzberg observa que o administrador pode controlar a elaboração da estratégia até mesmo pela simples programação de seu próprio tempo: questões que não conseguem chegar até ele não obtêm recursos...

Finalmente, o décimo papel, o de negociador. Essa atividade tem duas facetas distintas. A primeira, que Mintzberg (1973) aponta, relaciona-se com negociações externas, com outras unidades ou organizações, e nela o administrador aparece como figura de proa, como porta-voz e como alocador de recursos, negociando recursos em tempo real com o oponente.

Mas é também igualmente importante o segundo aspecto, o das negociações internas à sua unidade, com seus próprios subordinados, nas quais o administrador pode assumir os três papéis anteriormente mencionados – figura de proa, porta-voz e alocador de recursos – na unidade como um todo, diante dos subordinados, tendo claramente uma posição extrema, que parece cada vez menos preconizável diante de outro extremo, como o da organização circular/hierarquia democrática de Ackoff, ou do modelo da administração evolutiva de St. Gallen.

4.
SISTEMAS

4.1 Ligando sistemas e administração

As diversas características da definição de sistemas adotada na Introdução deste livro (apud Churchman, 1971) e, em particular, a menção explícita a finalidades, ou objetivos, parecem corresponder bem às preocupações dos pioneiros da Teoria Geral de Sistemas, em especial Bertalanffy e Boulding.

Por volta de 1920, quando Bertalanffy iniciou sua vida de cientista, a Biologia achava-se empenhada na controvérsia "mecanicismo *versus* vitalismo", ou seja, o processo analítico de divisão em partes e processos parciais *versus* a explicação pela ação de fatores anímicos, o que, para Bertalanffy, correspondia à declaração da bancarrota da Ciência. Assim, ele propôs o ponto de vista organicista, considerando os organismos como "coisas organizadas que os biólogos tinham de descobrir em que consistem". Seus estudos sobre o metabolismo, o crescimento e a biofísica do organismo, decorrentes dessa busca, levaram-no a uma generalização mais ampla, à qual ele deu o nome de Teoria Geral dos Sistemas, apresentada pela primeira vez em 1937, na Universidade de Chicago, e, bem posteriormente, em seu livro *General Systems Theory* (1968).

Nesse livro, Bertalanffy reproduz um trecho de carta que Boulding lhe escrevera em 1953, apontando a comunhão de ideias e de resultados a que ambos haviam chegado, e comunicando que adotara a denominação Teoria Geral dos Sistemas, criada por Bertalanffy, em substituição a Teoria Empírica Geral, que estava usando anteriormente:

> Parece que cheguei a uma conclusão muito semelhante à sua, embora partindo da Economia e das Ciências Sociais e não da Biologia, a saber, que existe um corpo daquilo que chamei "Teoria Empírica Geral" ou "Teoria Geral dos Sistemas" em sua excelente terminologia, com larga aplicação em muitas disciplinas diferentes. Tenho a certeza de que existem muitas pessoas em todo o mundo que chegaram essencialmente à posição que temos, mas estão amplamente espalhadas e não se conhecem umas às outras, tão grande é a dificuldade de atravessar as fronteiras das disciplinas. (Bertalanfly, 1968, p. 32)

Em 1954, Bertalanffy e Boulding, acompanhados por Rapoport (biomatemático), Ralph Gerard (fisiologista) e outros, criaram a Society for General Systems Research (SGSR), a partir de reuniões no Centro de Estudos Superiores das Ciências do Comportamento em Palo Alto, com quatro finalidades fundamentais:

- Investigar a isomorfia de conceitos, leis e modelos dos vários campos e promover a transferência útil de um campo para outro.
- Encorajar o desenvolvimento de modelos teóricos adequados nos campos em que não existam.
- Minimizar a duplicação de esforço teórico em campos diferentes.
- Promover a unidade da Ciência mediante melhoria da comunicação entre especialistas.

A visão de Boulding é exposta em seu artigo de 1956, cujo título consegue apanhar em poucas palavras as ideias que levaram à criação da Teoria Geral de Sistemas: "General Systems Theory – the skeleton of Science". Nele, diz-se que a Teoria Geral de Sistemas (ou, como seria melhor traduzido: "Teoria dos Sistemas Gerais") é a fusão das construções generalizadas mais elevadas da Matemática pura e da lógica formal (construções que cuidam das estruturas abstratas sem preocupação com o conteúdo) com as teorias específicas das diferentes disciplinas especializadas do mundo empírico: Física, Química, Biologia, Psicologia, Sociologia, Economia etc. É, portanto, uma construção teórica sistemática que trata das relações gerais do mundo empírico, o que conceitualmente é claro, mas metodologicamente, muito difícil de ser obtido e onde quase tudo está por fazer.

Diz Boulding que cada disciplina corresponde a um certo segmento do mundo empírico e desenvolve teorias que têm aplicabilidade particular em seu segmento empírico próprio. Física, Química, Biologia, Psicologia, Sociologia, Economia, todas enfeixam em si próprias certos elementos da experiência do homem e desenvolvem teorias e modelos de atividade que satisfaçam à compreensão e sejam apropriados para seus segmentos especiais.

Entretanto, havia a necessidade de um corpo de construção teórica sistemática que discutisse as relações gerais do mundo empírico. Uma de suas utilidades seria a orientação de pesquisas – assim como a tabela periódica de elementos na Química dirigiu a pesquisa por muitas décadas em direção à descoberta de elementos desconhecidos para preencher vazios na tabela, até completá-la. Analogamente, um "sistema de sistemas" deve ter utilidade ao dirigir a atenção dos pesquisadores para vazios nos modelos teóricos, podendo mesmo apontar métodos para desenvolvê-los. A Teoria Geral de Sistemas oferece um quadro de referência que aponta para onde caminhar nas pesquisas. No exemplo mencionado, da tabela periódica dos elementos, foram descobertos os novos elementos e confirmadas as propriedades previstas – a Teoria Geral de Sistemas pode ter a mesma utilidade.

Outro aspecto importante apontado por Boulding (1956) é o da intercomunicação entre cientistas: um especialista que trabalhe com o conceito de crescimento – seja o cristalógrafo, o virologista, o citologista, o fisiologista, o psicólogo, o sociólogo ou o economista – estará mais sensível às contribuições dos outros campos se tomar conhecimento das muitas similaridades do processo de crescimento nos campos empíricos amplamente diversificados.

Campos de estudo híbridos interdisciplinares resultam da reorganização de material de muitos campos diferentes de estudo, por exemplo: a Cibernética vem da Engenharia Elétrica, da Neurofisiologia, da Física, da Biologia e mesmo de um mergulho na Economia; a Teoria da Informação, originária da Engenharia de Comunicações, tem importantes aplicações em muitos campos da Biologia e até nas Ciências Sociais; a Teoria das Organizações vem da Economia, da Sociologia, da Engenharia, da Fisiologia e da própria Administração.

Mas como é muito fácil uma interdisciplina degenerar em indisciplina, deve-se desenvolver uma estrutura própria para se disciplinar. Boulding considera essa a grande tarefa da Teoria Geral de Sistemas, apontando duas abordagens possíveis, mais complementares do que competitivas:

- A primeira é o estudo do que há de comum entre todas as disciplinas (isomorfismo da ciência): consiste em examinar o universo empírico e escolher certos fenômenos gerais encontrados em muitas disciplinas diferentes e procurar construir modelos teóricos gerais pertinentes a esses fenômenos.
- A segunda abordagem consiste na hierarquização dos sistemas por complexidade crescente, isto é, em dispor os campos empíricos em uma hierarquia de complexidade de organização de seu "indivíduo" básico ou unidade de comportamento e tentar desenvolver um nível de abstração apropriado para cada um.

Quanto à primeira abordagem, Bertalanffy já identificara os princípios gerais semelhantes nos vários campos da Ciência, a saber:

- Organização.
- Globalidade.
- Dinamismo.
- Realimentação.
- Comunicação.
- Tendência ao equilíbrio.

Já Boulding destaca outros aspectos, que são:

- População (agregados de indivíduos com características relevantes mensuráveis).
- Crescimento, ou emergências, em níveis diferentes (*gestalt*), como as células diferenciando-se e formando os órgãos.
- Interação entre o indivíduo e o meio (comportamento ou ação relacionada com outros indivíduos e com o meio ambiente).
- Fenômenos de competição.
- Desenvolvimento da informação e da comunicação.

Às duas trocas básicas de massa e energia uniu-se uma terceira, de informação. Os processos de comunicação e informação são encontrados em uma ampla variedade de situações empíricas e são inquestionavelmente essenciais no desenvolvimento da organização no mundo biológico e no social.

Quanto à segunda abordagem, de hierarquização por complexidade crescente, é mais sistemática do que a primeira, caminhando em direção a um sistema de sistemas, mas não a substituindo; ambas são complementares.

Convém distinguir alguns tipos de sistemas, que encontram diversas caracterizações na literatura: sistemas homeostáticos, auto-organizados, adaptativos, de autoaprendizagem, evolutivos, entre outros.

Sistema adaptativo é aquele que ajusta ou transforma, sempre que necessário, seus elementos, inter-relações, organização, desempenho etc., até mesmo os objetivos, em função de sua própria evolução e/ou alteração do meio ambiente.

Quando as transformações visam apenas manter determinadas variáveis dentro de certos limites, tem-se o caso particular de sistema homeostático.

Sistema evolutivo é aquele em que as transformações são tão radicais que se pode considerar que houve emergência de um novo sistema (de nível hierárquico superior ao anterior, por exemplo).

Sistema auto-organizado é considerado por muitos autores como sinônimo de sistema adaptativo. Outros fazem distinções entre eles:

- Sutherland (1975), por exemplo, considera:
  - Sistema homeostático é aquele que mantém o *status quo* estrutural ou processual do sistema.
  - Nos sistemas adaptativos, há mudança estrutural ou processual visando explorar continuamente oportunidades emergentes do meio ambiente para aumentar a produtividade do sistema.
  - Já nos sistemas auto-organizados, o ímpeto para mudança estrutural emerge de dentro do próprio sistema.

- Ashby (1960) discute profunda e extensamente o conceito de adaptação, buscando uma resposta para um problema específico: a origem da fantástica habilidade do sistema nervoso de produzir comportamento que se adapta. Ele propõe a seguinte definição de adaptação: "forma de comportamento que mantém as variáveis essenciais dentro de limites fisiológicos". Ashby afirma ainda que comportamento adaptativo é equivalente ao comportamento de um sistema estável, com todas as variáveis essenciais se mantendo dentro de seus limites normais.

124 NEGOCIAÇÃO EMPRESARIAL

- Sampson (1976) trata extensamente do aspecto fundamental do processamento da informação nos sistemas adaptativos. Partindo das células abstratas de um autômato, ele se volta para as células biológicas de um organismo, falando da habilidade de processamento de informação de uma célula isoladamente e comparando-a à capacidade das grandes redes de intercomunicação das células nervosas especializadas. Afirma ainda que, tendo-se a visão de como os cérebros dos animais superiores e dos homens são estruturados, pode-se estudar as maneiras pelas quais as informações são transmitidas através do sistema nervoso.

- Para Moigne (1973), "um sistema é adaptativo se sabe regular seus aportes de entropia negativa para manter sua evolução em direção a seus objetivos: e certos sistemas, dotados de memória, podem aprender a se adaptar".

- Naslin (apud Martinelli, 1982, p. 45) observa que:

De acordo com o tipo de informação e seu processamento, quatro tipos de sistema de controle, de sofisticação crescente, podem ser distinguidos:

1. Sistemas de controle sequencial.
2. Servossistemas.
3. Sistemas adaptativos.
4. Sistemas de autoaprendizagem.

É sempre por comparação de seus desejos com o resultado de suas ações que o homem controla seu próprio comportamento e, às vezes, o de seus semelhantes. O próprio operador humano, como elemento de um processo de controle, aparece como um componente autoaprendiz altamente adaptativo, que ajusta suas constantes de sensibilidade e tempo de acordo com a dinâmica do sistema de controle e de acordo com as características dos sinais com os quais tem que lidar.

- Por sua vez, Hall e Fagen (1956) dizem:
Muitos sistemas naturais, especialmente os vivos, apresentam uma qualidade usualmente chamada de adaptação. Isso quer dizer que eles pos-

suem a habilidade de reagir em relação ao meio ambiente de maneira favorável, em algum sentido, à continuidade de sua operação.

Eles afirmam ainda que um sistema adaptativo mantém a estabilidade de todas as variáveis que precisam ser mantidas dentro de limites para operação favorável.

- Buckley (1975), reiterando o que dissera em Buckley (1967), define:

> Homeostase é a regulação de variáveis críticas do sistema, até certos limites. Morfostase (MS) refere-se à regulamentação da estrutura (especialmente à estrutura de controle) do sistema, dentro de certos limites. A morfostase refere-se a processos que tendem a prevenir mudanças significativas na organização do sistema, ou o *status quo*, se se preferir – o sistema deve manter a integridade de sua estrutura em face dos desafios do meio ambiente. Morfogênese (MG): quando os desafios do meio ambiente são muito severos e a viabilidade do sistema depende da habilidade de mudar sua estrutura operacional para adaptar-se, ou de melhorar as condições para consecução do objetivo, ou de regular-se contra perturbações. É assim que se entende o progresso de evolução das espécies. Deve-se considerar dois tipos de MG:
>
> - MG1 ou morfogênese via conflito destrutivo é um tipo de mudança estrutural de alto risco, crescendo à medida que os sistemas sociais tornam-se mais complexos e mais poderosos. Por meio da história e pré-história dos sistemas socioculturais, a maior parte das mudanças estruturais significativas, isto é, MG, tiveram lugar juntamente com um alto nível de conflito destrutivo: guerra civil, revolução, conquista.
> - MG2 ou morfogênese via competição de ideias e tomada de decisão conjunta: nos tempos históricos recentes, um tipo diferente de estrutura reguladora institucionalizada começou a emergir, promovendo mudanças estruturais baseadas em uma competição de ideias e tomada de decisão conjunta. Esse é o tipo mais democrático de sistema, no qual princípios institucionais incorporam procedimentos explícitos para automodificação e, portanto, para mudança da estrutura do sistema, baseada em tais princípios. Tal sistema, entretanto, ainda tem um longo caminho a percorrer para evoluir até seu completo potencial MG2.

Devem ser lembrados também os sistemas autopoiéticos (Maturana e Varela apud Mingers, 1989), que são organizacionalmente fechados ou "impermeáveis à informação". Eles se caracterizam pela automanutenção e por respeitarem permanentemente a lógica de sua própria organização, que procuram reproduzir continuamente. Há dúvidas, do próprio Maturana, embora não de seu coautor Varela, quanto à aplicabilidade, aos sistemas sociais, do conceito de *autopoiesis*, originário da Biologia (Mingers, 1989). Mas, mesmo que o conceito não possa ser transferido *stricto sensu*, pode ser visto como útil contraponto à visão das organizações como sistemas abertos interagindo com o ambiente (Jackson, 1991).

A Teoria de Sistemas – ou, talvez melhor dizendo, a Visão Sistêmica – despertou interesse nos mais diversos campos da Ciência. "No que diz respeito, especificamente, à teoria das organizações, têm sido incontáveis os esquemas conceituais baseados na teoria geral dos sistemas", dizem Prestes Motta e Bresser Pereira (1980-1991, p. 204 e segs.), citando especificamente o esquema de Tavistock (Trist e Rice), o de Homans, o de Michigan (Likert, Kahn, Katz, Wolfe, Quinn, Rosenthal, Snoeck) e os estudos de Etzioni, Lawrence e Lorsch, Carzo e Yonouzas, Silverman, J. Thompson, que podem ser todos colocados nos anos de 1960 ou no princípio dos anos de 1970.

Já em 1980, na primeira edição da Introdução à Organização Burocrática, de Prestes Motta e Bresser Pereira, diversos outros poderiam ser acrescentados, por exemplo, com orientação que bem poderia ser denominada "sistêmico-cibernética": Beer (1959, 1966, 1972, 1979), Ackoff (1960, 1964), Hans Ulrich (1968-1972) e seus colaboradores da Escola de Sankt Gallen (Krieg, 1971; Gomez, 1978; Malik, 1978; Malik e Probst, 1984).

Uma síntese das tendências das pesquisas de orientação sistêmico-evolutiva em Administração é dada por dois artigos de Broekstra (1991, 1993), respectivamente "Parts and Wholes in Management and Organizations – Systems Research" e "The Systems Paradigm in Organization and Management: from Open Systems to the Chaos Hypothesis".

Dizendo, com Ackoff, que estamos entrando na Era dos Sistemas, Broekstra observa que a teoria ocidental da Administração e das organizações pode ser caracterizada pela polaridade entre o modelo reducionista/ analítico, ou mecanicista/materialista, e o sistêmico/holístico, e que está havendo um deslocamento do primeiro para o segundo. Boekstra vê o surgimento de uma cosmovisão mais equilibrada na Administração, contendo elementos quer da especialização racional/analítica, quer da generalização intuitiva/holística.

Exemplo marcante, segundo ele, seria a emergência da intuição como tema de genuíno interesse na Administração, e intuição, síntese e visão holística pertencem todos à mesma esfera de pensamento. O autor lembra que um dos primeiros a enfatizar a natureza holística das organizações foi Barnard, um sistemista *avant la lettre*, influenciado por Pareto e pela abordagem holística da psicologia Gestalt, e vê essa visão holística estendendo-se até os dias de hoje, com Peters e Waterman, por exemplo, preconizando nova perspectiva, preocupada em "administrar o todo".

Revendo a evolução da Teoria da Administração desde Barnard, Broekstra passa pelo trabalho do Tavistock Institute, por Katz e Kahn, por Weick, por Ashby e por seu discípulo Stafford Beer, por Lawrence & Lorsch, e, substituindo *nature* por *social systems*, parafraseia Prigogine, dizendo que "nossa visão de sistema social está levando a uma mudança radical para o múltiplo, o temporal e o complexo" Broeskstra (1991, 1993, p. 85).

Agora que a mudança e a instabilidade são temas predominantes em relação ao equilíbrio e à estabilidade do ambiente, é preciso repensar nossas categorias e hipóteses administrativas fundamentais, inspirando-se na teoria dos sistemas caóticos, a qual, segundo Broekstra (1991, 1993) poderá "...ter um forte impacto sobre a maneira como nós dirigimos nossas organizações em direção ao próximo século" Broeskstra (1991, 1993, p. 87).

Broekstra volta a Emery e Trist, dizendo que, ao introduzirem intuitivamente, em 1965, a ideia dos "campos turbulentos", hoje tão difundida e empregada por teóricos e militantes da Administração, haviam se mostrado agudamente conscientes da necessidade de um novo paradigma para as transformações organizacionais. Antes a ideia ainda não podia ser totalmente explorada, o que, porém, poderá começar a ser feito com base na teoria do caos.

Broekstra (1991, 1993) vê a Teoria da Administração como tendo sido conduzida sucessivamente por dois paradigmas, o mecanicista da "ordem pela força" (comando e controle – Taylor, Fayol, Weber, Relações Humanas), o qual ainda estaria dominando grande parte da cultura administrativa norte-americana, e, em seguida, o da "ordem pelo ajuste" (equilíbrio, adaptação ao ambiente), o qual, agora, não deve desaparecer, mas ser absorvido por outro mais abrangente, o da "ordem pela flutuação" (auto-organização, sistemas caóticos em coevolução).

Exemplificando essa tendência de adoção de mecanismos evolutivos, Broekstra cita as pesquisas de M. Beer et al. (1990), segundo as quais a renovação organizacional deve começar "atingindo operações pequenas, isoladas, periféricas, e não operações grandes, centrais e que se constituam em competências essenciais", e aponta que isso corresponde ao "mecanismo de nucleação" de Prigogine (antes, uma nova estrutura deve estabelecer-se em uma região limitada e, somente em seguida, invadir todo o espaço).

Das variadas aplicações da perspectiva sistêmica a instituições governamentais e organizações dos setores primário, secundário e terciário, encontram-se relatos principalmente em revistas como *Systems Practice* (hoje *Systemic Practice and Action Research* – Spar), *Systemist, Systems Research* (agora chamada *Systems Research and Behavioral Science*).

> Systems Research, que é o órgão oficial da Internacional Federation for Systems Research, traz, em seu número de março de 1995, uma comparação entre as pesquisas realizadas na Ciência da Administração, particularmente aquelas utilizando o enfoque sistêmico, e as pesquisas que avaliam aquilo que é oferecido aos administradores no mercado, por meio dos chamados "modismos" da Administração [...]. Essa comparação se mostra favorável ao enfoque sistêmico, que, com sua base cuidadosamente estruturada, parece oferecer aos administradores muito mais do que simples modismos. (Jackson, 1995, p. 7)

Vê-se, aí, a Teoria de Sistemas influenciando decisivamente a evolução da Teoria da Administração.

Nos últimos 60 anos, amplo conjunto de metodologias sistêmicas foi sendo desenvolvido com o fito de lidar com problemas mal estruturados (*messes*).

Com a possível exceção das diversas variantes da chamada *Action Research (AR;* já muito conhecida no Brasil como "pesquisa-ação"), a ser apresentada no item 4.2, todas essas metodologias – *soft systems, soft operations research, soft cybernetic* – estão mais ou menos fortemente ligadas (umas mais, outras menos) à chamada Escola de Singer-Churchman-Ackoff (Britton e McCallion, 1994). As principais, para a finalidade deste livro, serão sintetizadas nos itens 4.3 a 4.10, com vistas ao seu possível imbricamento com a negociação.

Parece conveniente encarar a Administração como tratando de "problemas, questões e dilemas" provenientes de sistemas de significados, papéis, estrutura e processos do poder do conhecimento (Flood 1996a, p. 11). Embora problemas e dilemas, objetos de negociações, também possam provir de estrutura e processos, a negociação, como uma rotação da Administração, está predominantemente ligada a "significados e papéis do poder do conhecimento", dois aspectos cruciais a serem explorados mediante "enfoques de pesquisa-ação, de metodologias suaves (*soft*) e enfoques inspirados pela teoria crítica (modernista e pós-modernista)", como os enumera, apresenta e caracteriza Flood (1996a).

4.2 Pesquisa-ação (*action research*)

Já muito conhecida e praticada no Brasil como pesquisa-ação, a AR de Lewin (1946) deu origem à extrema variedade de abordagens, todas dependentes de práticas de debate e negociação.

"Pesquisa-ação" talvez seja a transposição mais adequada para o conceito de AR (Schein, 1996, p. 21), com o qual Kurt Lewin buscava evitar a separação entre diagnóstico e intervenção, entre pesquisa sociológica (para obter novos conhecimentos – novos "resultados teóricos") e ação, para modificar o contexto estudado. Não se trata apenas de fazer pesquisa em um contexto de ação, pois, para Lewin (1946), o valor primordial da pesquisa com pequenos grupos envolvia a solução de problemas sociais, mais do que a resolução de problemas teóricos, para isso sendo indispensável estabelecer estreito e ativo relacionamento entre pesquisadores e profissionais (Moreland, 1996, p. 11-19). Portanto, pesquisa e ação, pesquisa com ação, pesquisa na ação ou, final e simplesmente, pesquisa-ação.

Kurt Lewin (1890-1947) deixou, em 1933, o Instituto Psicanalítico de Berlim, passando a atuar nos EUA, antes nas universidades de Stanford e Cornell, e, em seguida, na Child Welfare's Station da Universidade de Iowa. Em 1945, fundou o Research Center for Group Dynamics do Instituto de Tecnologia de Massachusetts (MIT), que dirigiu até seu prematuro falecimento, em 1947.

Já em sua obra *A dynamic theory of personality* (1935), apresentava a visão de que, para compreender o comportamento humano, seria necessário considerar o todo do campo psicológico ("espaço de vida") em que cada pessoa atua: a totalidade dos eventos nesse "espaço de vida" determinaria seu comportamento em qualquer momento. E é essencial que seja compreendida a maneira como indivíduos e grupos veem o mundo em que vivem (citado por Cartwright, um dos colaboradores mais chegados a Lewin apud Moreland, 1996, p. 17).

Todavia, foi em 1943 que realizou, entre outros, o famoso estudo que é considerado o início da AR (Moreland, 1996, p. 10), expressão que Lewin acabou usando explicitamente nos títulos de alguns de seus últimos trabalhos (Lewin, 1946, 1947).

Nesse momento da Segunda Guerra Mundial, o National Research Council estava interessado em encontrar maneiras de levar as famílias norte-americanas a consumirem alimentos que, usualmente, somente seriam consumidos pelas camadas mais pobres da população, como as partes interiores de animais, para que as carnes mais bem aceitas fossem reservadas para as tropas. Lewin explorou diversos métodos para tentar persuadir as donas de casa a mudar seus hábitos alimentares. O que teve resultado mais eficaz – inspirado nas *Quasselstrippen*, os *brainstormings* de Lewin (Moreland, 1996, p. 10) – foi a formação de pequenos grupos em que as donas de casa discutiam suas próprias razões arraigadas para não consumir certos alimentos e acabavam descobrindo que mudanças em seus hábitos alimentares poderiam ajudar o esforço de guerra, então se comprometiam publicamente a introduzir essas mudanças nas suas casas.

Os "continuadores" de Lewin mais fortemente inspirados em suas ideias caracterizam a pesquisa-ação "Lewiniana" mediante cinco pontos (Maruyama, 1996, p. 91):

- Um processo cíclico de planejamento, ação e avaliação.
- Contínuo *feedback* dos resultados da pesquisa, para todas as partes envolvidas, incluindo os clientes.
- Cooperação entre os "pesquisadores" (pessoal da universidade), os "profissionais" (os participantes treinados, do local em estudo) e os clientes, desde o início ao longo de todo o processo.
- Consideração das diferenças em sistemas de valores e estruturas de poder entre todas as partes envolvidas na pesquisa.
- Uso da pesquisa-ação paralelamente para resolver um problema e para gerar novos conhecimentos.

Essas cinco características podem ser organizadas em cinco passos (p. ex., Bottrall, 1982 apud Bell, 1998, p. 184-5):

1. *Diagnóstico*: o grupo de pesquisa prepara uma avaliação independente e objetiva da estrutura existente e do desempenho administrativo da or-

ganização do cliente; em seguida, há discussão conjunta dos achados entre o cliente e a equipe de pesquisa, em busca de concordância quanto à definição dos principais problemas.

2. *Planejamento da ação*: exame conjunto de fontes alternativas de ação corretora. Acordo quanto ao curso de ação a ser seguido.

3. *Execução da ação*: a organização-cliente desenvolve a ação combinada; a equipe de pesquisa mantém-se à parte, monitorando os processos decisórios do cliente e seus efeitos.

4. *Avaliação*: o grupo de pesquisa apresenta a avaliação do programa de ação ao cliente, para discussão conjunta.

5. *Especificação do aprendizado*: da avaliação, o cliente extrai lições de interesse específico para ele (as quais podem alimentar ulteriores ciclos de planejamento, desenvolvimento e avaliação da ação). O grupo de pesquisa extrai lições para a teoria geral e para aplicação em outros programas de pesquisa-ação.

Observa-se imediatamente que essa descrição dos cinco pontos introduz certo distanciamento, talvez "não lewiniano", entre grupo de pesquisa e cliente.

Pouco depois desses primeiros passos fundamentais de Lewin (1943-1947), o período de reconstrução que se seguiu à Segunda Guerra Mundial originou na Inglaterra uma série de experimentos organizacionais (Levin, 1994, p. 37), que contribuíram substancialmente para a nova industrialização inglesa. Neles, o Tavistock Institute of Human Relations (Londres), fundado em 1946, teve papel muito importante, e com o tempo extrapolou as fronteiras inglesas para atingir outros países da Europa, o Canadá, os EUA, o México e a América do Sul, as Filipinas, a Índia e a Austrália (ver, por exemplo, o Action Research Training Programme, de 1983-1984).

O Tavistock Institute, que acabou sendo visto por muito tempo como o polo organizado mais importante da AR, foi fundado em 1946 com o duplo propósito de:

- Contribuir para o conhecimento nas Ciências Sociais.
- Promover o aumento da capacidade de indivíduos, famílias, grupos de trabalho e organizações em suas várias tarefas.

Sua atividade "sociotécnica" logo obteve repercussão internacional com a intervenção de pesquisa e ação na indústria inglesa de mineração (Trist e

Bamforth, 1951), que salientou a forte inter-relação entre o sistema social e o contexto material. Essa atividade com "sistemas sociotécnicos" salientava com nitidez a inter-relação entre tecnologia e variáveis sociais, e requeria que se partisse de consenso entre os participantes – ou, pelo menos, que fosse possível atingi-lo.

Na Grã-Bretanha, para essa cooperação entre empregadores e sindicatos, faltava, na época, apoio institucional. Campo mais fértil para esses experimentos sociotécnicos foi encontrado na Noruega, onde sucessivos governos sociodemocratas haviam consolidado esse apoio institucional, e o Tavistock Institute passou a colaborar em atividades sociotécnicas naquele país, destacando-se os experimentos do Quality of Work Life (QWL). Logo, tais experiências foram para a Suécia e para os EUA, observando-se que, desde o fim dos anos de 1960, a visão sociotécnica dominou o desenvolvimento internacional no campo da pesquisa-ação (Levin, 1994, p. 37).

Em seguida a essas abordagens fundamentais, das décadas de 1950 e 1960, a pioneira de Lewin e seus discípulos, e as solidamente estruturadas do Tavistock Institute e do QWL, proliferaram variantes mais ou menos aderentes à visão inicial de Lewin, falando-se até mesmo de "pesquisa-ação não lewiniana" ou tipos não lewinianos de pesquisa-ação (Maruyama, 1996, p. 90), nos quais algumas das cinco características anteriormente apontadas são alteradas.

Em todos os tipos, porém, são respeitados os pontos:

- Processo cíclico.
- *Feedback.*
- Cooperação.
- Valores, poder, *status.*

E as diferenças, maiores ou menores, giram em torno de um ou mais dos três pontos seguintes:

- Interesse em gerar novos conhecimentos generalizáveis ou teorizáveis.
- Preocupação em fundamentar a pesquisa sobre princípios conceituais.
- Conhecimento a respeito de quem controla o processo de pesquisa.

O tipo "não lewiniano" extremo seria a *Practitioner Centered Action Research* (PCAR), pesquisa-ação centrada nos profissionais (Maruyama, 1996,

p. 93-5), desenvolvida no campo da Educação, na qual uma série de eventos deslocou o controle do processo de grupos de pesquisa universitários para grupos de clientes.

Esse deslocamento nítido do controle para um dos grupos participantes é a primeira discrepância fundamental em relação ao "paradigma lewiniano", derivada da preocupação de que os grupos universitários de pesquisa acabem preponderando, pondo os clientes e seus "profissionais" em posição secundária, de dependência.

A segunda discrepância está no fato de que os propugnadores da PCAR estão muito mais preocupados em desenvolver ações que melhorem as condições locais – ação para resolver problemas – do que em obter resultados teóricos. Argumentam que a pesquisa educacional tem contribuído pouco para a melhora efetiva da Educação e que, portanto, é preciso concentrar-se mais nesse objetivo prático. E, mais, que os clientes e seus profissionais estão em melhores condições para influenciar a *práxis* do ambiente educacional do que pesquisadores, sociólogos ou psicólogos.

Embora não seja, afinal, tão grande a distância entre os dois extremos, "lewiniano" e "não lewiniano", no intervalo entre ambos surgiram numerosas abordagens, nem todas facilmente distinguíveis (ou algumas parecendo distinguir-se mais pelos nomes de seus apresentadores do que por diferenças conceituais ou operacionais), entre as quais (Levin, 1994; Maruyama, 1996; Flood, 1996, 1998; Checkland e Holwell, 1998):

AL – *Action Learning*, variante da AR, desenvolvida em 1972, por Revans, então membro do Tavistock Institute, trabalhando em hospitais.

PR – *Participative Research* (Hall, 1978; Fals-Borda, 1987; Fals-Borda e Rahman, 1991), dirigida para a "emancipação" de grupos antes mantidos com privilégios. Ao contrário de outras variantes aplicáveis em ambientes nos quais a repartição do poder é aceita como legítima e reina ideologia baseada em consenso e em teorias sociais que, pelo menos implicitamente, supõem ausência de conflitos, as estratégias da PR são adequadas quando a repartição de poder é questionada (ou não é aceita), e as partes envolvidas não aceitam a legitimidade do pesquisador (Levin, 1994, p. 38).

PAR – *Participatory Action Research* (Whyte, 1984, 1991), que se distingue da PR por uma "taxonomia ligeiramente diferente" (Levin, 1994, p. 38).

AS – *Action Science* (Argyris e Schön, 1974, 1991), que se distinguiria da PR e da PAR por maior rigor no esquadrinhamento dos mais arraigados mecanismos intrapsíquicos dos participantes (Flood, 1996a, p. 7).

H/CI – *Human/Collaborative Inquiry* (Reason e Rowan, 1981), "uma maneira de fazer pesquisa na qual todos os envolvidos contribuem quer para as reflexões criativas... quer para a ação...", descrição básica (Reason, 1988, p. 1) que novamente sugere a dificuldade de distinção entre as várias abordagens da AR.

AI – *Action Inquiry* (Torbet, 1991), em Checkland e Holwell (1998, p. 10, 21), variante que parece ser muito próxima da H/CI.

Spar – *Self-reliant Participatory Action Research* (Flood e Romm, 1996), novo nome da PAR, que busca salientar o aspecto de autoconfiança dos participantes nas suas possibilidades de se engajarem em atividades socioeconômicas que melhorem suas condições de vida, mas respeitando seus próprios hábitos e tradições, questionando os tipos de apoio externo que tendam a levá-los à homogeneização.

Raaks – *Rapid Appraisal of Agricultural Knowledge Systems* (Engels e Salomon, 1997 apud Checkland e Holwell, 1998, p. 10, 21), variante que parece preocupada com a inovação no desenvolvimento de regiões tropicais.

Concluindo, cabe observar que, embora qualquer abordagem da pesquisa--ação dependa de contínuo debate e negociação, nela não se encontra nenhuma referência aos diversos aspectos, conceituais ou metodológicos, da arte da negociação. Aqui também, porém, como para os já tradicionais estudos de casos e jogos de empresas, parece que o meio século de AR poderia fornecer vasto conjunto de dados empíricos a serem agregados aos provenientes da prática da negociação, em direção a uma visão sistêmica da negociação.

4.3 Os sistemas indagadores (*inquiring systems*) de Churchman

Por objetivos, Churchman (1971) entende as metas ou fins para os quais o sistema tende. Com os sistemas mecânicos, a determinação dos objetivos não é difícil; entretanto, nos sistemas humanos, a situação é totalmente diferente. É preciso ter consciência da diferença entre os objetivos estabelecidos e os reais objetivos de um sistema.

Para sua operacionalização, é importante que os objetivos sejam quantificados. Caso eles não sejam quantificados, torna-se impossível medir o desempenho do sistema como um todo. Visto que os objetivos são realizados apenas por meio de atividades, para avaliá-los deve-se examinar tanto as suas funções manifestadas quanto as latentes. As funções manifestadas são as que têm consequências pretendidas e reconhecidas, ao passo que as latentes são as que têm suas consequências não reconhecidas e não pretendidas.

O ambiente constitui, para Churchman (1971), tudo que está fora do sistema, ou seja, inclui tudo que está fora do controle do sistema. O sistema pode fazer muito pouco, ou quase nada, sobre as características ou comportamento do ambiente. Por outro lado, o ambiente também inclui tudo o que determina, em parte pelo menos, o desempenho do sistema.

Ambas características devem estar presentes. O ambiente deve estar além do controle do sistema, devendo também exercer alguma influência sobre o seu desempenho. Implícitas no conceito de ambiente estão as noções de inter-relações, interdependência e interações, que são de suma importância na visão sistêmica.

Os recursos são considerados todos os meios disponíveis ao sistema para a execução das atividades necessárias para a realização dos objetivos. Os recursos estão dentro do sistema; ao contrário do ambiente, eles incluem todas as coisas que o sistema pode utilizar e mudar em seu benefício. Os verdadeiros recursos dos sistemas humanos não são apenas o ser humano, o dinheiro e os equipamentos, mas também as oportunidades (utilizadas ou negligenciadas) para o aperfeiçoamento dos recursos humanos e não humanos do sistema.

Em um sistema fechado, todos os recursos estão presentes simultaneamente. Desde que não haja recursos adicionais disponíveis, o princípio da entropia, que caracteriza todos os sistemas fechados, permanece. Nos sistemas abertos, porém, fontes adicionais de energia ou recursos podem penetrar no sistema.

Os componentes do sistema, segundo Churchman (1971), são a missão, as funções e as atividades que o sistema deve desempenhar para realizar seus objetivos. A concentração muito mais nas funções do que na estrutura ou nos grupos funcionais também é uma característica dos sistemas. Frequentemente, nas organizações formais, a orientação tradicional está nas divisões e nos departamentos. Analisando-se as atividades ou missões, pode-se analisar a importância de uma atividade para o sistema na sua totalidade. Nota-se, assim, não ser possível estimar a importância do desempenho de um departamento para o sistema como um todo.

A racionalidade existente por trás desse tipo de atividade é a descoberta daqueles componentes e atividades cujas medidas de desempenho estão, de fato, relacionadas à medida de desempenho dos objetivos do sistema. Se todos os demais elementos estão controlados para um caso ideal, então, quando a medida de desempenho de uma atividade aumenta, deveria aumentar a medida de desempenho do sistema total.

A administração do sistema inclui duas funções básicas: planejamento e controle. O planejamento envolve todos os aspectos do sistema previamente encontrados, seus objetivos e metas, seu ambiente, sua utilização de recursos, seus componentes e atividades. O controle envolve tanto o acompanhamento da execução dos seus planos quanto o planejamento das mudanças.

Os gerentes devem ter certeza de que os planos originalmente concebidos e acordados estão sendo executados; caso isso não esteja acontecendo, então se deve verificar o porquê. Isso significa controle em um senso mais primário; em um senso secundário, o controle está ligado ao planejamento das mudanças.

Em qualquer sistema aberto, as mudanças são inevitáveis. Dessa forma, em qualquer sistema aberto, os planos devem estar sujeitos a revisões e reavaliações periódicas. Essencial, porém, para um planejamento realista, é o planejamento das mudanças, visto que não é possível a nenhum administrador estabelecer todos os objetivos do sistema que sejam válidos o tempo todo e em todas as condições.

Associada às funções de planejamento e controle do sistema está a noção de fluxo de informações ou *feedback*, que é característica dos sistemas cibernéticos. Sem um *feedback* adequado, as funções de planejamento e controle se tornariam quase totalmente inadequadas.

Essas cinco considerações básicas de sistemas (objetivos, ambiente, recursos, componentes e administração do sistema), conforme propostas por Churchman (1971), levam a outras características importantes ligadas ao sistemas, tais como os conceitos de todo e de ordenação.

De acordo com Boulding (1956), há cinco premissas básicas que qualquer sistemista teórico gostaria de sublinhar (o sistemista teórico seria aquele que apresentaria as bases para se raciocinar). Essas premissas poderiam perfeitamente ser consideradas postulados (P), pressuposições ou julgamentos de valor:

P1 – ordem, regularidade e "não acaso".

P2 – organização no mundo empírico torna o mundo bom, interessante e atrativo para o teórico de sistemas.

P3 – existe ordem na organização do mundo empírico ou externo. O teórico de sistemas não está apenas buscando ordem e justiça no mundo empírico, mas está em busca de ordenamento para a ordem e de leis sobre leis.

P4 – para estabelecer ordem, a quantificação é uma ajuda de alto valor. Isso irá propiciar ao sistemista uma condição de não abrandamento da ordem e da justiça.

P5 – a busca de ordem e justiça envolve necessariamente a questão das referências empíricas para essa ordem e justiça. O sistemista não é somente alguém que busca a ordem pela ordem ou justiça por justiça apenas, ele está em busca de um envolvimento particular e concreto da ordem abstrata e da justiça formal que ele descobre.

Churchman (1979, p. 147), que costumava centrar seus seminários na pergunta "Será que se pode garantir um aperfeiçoamento na condição humana pelos significados do intelecto humano?" (Ulrich, 1998a, p. 16), via a essência da Abordagem Sistêmica como consistindo no projeto de um sistema indagador, capaz de explicitar os problemas relevantes da condição humana.

A abordagem "pertence a toda uma classe de abordagens da administração e planejamento dos negócios humanos com o propósito de que, como espécie viva, nos conduzamos adequadamente no mundo"; e é "abrangente", baseada no princípio fundamental de que todos os aspectos da vida humana deveriam ser amarrados em um grande esquema racional, da maneira pela qual os astrônomos acreditam que o Universo está "amarrado" por um conjunto de "leis" coerentes, todo problema tendo um "ambiente", "ao qual está inextricavelmente unido" (Churchman, 1979, p. 58-145).

Assim, a chave para o sucesso na "heroica aventura de conseguir melhorar a condição humana" parece ser a "abrangência", a qual deve começar com duas questões éticas:

- Que todo indivíduo é precioso e deve estar livre de qualquer forma de opressão.
- Que explorar o próximo não pode ser compensado por benefícios subsequentes para ele ou sua família.

A abrangência requer objetividade – estar aberto para todos os aspectos que devem ser considerados, e somente para eles. Agora, para ser objetivo na situação usual de informação diversificada (interesses básicos ou *weltans-*

chauungen diferentes), o indagador deve aproximar mais os vários observadores, ou usar as divergências para sugerir a investigação de outra área, ou decidir que as divergências demonstram a irrelevância da informação (Churchman, 1979, p. 147).

"Talvez se possa dizer que abrangência significa tanto uma ideia quanto uma ação. A ideia determina estratégias para lidar com os adversários, mas as estratégias devem ser transformadas em ação, a fim de preencher o significado" (Churchman, 1979, p. 149).

Ideia mais ação significa planejamento, e os planejadores podem ser de dois tipos (Churchman, 1979, p. 72):

- Planejadores objetivos: que usam o conceito de factibilidade para limitar o escopo da realidade do planejamento.
- Planejadores do ideal: que não o limitam (embora distingam metas, objetivos e ideais, como no Planejamento Interativo de Ackoff) e dedicam-se à melhora da condição humana, o ideal da visão sistêmica, a ilustração (Churchman, 1979, p. 148-50).

E os adversários da visão sistêmica ou do sistemista que está procurando resolver um problema, quem são? São as visões parciais, não abrangentes, que se opõem a uma apreciação holística e crítica.

Os opositores vivem e decidem com visão sistêmica. Vivem e decidem seguindo as distorções – mais ou menos preconceituosas, rígidas, avessas à discussão, só parcialmente ou apenas aparentemente racionais – de quatro visões que, embora parciais, se entrelaçaram construtiva ou destrutivamente "tecendo a tapeçaria da História":

- A visão política, dos interesses grupais ligados à subsistência – comida, abrigo, trabalho, segurança, guerra, educação etc.
- A visão moral, das regras da conduta humana, causa frequente de graves conflitos.
- A visão religiosa, englobando não somente as distorções doutrinadoras e burocratizantes das religiões organizadas, mas também os atos cotidianos de submissa reverência aos mais fortes, mais informados, mais refinados etc.
- A visão estética, cuja verdadeira essência dá à "tapeçaria da História" seu significado mais profundo, de alegria e desespero, amor e ódio, opulência e escravidão (Churchman, 1979, p. 24-6, 155-93).

E como fará o planejador do ideal para relacionar-se com seus opositores?

Quatro estratégias podem ser utilizadas (Churchman, 1979, p. 149-52): evitar, apaziguar, combater, capitular.

Nenhuma delas é aceitável para o "planejador ideal" – o "herói" da "heroica aventura" de Churchman –, pois nenhuma das quatro pode ser vista como "abrangendo" o adversário, porquanto cada uma delas ou isola o adversário de nós mesmos, ou nos faz renunciar às nossas próprias ambições.

Aceitáveis são três outras estratégias: converter, amar, ser.

E isso leva brilhantemente ao "ganha-ganha" ...

> E quando as pessoas tiverem combatido suas próprias batalhas e tiverem tomado consciência de seus sentimentos mais profundos, então a Humanidade se aproximará gradualmente de um estado de coisas ideal em que o planejamento ideal será a preocupação principal de cada um. Em outras palavras, a anomalia... na qual o herói – o planejador do ideal – está alienado das outras pessoas, irá gradualmente desaparecer. (Churchman, 1979, p. 150)

A estratégia básica para trazer à tona os sentimentos mais profundos e, gradualmente, aproximar-se de um estado de coisas abrangente começa com um questionamento sistemático das *weltanschauungen*, que não têm nenhum aspecto "sagrado" ou óbvio, e "uma das melhores maneiras de questionar uma *weltanschauungen* é construir um oposto plausível e, se possível, poderoso. Com isso, o processo de aprendizado é submetido a um teste crítico e se pode conseguir transformá-lo em um processo dialético" (Churchman, 1979, p. 116).

Nesse ponto, cabe salientar que já se encontram, nesses trechos de Churchman, as aspirações de abordagens posteriores, como a emancipatória ou heurístico-crítica, a crítica ou sistêmico-total, ou ecletismo sistêmico, a evolutiva.

E não é difícil perceber a importância desses pontos-chave para a determinação do caráter de um processo de negociação.

4.4 O planejamento interativo (*interactive planning*) de Ackoff

O Planejamento Interativo de Ackoff (1981, p. 88, 90; Ackoff et al., 1984) busca confrontar a "confusão" (*mess*) e é concebido para projetar um futuro desejável e encontrar caminhos que viabilizem esse futuro, particularmente nas organizações circulares e nas hierarquias democráticas (Ackoff, 1989).

Esse Planejamento Interativo é fruto tanto da matriz "singeriana" de Ackoff quanto da sua prática profissional, e busca aumentar o desenvolvimento do sistema-cliente, dos seus membros e dos consultores profissionais envolvidos no esforço de planejamento.

Aqui, o desenvolvimento para uma organização representa o aumento da vontade e da habilidade da organização de satisfazer às suas próprias necessidades e às suas aspirações legítimas e às de outros. Aspiração legítima é uma aspiração cuja satisfação não impede o desenvolvimento dos outros.

Como o próprio nome sugere, o Planejamento Interativo envolve, para conseguir o desenvolvimento de todos, a participação ativa daqueles que possam ser diretamente afetados pelas decisões e, portanto, demanda contínua negociação e estabelecimento de algum tipo de consenso entre os participantes. Cada participante deve ter voz igual na tomada de decisões e deve ter uma clara compreensão de como se buscará o consenso e como se tomarão as decisões quando não for possível atingi-lo.

Ackoff (1989) propôs e vem sistematicamente aplicando o Planejamento Interativo (PI) em contraposição aos três conceitos correntes, que ele classificava como orientados para o passado (reativo), para o presente (inativo) ou para o futuro (proativo). O Planejamento Interativo veria passado, presente e futuro como aspectos diferentes, mas inseparáveis da "problemática" – sistema de dois ou mais problemas interdependentes –, que, "por falta de uma tradução adequada do inglês, é chamada de *mess*", e "parece adequado pensar no planejamento em termos de administrar a confusão" (Ackoff, 1981, p. 52). Assim, resulta que Planejamento Interativo pode ser lido também como Administração Interativa de uma Problemática, uma *mess*.

O PI deve obedecer a três princípios:

- O participativo (para o desenvolvimento não somente da organização, mas também dos próprios participantes).
- O da continuidade (monitoramento, avaliação e modificação contínuos, em vez de periódicos/intermitentes, como é usual).
- O holístico, compreendendo a coordenação das diversas partes do sistema e sua integração.

O planejamento pode ser subdividido em cinco fases (que usualmente interagem, podendo até mesmo ser simultâneas; que podem seguir outra ordem; e que estão sempre em andamento, pois o planejamento é contínuo, em vez de intermitente):

1. Formulação da *mess* (problemática): identificação do sistema de ameaças e oportunidades presentes e futuras (bem como suas interações), as quais decorrem do comportamento passado (em geral recente) e atual da organização e do seu ambiente.
2. Planejamento dos fins (metas a serem atingidas no período imediato do plano, as quais são meios para os objetivos, dos quais se pretende aproximar no período, embora sem esperar atingi-los, e que são meios para tender aos ideais, inatingíveis).
3. Planejamento dos meios para atingir os fins (atos, processos, sistemas de processos e programa – vistos como sistema de processos).
4. Planejamento dos recursos (materiais, suprimentos, energia, serviços, instalações e equipamentos, pessoal, informação, dinheiro etc.).
5. Projeto de implementação e controle.

Os princípios participativo e holístico devem permear todas essas cinco fases, permanentes em virtude do princípio da continuidade, tornando-se evidente a contínua necessidade de se conseguir alguma forma de consenso.

Ackoff (1990, p. 351-3; Figura 4.1) observa que a discussão de qualquer problema envolve uma perspectiva de mudança e a apresentação de propostas diferentes para a mudança. Na sua já então longa experiência, o primeiro resultado da discussão é, às vezes, o consenso de não mudar...

Em segundo lugar, e por mais surpreendente que possa parecer, em três quartos dos casos, os participantes consideram aceitáveis todas as alternativas e resolvem escolher uma delas, ao acaso. Restam os casos nos quais as discrepâncias entre as partes são significativas, e parece quase impossível chegar a um consenso.

Segundo Ackoff, em muitos casos difíceis, esse objetivo tem sido atingido ao se preparar coletivamente um teste da eficácia das alternativas, o qual deve ser aceito por consenso como adequado e cujos resultados todos se comprometam a aceitar. Executa-se o teste, e a melhor alternativa resultante é implementada.

Restam os casos em que não se consegue consenso quanto ao teste das alternativas, ou não há tempo ou recursos para executá-lo. Nesses casos, (Ackoff, 1990, p. 351-3, Figura 4.1) seguem-se os seguintes passos:

142 NEGOCIAÇÃO EMPRESARIAL

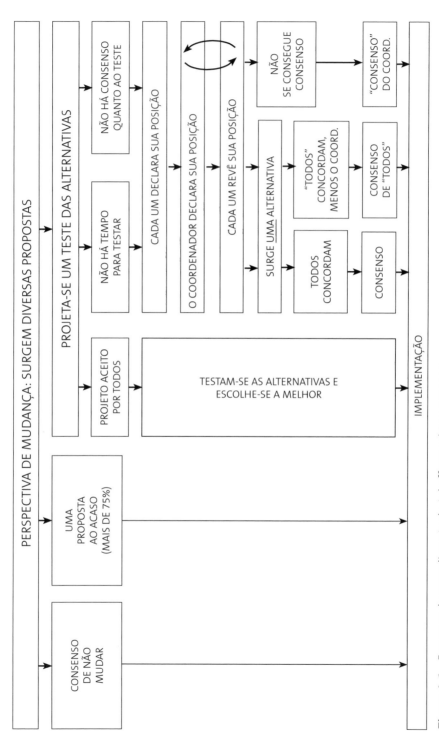

Figura 4. 1 – Esquema de procedimento de Ackoff para obter consenso.

Fonte: Ackoff (1990).

- Cada participante define a posição em que se encontra em decorrência de todas as discussões anteriores.
- O coordenador da reunião define a sua própria posição.
- Cada participante redefine ou confirma sua posição.
- Segue-se discussão das diversas posições até que acabe, ou não, surgindo uma alternativa mais ou menos comum.
- É possível, então, que todos concordem com essa alternativa, e o processo está concluído.
- Pode acontecer de todos concordarem, menos o coordenador, concluindo-se o processo com a alternativa da maioria.
- Pode, porém, não ter surgido, no quarto item dessa sequência, uma alternativa mais ou menos comum; neste caso, aceita-se a alternativa do coordenador, da qual todos terão consciência, antes de se decidirem pela falta de consenso.

O procedimento encontra seu campo de aplicação ideal em negociações no âmbito interno das organizações, desenvolvidas dentro dos comitês dos gerentes da organização circular, representados na Figura 4.2 (Ackoff, 1990, p. 353).

O comitê mínimo do gerente típico inclui o próprio gerente, seu superior imediato e todos os seus subordinados imediatos. Isso deve ser recorrente ao longo de toda a organização, com o que o gerente médio típico estará sempre envolvido em cinco níveis da organização, se tantos existirem.

Obviamente, a factibilidade do procedimento está estreitamente relacionada com o tipo de ambiente organizacional, nos termos de Burrell e Morgan (1979); assim, em ambientes radicais/coercitivos, o jogo de poder pode até permitir que o procedimento seja posto em prática, embora em alguns desses ambientes seja até duvidoso que o procedimento possa ser mencionado.

4.5 *Strategic Assumption Surfacing and Testing* (Sast) e *Testing Polarized Viewpoints* (TPV)

O Sast, de Mason (1969) e Mason e Mitroff (1981), elaborado especificamente para lidar com problemas mal estruturados em sistemas organizacionais, atua mediante debate construtivo entre grupos oponentes cuidadosamente formados, buscando atingir unidade de visão por meio de mudanças de atitude decorrentes de debates aprofundados, principalmente questionando premissas postas para a solução de problemas organizacionais.

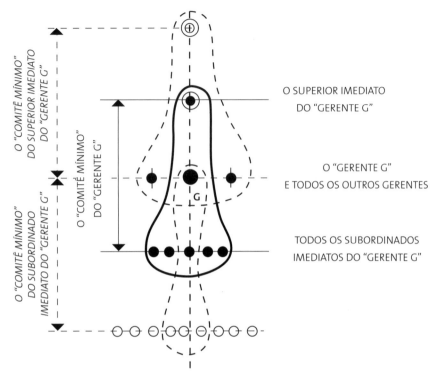

Figura 4.2 – O "comitê do gerente" nas "organizações circulares" de Ackoff.
Fonte: Ackoff (1990).

O Sast foi concebido para ser:

- *Confrontante*, no sentido de postular que, para entender problemas mal estruturados, é conveniente discutir de maneira profunda as diversas perspectivas possíveis, divergentes ou mesmo opostas, partindo do questionamento das premissas.
- *Participativo*, procurando envolver os diversos grupos e níveis da organização, cujos conhecimentos possam, de alguma forma, contribuir para o equacionamento e a solução dos problemas.
- *Integrativo*, no sentido de buscar uma síntese dos diversos pontos de vista, para que se possa, afinal, produzir um plano de ação.
- *Construtivo*, acreditando que administradores que aprofundem a discussão de diversas perspectivas e premissas, latentes ou explícitas, nos subsistemas de uma organização, poderão entender melhor a própria organização e seus problemas, formulando melhor as estratégias e táticas.

A aplicação é conduzida em quatro grandes fases:

• Subdivisão dos participantes em grupos.
• Descoberta e avaliação das premissas.
• Debate dialético.
• Síntese.

O desenvolvimento adequado da primeira fase – formação dos grupos –, é crucial para o bom êxito das fases seguintes. Deve-se procurar reunir o maior número possível de pessoas envolvidas no problema, zelando para que representem toda a diversidade de pontos de vista. Os participantes são agrupados de maneira a maximizar a convergência de pontos de vista em cada grupo e a divergência deles entre os diversos grupos. A identificação dos diversos tipos de personalidades e de interesses é da maior importância para a separação em grupos.

Na segunda fase, de descoberta das premissas, cada grupo separadamente deve procurar explicitar as premissas que fundamentam sua visão do problema e de suas possíveis soluções.

A maior ou menor certeza de uma premissa ser justificável e sua importância para a solução do problema são as duas coordenadas que definem sua posição "no diagrama de avaliação das premissas":

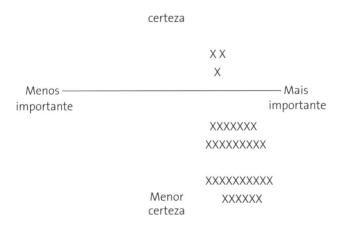

Figura 4.3 – Diagrama de avaliação das premissas (Sast/TPV).

Fonte: Mason e Mitroff (1981).

A experiência tem mostrado que a maior parte das premissas acaba por se localizar no quadrante "Mais importante – menor certeza".

Segue-se a fase do debate dialético, em dois passos. No primeiro, cada grupo apresenta e defende suas premissas e sua solução, sem ser interrompido pelos outros. No segundo passo, abre-se amplo debate sobre as hipóteses dos diversos grupos, questionando-se as avaliações e apontando-se as premissas e os aspectos de cada solução menos aceitável ou mais perturbadora. Cada grupo deve chegar à compreensão mais clara possível das premissas e soluções dos outros.

Finalmente, tenta-se a síntese. São negociadas alterações nas premissas, tentando formar um conjunto aceito que permita buscar o consenso em torno de uma das soluções, ou de uma combinação delas, ou até mesmo de uma solução que as supere. Se não se chegar a uma síntese, registram-se as discrepâncias e passa-se a discutir como resolvê-las.

O Sast tem sido considerado uma metodologia conveniente para a operacionalização da conceituação de Churchman de debate dialético a ser desenvolvido até se conseguir o consenso necessário para chegar à decisão e à ação. Todavia, em contextos radicais/coercitivos, o Sast estará sujeito ao mesmo tipo de restrições impostas às abordagens de Churchman e de Ackoff.

Outros exemplos ilustrativos de utilizações do Sast podem ser encontrados em Jackson (1989) e Flood (1995, em que é rebatizado como TPV – *Testing Polarized Viewpoints*).

4.6 *Strategic Option Development and Analysis* (Soda)

Tentando contestar as fortes críticas levantadas – entre muitos outros, por Churchman e por Ackoff (1979) – contra a tradicional pesquisa operacional "rígida", várias metodologias "flexíveis" de pesquisa operacional têm sido propostas para tratar de situações mal estruturadas, oferecendo métodos para estruturar problemas caracterizados por complexidade, incerteza e conflito (Rosenhead, 1989), metodologias consideradas como facilitadoras das decisões, transparentes para os usuários, participativas e capazes de incorporar conflitos (Jackson, 1991, p. 84).

As restrições aos processos consagrados da pesquisa operacional foram pitorescamente descritas por Rosenhead (1989, p. 11), dizendo que, no "pantanal", problemas intrincados e confusos desafiam solução técnica e que, ironicamente, os problemas do "planalto", por maior que seja seu interesse técnico, tendem a ser relativamente sem importância para os indivíduos e a sociedade em seu todo, enquanto no "pantanal" encontram-se os problemas de grande interesse social (vide Quadro 4.1).

Quadro 4.1 – Características do paradigma dominante da pesquisa operacional

> 1. Formulação do problema em termos de objetivo único e otimização. Objetivos múltiplos, se reconhecidos, são negociados em busca da unicidade.
> 2. Necessidade de grande conjunto de dados, com consequentes problemas de disponibilidade dos dados e de sua credibilidade, e possibilidades de distorção.
> 3. Cientificismo e despolitização, com pressuposição de consenso.
> 4. As pessoas são tratadas como objetos passivos.
> 5. Admite-se um único decisor, com objetivos abstratos, dos quais podem ser deduzidas ações concretas, para implementação por meio de uma hierarquia de comando.
> 6. Tentativa de abolir incertezas do futuro e adiantar decisões futuras.

O profissional deve escolher. Deve permanecer no "planalto", onde pode resolver problemas relativamente sem importância, obedecendo aos padrões de rigor dominantes, ou deve descer ao "pantanal", para encontrar problemas importantes e indagação não rigorosa.

Os problemas relativamente pouco importantes do "planalto" (*high ground*) são os chamados "problemas técnicos", para os quais se pode definir claramente, desde o início, um objetivo, tratando-se "apenas" de analisar e encontrar o caminho, o que pode ser feito por "expertos".

Os problemas realmente importantes do pantanal são os "problemas práticos". São problemas "rebeldes". Neles, as partes envolvidas têm perspectivas conflitantes, que impedem a definição inicial de objetivos. A avaliação da adequação desses objetivos é a grande questão, a grande decisão – e os métodos da pesquisa operacional somente se tornam operacionais depois que essa grande decisão foi tomada, ou seja, depois que o problema "rebelde" foi domado (Rosenhead, 1989, p. 11, adaptando Ritter e Webber, 1973).

O que fazer para se chegar a abordagens que iluminem a tomada de decisões, as escolhas e a resolução de problemas em situações que não podem ser completamente estruturadas *a priori*?

Segundo Rosenhead (1989), o caminho estaria em um paradigma alternativo ao paradigma dominante da pesquisa operacional, conforme mostra o Quadro 4.2.

Quadro 4.2 – Características de um paradigma alternativo

1. Em vez da otimização, busca soluções que sejam aceitáveis em "dimensões" separadas, mantendo os diversos objetivos.
2. Menor necessidade de dados, graças à maior integração entre dados "rígidos" e "flexíveis" e apreciações sociais.
3. Simplicidade e transparência, visando esclarecer os termos do conflito.
4. Trata as pessoas como sujeitos ativos.
5. Facilita o planejamento de baixo para cima.
6. Aceita incertezas e procura manter opções abertas para decisões futuras.

Diversos métodos com essa orientação alternativa surgiram já a partir dos anos de 1970, embora ainda em desenvolvimento, com divulgação e consolidação no final dos anos de 1980 (Rosenhead, 1989):

- Análise de Robustez (*Robustness Analysis* – Rosenhead).
- Escolha Estratégica (Strategic Choice – Friend, Hickling).
- Análise de Metajogos (*Metagame Analysis* – Howard).
- Análise de Hiperjogos (*Hypergame Analysis* – Bennett, Huseham, Cooper).
- Mapeamento Cognitivo e Soda (*Cognitive Mapping* e Soda – Eden, Jones e Sims).
- A própria Metodologia de Sistemas Flexível (*Soft Systems Methodology* – Checkland).

Tome-se Soda como exemplo representativo, ao menos para os fins deste trabalho, dessas várias abordagens de pesquisa operacional "flexíveis" (Eden apud Rosenhead, 1989, p. 21-42; Eden e Simpson apud Rosenhead, 1989, p. 43-70).

Eden (apud Rosenhead, 1989, p. 21-42) enumera seis condições desejáveis para a aplicação do Soda (sendo conveniente que, pelo menos, a primeira e uma das outras sejam respeitadas).

Considerando a organização como um conjunto mutante de coalizões que a levam a ser um empreendimento constantemente em negociação, Soda oferece um esquema ou dispositivo facilitador para administrar a *messiness* de decidir quanto às ações, tentando criar um método analiticamente sólido para lidar com conteúdo e processo, trabalhando essencialmente com uma versão do "mapeamento cognitivo" de Tolman (1948), concebido especificamente para facilitar a negociação, ajudando os facilitadores internos e externos em alguns aspectos importantes das suas tarefas (Eden apud Rosenhead, 1989, p. 21-42).

- O consultor deve ser capaz de atuar como facilitador dos processos necessários para que os participantes cheguem a formar uma equipe eficiente e eficaz (portanto, efetiva). Além disso, o consultor deve ser capaz de modelar e analisar adequadamente o conteúdo das manifestações de cada participante.
- Convém que o consultor esteja pessoalmente interessado nos aspectos práticos de psicologia social envolvidos no tratamento do problema. O consultor deverá poder recorrer a teorias e metodologias que ajudem a analisar as tensões potenciais entre os participantes da equipe que enfrenta o problema.
- Em vez de ver toda a organização como cliente, convém que o consultor veja como cliente os participantes da equipe.
- Em vez de ser do tipo que necessariamente procede de maneira linear, ordenada, determinística, na direção de um objetivo claramente definido, convém que o consultor também seja capaz de proceder tateando, por tentativas e aproximações sucessivas, às vezes até mesmo grosseiras, lembrando-se de que, nos problemas "rebeldes", mal estruturados, a própria definição do objetivo é o primeiro e fundamental problema a ser resolvido.
- Convém que o consultor esteja mais interessado em ação para resolver problemas do que na descoberta de novos conhecimentos.
- Mais do que esperar do consultor uma atuação de "experto" em relação ao conteúdo do problema, convém que a equipe-cliente espere dele ajuda para pensar no problema, contribuindo com sua capacidade profissional para analisar as consequências de cada perspectiva, ajudar a sintetizá-las e a formular o consenso para a ação.

Um mapa cognitivo é um modelo gráfico – um diagrama – baseado na ideia de que "a linguagem é a moeda básica para a solução dos problemas organizacionais", uma rede de ideias e de ligações entre elas, descrevendo como cada participante do processo de negociação define uma questão, seus diversos aspectos e seus relacionamentos.

As redes (*networks*) de nós (= ideias) e de flechas (= ligações) entre os participantes são agregadas em um "mapa estratégico", o "dispositivo facilitador" do processo de negociação, o qual é, então, desdobrado em um "*workshop* Soda", um debate que usualmente pode durar de duas horas a dois dias.

O *workshop* incorpora um processo cíclico de discussão por meio das premissas, das metas, dos problemas correlatos, das opções principais, procurando conseguir concordância suficiente a respeito da natureza do problema e encontrar um conjunto de ações para lidar com a questão.

Embora não seja indispensável, é parte integrante do processo o *software* Cope, elaborado para ajudar a lidar com os mapas cognitivos e estratégicos, cuja tarefa, em princípio, poderia ser executada manualmente.

Cabe observar que o preparo dos mapas cognitivos requer profissional muito bem preparado e capaz de captar e transpor com muita compreensão e rapidez as manifestações de cada participante para o respectivo mapa cognitivo, o qual, juntamente com o mapa estratégico, podem resultar um tanto intrincados, sendo claros e expressivos somente para profissionais bem treinados. Nesse ponto, embora conceitualmente a posição do Soda pareça muito próxima à da SSM (*Soft Systems Methodology*), parece também que a elaboração do "dispositivo facilitador" requer maior adestramento do que a técnica da SSM.

4.7 A metodologia sistêmica flexível (SSM – *Soft Systems Methodology*) de Checkland

A SSM originou-se da atividade de Peter Checkland no Departamento de Engenharia de Sistemas da Universidade de Lancaster, fundado por Jenkins em 1965, no qual se pretendia enfrentar problemas administrativos reais. Buscava-se aplicar ideias sistêmicas a situações reais e usar a experiência assim adquirida para modificar essas ideias sistêmicas e sua metodologia de utilização, e assim sucessiva e interativamente, em benefício quer dos problemas reais e das disciplinas que lidam com eles, quer da Teoria Geral dos Sistemas, mediante método que mantém viva a dúvida e assegura o debate crítico.

A atividade foi iniciada empregando abordagens rígidas (*hard*), que exigem definição clara dos objetivos. Mas, nos problemas inicialmente atacados, "foi impossível começar os estudos dando nome ao sistema e definindo seus objetivos". As abordagens eram rígidas, mas os problemas eram flexíveis (*soft*), mal estruturados, mal definidos, vagos, cheios de ambiguidades e indefinições...

Então, durante nove estudos realizados entre 1969 e 1972, uma metodologia diferente foi desenvolvida, subsequentemente testada e modificada, em mais de uma centena de estudos, até sua consolidação e publicação em *Systems Thinking, Systems Practice* (Checkland, 1981). A metodologia resultante pode ser resumida pelo esquema da Figura 4.4 e pelos correspondentes comentários.

Pela sua importância na metodologia, convém deter-se um pouco no conceito de "definição essencial" (*root definition*). É ela uma descrição concisa e rigorosamente elaborada de um "sistema de atividade humana", o qual enuncia o que o sistema é; em seguida, o que o sistema faz é elaborado em um *modelo conceitual*, construído a partir dessa definição essencial. Cada elemento da definição deve estar refletido no modelo dela derivado.

Uma "definição essencial" bem formulada deve explicitar cada um dos elementos **Pataiv** (**P**roprietário – **A**mbiente – **T**ransformação – **A**tores – **I**nteressados – **V**isão), do inglês **Catwoe** (*Customers – Actors – Transformation – Weltanschauungen – Owner – Environment*); uma forma bem geral é, por exemplo, a seguinte:

O sistema em estudo pertence a **P** (proprietário), e atua sob as seguintes restrições **A**mbientais (que o sistema aceita):_____. O sistema **T**ransforma o insumo _____ no produto _____, mediante, além de outras, as seguintes atividades principais: _____. Essas transformações são realizadas pelos seguintes **A**tores: _____. Elas afetam diretamente os seguintes **I**nteressados: _____. A **V**isão do mundo que dá significado a essa transformação contém pelo menos os seguintes elementos, entre outros: _____.

A metodologia foi utilizada em cinco grandes tipos de estudos, entre os quais se destacaram os que envolviam definição e implementação de mudanças com "atores" que tinham valores decorrentes de cosmovisões (*weltanschauungen* – W) diferentes. Checkland (1981, p.161), salienta que "a metodologia pode orquestrar conflitos e promover consenso, e isto é uma resposta do movimento sistêmico aos cientistas sociais que afirmam que uma abordagem sistêmica automaticamente admite (*a priori*) um modelo de consenso".

Na sua aplicação, não é preciso ir sequencialmente de 1 a 7: o que importa é o conteúdo de cada fase e as relações entre elas. Tendo em mente a sequência 1 a 7, o bom sistemista usará as fases na ordem que for conveniente, fará frequentes interações, trabalhará simultaneamente em mais de uma fase.

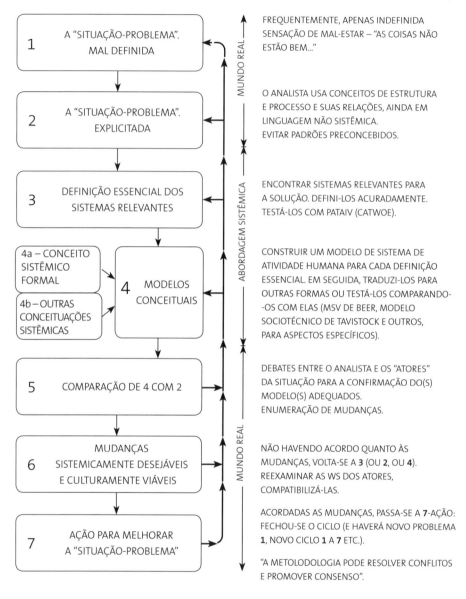

Figura 4.4 – Esquema da *Soft Systems Methodology*, de Checkland
Fonte: Checkland (1981).

Em seu conjunto, os sete estágios constituem um sistema de aprendizagem, que descobre os aspectos cruciais de uma situação que, pelo menos, um dos participantes considera problemática. Em problemas de atividade humana, a própria ideia de um "problema" que pode ser "resolvido" deve ser substituída pela ideia do debate dialético, pela ideia de que resolver problemas é um processo contínuo, infindável, mas que pode ser orquestrado aplicando ideias sistêmicas: a realidade social não é um dado, mas um processo, no qual a realidade, em contínua mudança, é permanentemente recriada pelos participantes. E, portanto, "nunca parar de aprender é uma boa ideia"...

Nas próprias palavras de Checkland (1981), a metodologia pode ser vista como uma operacionalização da análise filosófica de Churchman dos *inquiring systems* (sistemas indagadores) capaz de criar percepções compartilhadas ou, pelo menos, uma acomodação entre pontos de vista e interesses conflitantes, de modo que uma mudança desejável possa ser implementada.

Rica exposição de aplicações da SSM posteriores a 1981 pode ser encontrada em Checkland e Scholes (1990).

Tem sido observado (p. ex., Jackson, 1991) que o método de Checkland (1981), convidando indivíduos e grupos diferentes a participarem de um processo cíclico de aprendizado, é certamente adequado a ambientes pluralistas, mas que, como as abordagens de Churchman e de Ackoff, é incapaz de lidar com problemas de contextos coercitivos, para os quais é necessária a abordagem crítico-heurística de W. Ulrich (item 4.8).

Uma comparação sugestiva recente das possibilidades da SSM e da abordagem *Critical Systems Heuristics* de W. Ulrich nesses contextos é feita por Romm (1994).

4.8 A Heurística Crítica do Planejamento Social (HCPS ou CHSP – *Critical Heuristic of Social Planning*) de Ulrich

Claramente inspirada em Churchman (Ulrich, 1998a), a HCPS de Ulrich (1983) é vista como a primeira tentativa filosoficamente bem fundamentada (em Kant) de uma abordagem sistêmica "emancipatória", capaz de lidar com contextos coercitivos, nos quais a coação é frequentemente voluntária, mas pode não ser intencional, decorrendo, por exemplo, de respeito pela experiência, competência, ou mesmo antiguidade de algum membro da equipe, ou de maior influência ou capacidade de persuasão etc.

A primeira preocupação é desvendar as premissas nem sempre explícitas do projeto proposto para a solução de um problema social, bem como suas consequências e efeitos colaterais para os envolvidos e os afetados pela proposta. A segunda, a de contrapor-lhe um conjunto de premissas que melhor atendam aos interesses de todos, principalmente dos "coagidos". Em suma, trata-se de dissecar o "como é" ("empírico") e compará-lo com o "como deveria ser" ("normativo") (Ulrich, 1983, 1998b; Jackson, 1991; Flood, 1995; Romm, 1995).

Para isso, Ulrich construiu um conjunto de doze perguntas fundamentais, mediante as quais as premissas e sua "inevitável parcialidade, seletividade, falta de abrangência" devem ser constantemente questionadas, revistas, modificadas.

As nove primeiras referem-se aos "envolvidos" (clientes, decisores, "expertos"), e as três últimas dizem respeito aos "afetados", mas não "envolvidos" (os que são afetados pela solução do problema, mas que não participam de sua discussão e elaboração).

Quanto às fontes de motivação, ou quanto ao cliente:

- Quem é (deveria ser) o cliente? Isto é, quais são (deveriam ser) os interesses atendidos?
- Qual é (deveria ser) a finalidade? Isto é, quais são (deveriam ser) as consequências da indagação ou projeto?
- Qual é (deveria ser) a medida da melhora (emancipação)? Isto é, como se pode (poderia) medir se – e de que maneira – as consequências, em seu conjunto, constituem um melhoramento?

Quanto às fontes de poder, ou quanto ao decisor:

- Quem é (deveria ser) o decisor? Isto é, quem está (deveria estar) em posição que permita mudança da medida do melhoramento?
- Que recursos e outras condições de sucesso são (deveriam ser) controlados pelo decisor? Isto é, que condições de sucesso são (deveriam ser) controladas pelo organismo decisor?
- Que condições são (deveriam ser) parte do ambiente decisório? Isto é, que condições o decisor não controla (não deveria controlar) (por exemplo, do ponto de vista dos não envolvidos)?

Quanto às fontes de conhecimento, ou quanto ao "experto":

- Quem é (deveria ser) considerado como o "experto"? Isto é, quem está (deveria estar) envolvido como pesquisador, como planejador e como consultor?

- Que *expertise* é usada (deveria ser usada)? Isto é, o que conta (deveria contar) como conhecimento ou *know-how* significativo, e qual é (deveria ser) seu papel?
- Quem ou o que é (deveria ser) que garante (garantidor)? Isto é, onde os envolvidos devem (deveriam) procurar alguma garantia de que seus achados ou propostas serão implementados e proporcionarão melhoras?

Quanto às fontes de legitimidade, ou quanto aos afetados mas não envolvidos:

- Quem é (deveria ser) testemunha dos interesses dos afetados, embora não envolvidos, pelo processo de indagação ou projeto? Isto é, quem defende (deveria defender) os que não podem se defender, mas que deveriam ser levados em consideração, como os deficientes, ou os ainda não nascidos, a própria Natureza?
- Em que medida e de que maneira é (deveria ser) dada aos afetados a oportunidade de emancipação das premissas e promessas dos envolvidos? Isto é, como são (deveriam ser) tratados os que podem ser afetados, mas que não podem defender seus interesses?
- Que visão do mundo é (deveria ser) determinante? Isto é, quais são (deveriam ser) as visões de "melhoramento" dos envolvidos e dos afetados, e como se lida (se deveria lidar) com visões diferentes?

A utilização reiterada desse rol de 12 + 12 perguntas em processos de debate e negociação relativos a problemas administrativos diversos é ilustrada, por exemplo, em três casos resumidos em Flood (1995).

No primeiro (p. 217-27), tratava-se de discutir o problema da custódia de doentes mentais, desde o caso de pessoas detidas em uma delegacia de polícia apenas por uma noite até casos de detentos condenados criminalmente a penas de até seis anos.

No segundo (p. 294-319), tratava-se de fundamentar o processo de reengenharia da quarta maior seguradora (de vida) da África do Sul, em busca de melhoras significativas quanto a custos e qualidade dos serviços.

O terceiro (p. 367-89) foi o caso da Trent Quality Initiative no Sistema Nacional de Saúde da Grã-Bretanha, dedicado à definição dos padrões de qualidade para uma unidade de tratamento de cegos e deficientes visuais.

Uma grande dificuldade que surge é que ambientes coercitivos são naturalmente contrários aos questionamentos fundamentais trazidos pela HCPS, podendo frustrar qualquer tentativa de introduzi-los. Como uma das maneiras de contornar os obstáculos, advoga-se o "uso oblíquo" de métodos aparentemente destinados a introduzir os questionamentos inaceitáveis para os clientes.

Um exemplo, em que o método usado obliquamente é o VSM (*Viable System Model* – Modelo de Sistema Viável), de Beer, e outro, no qual se usa obliquamente o IP (*Interactive Planning* – Planejamento Interativo), de Ackoff, são resumidos em Flood e Romm (1995, p. 377-408).

4.9 *Critical Systems Thinking* (CST) / *Total Systems Intervention* (TSI) / *Local Systemic Intervention* (LSI)

Finalmente, tem-se o *Critical Systems Thinking* (CST), que, pelas suas características, poderia ser denominado Ecletismo Sistêmico. Começando a desenvolver-se na década de 1980, parece ter atingido estágio de conceituação suficientemente sólida (Flood e Jackson, 1991) para poder ser utilizado e, portanto, foi testado e criticado (Green, 1992, 1993; Tsoukas, 1993). Sua metodologia aplicativa é apresentada como TSI – *Total Systems Intervention* (Flood e Jackson; 1991a; Flood, Jackson e Schechter, 1992), recentemente também chamada de LSI – *Local Systemic Intervention* (Flood, 1995).

A origem do CST pode ser encontrada na aspiração de superar limitações ao pleno desenvolvimento individual e social, podendo-se, inclusive, dizer que absorve as chamadas "abordagens emancipatórias", que tiveram sua melhor expressão em Ulrich (1983).

Quatro seriam as características essenciais do Ecletismo Sistêmico:

- Procurar desenvolver e exercer consciência crítica, examinando com precisão as premissas e os valores contidos nos sistemas existentes ou em qualquer proposta para projeto de sistemas, naturalmente chegando até a análise das vantagens e inconvenientes de métodos, técnicas e metodologias.
- Ter consciência social para perceber a existência de pressões organizacionais (empresariais e/ou institucionais) e sociais que possam ser favoráveis, ou não, em determinado momento ou ambiente, à utilização de determinadas teorias e metodologias sistêmicas.

Assim, por exemplo, teorias e metodologias do tipo flexíveis (*soft*), que somente dão bons resultados em ambiente de debate aberto e livre, não podem ser empregadas em uma sociedade politicamente não pluralista ou em uma empresa em que exista um grupo fortemente majoritário interessado em determinado objetivo, mesmo em detrimento dos interesses dos demais participantes minoritários (embora Ackoff tenha sustentado que, em mais de 300 projetos de que participou, nunca encontrou nenhuma situação em que não se pudesse estabelecer o debate, o qual, então, levaria seguramente ao consenso).

- Buscar a emancipação do homem, isto é, procurar fazer que todo ser humano possa desenvolver completamente seu potencial, buscando, para isso, a elevação dos níveis de trabalho e de vida nas organizações e na sociedade em seu todo.

Com esse objetivo emancipatório, o CST advoga: o uso de metodologias voltadas para o interesse "técnico" (metodologias *hard*, sistêmicas ou cibernéticas) para aumentar o bem-estar, melhorando o potencial produtivo e a capacidade diretiva dos sistemas sociais; o uso de metodologias *soft* para atender aos interesses "práticos" (promover e incrementar/expandir a compreensão mútua entre os indivíduos e grupos); e, finalmente, o emprego de metodologias emancipatórias, para colimar o máximo desenvolvimento do potencial de cada indivíduo e grupo (interesse "emancipatório"), impedindo que o interesse "prático" seja prejudicado por razões ou pretextos técnicos, por distorção de informações ou comunicações, ou, ainda, por obstáculos que eventualmente surjam ou sejam colocados contra a discussão necessariamente livre e aberta (e já se percebe o porquê de se propor a expressão "ecletismo sistêmico" como alternativa à tradução literal "pensamento sistêmico crítico").

- Empenhar-se no desenvolvimento teórico e no uso prático de todos os enfoques e metodologias sistêmicos, encarecendo a complementaridade de uns em relação a outros.

A TSI/LSI pode ser vista como atuando em um "metaplano" em relação ao plano dos métodos de resolução de problemas, metametodologia eclética que procura integrar e utilizar, criticamente e de maneira complementar, quaisquer métodos, rígidos ou flexíveis, que possam concorrer para a solução – ou dissolução, como observa Ackoff – de um problema. Sua relação com os métodos e metodologias, apresentados anteriormente nos itens 4.2 a

NEGOCIAÇÃO EMPRESARIAL

4.9, pode ser imediatamente percebida, observando as fontes dos fundamentos e instrumentos principais da TSI/LSI:

- Churchman como base conceitual principal.
- Ackoff, com seu Planejamento Interativo, para "Explorar e Escolher Projetos" (ECD – *Exploring and Choosing Design*) e para "Implementar Projetos e Decisões" (IDD – *Implementing Design and Decisions*).
- Checkland, com sua Metodologia Sistêmica Flexível (MSF ou SSM) para "Explorar e Tomar Decisões" (EMD – *Exploring and Making Decisions*).
- Mason e Mitroff, com seu Sast (*Strategic Assumptions Surfacing and Testing*, ou seja, Descoberta e Questionamento de Premissas Estratégicas), para "Testar Pontos de Vista Polarizados" (TPV – *Testing Polarized Viewpoints*).
- Ulrich e sua Heurística Crítico-Sistêmico (CSH – *Critical Systems Heuristics*) para "Avaliar Criticamente Projetos e Decisões" (Cedd – *Critically Evaluating Designs and Decisions*).
- Beer, com seu Modelo de Sistema Viável (MSV ou VSM) para "Projetar Organizações Efetivas" (DEO – *Designing Effective Organizations*).

Basta essa lista para evidenciar a importância do debate – e, portanto, da negociação – para a TSI/LSI.

Ao incorporar a CSH de W. Ulrich, a TSI/LSI supera a crítica dirigida a todos os outros enfoques previamente expostos, de não serem capazes de enfrentar contextos radicais/coercitivos, ponto de vital importância para a negociação.

Bons exemplos de aplicação se encontram em Flood (1995), além de em vários números de Systems *Practice* (agora chamada de *Systemic Practice and Action Research*).

4.10 Administração evolutiva

Finalmente, as abordagens administrativas pertencentes à "corrente sistêmico-evolutiva" (Glasl e Lievegoed, 1993), já mencionada no primeiro capítulo deste livro, em *Negociação e administração*. Nelas, debate e negociação pertencem necessariamente ao dia a dia das organizações, para que as intervenções de todos os envolvidos – proprietários, administradores ou funcionários – resultem no desenvolvimento da organização.

Bom exemplo dessas abordagens da Administração é dado pelo modelo de desenvolvimento autoguiado de *Sankt Gallen* (a partir de Ulrich e Krieg, 1972, Ulrich, 1984, passando por Malik, 1989, até Bleicher, 1992a, conforme concisa apresentação em Martinelli, 1994), cuja conceituação é esquematizada na Figura 4.5.

Administrar significa assegurar continuamente para um sistema social com objetivos os atributos que garantem sua viabilidade em um ambiente em transformação contínua (coluna da esquerda da Figura 4.5; Ulrich, 1984). Essa viabilidade não consiste apenas em sobreviver meramente existindo de qualquer maneira, ela corresponde a desempenhar continuamente funções específicas coerentemente com os propósitos mutáveis do sistema (penúltima linha da Figura 4.5).

Então, administrar significa conduzir sistemas (que devem ser necessariamente adaptáveis, auto-organizadores, evolutivos) continuamente confrontados por problemas mal estruturados postos pela necessidade de satisfazer a propósitos sempre em mutação (coluna da direita da Figura 4.5). E assegurar a viabilidade corresponde a manter a competência necessária para satisfazer a esses propósitos continuamente mutantes em um ambiente constantemente alterável (novamente penúltima linha da Figura 4.5).

Essa "viabilidade além da sobrevivência" (Espejo et al., 1996) pode ser vista como o "desenvolvimento", segundo Ackoff, da capacidade do sistema de satisfazer as necessidades e desejos legítimos, próprios e de outros, algo que relembra satisfação mútua em busca de relacionamento duradouro, "ganha-ganha" ou, lembrando o "*concertation*" dos franceses, "concerto" ou "concertação" (no qual as partes, em uníssono ou contrastando, produzem melodia ou acordo).

Essas organizações – sistemas sociais com objetivos – são sistemas da atividade humana, projetados por seres humanos, com *weltanschauungen* variadas e variáveis, para objetivos humanos variados e variáveis, que naturalmente geram problemas mal estruturados (primeira linha da Figura 4.5). Diferenças e variabilidade de W e de objetivos, bem como má estruturação, requerem debate e negociação contínuos, igualmente necessários para o desenvolvimento e a renovação (segunda linha da Figura 4.5) e para o ajustamento constante entre sistema e ambiente (terceira linha).

Em termos menos abstratos, ainda com Ulrich, Administração significa o projeto, o controle e o desenvolvimento de sistemas sociais com objetivos em um ambiente continuamente mutante.

160 NEGOCIAÇÃO EMPRESARIAL

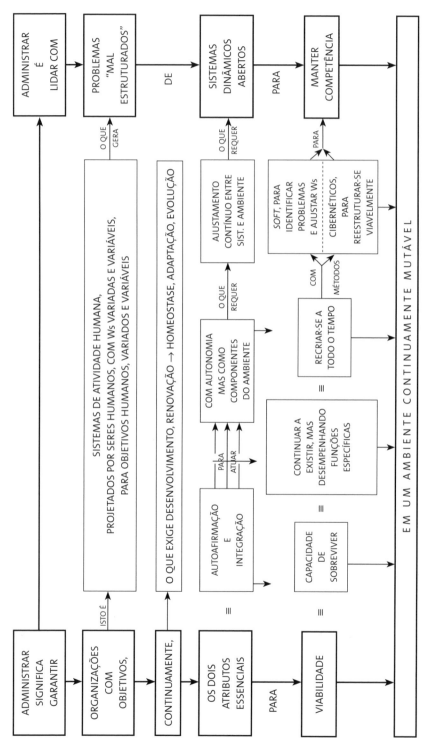

Figura 4.5 – Esquema conceitual da Administração Evolutiva.

Fonte: Martinelli (1999).

Projetar corresponde à construção do sistema, e controlar corresponde a manter sua competência, isto é, sua capacidade de cumprir seus propósitos, ou seja, sua viabilidade.

E desenvolver, necessário para manter continuamente a competência, significa que o "projetar" absolutamente não é uma tarefa que se faça de uma vez por todas: desenvolver significa controlar e projetar de novo e controlar e projetar novamente e assim por diante, em um processo de longo prazo, nunca completo, um interminável processo de aprendizado, conduzido não por uma instância superior, mas, ao contrário, pelos que pessoalmente participam do processo.

O sistema – e sua capacidade de sobreviver – deve ser continuamente "recriado" (quarta coluna da Figura 4.5): periodicamente os participantes preparam imagens conceituais da organização e medidas de controle (contínuas) baseadas nessas imagens, caracterizando, assim, um sistema autocontrolado. E esta é a quintessência do Modelo de Desenvolvimento Autoguiado de *Sankt Gallen*, o Modelo Evolutivo de Administração. Essa contínua "recriação" pressupõe, evidentemente, contínua negociação.

A abordagem reside basicamente em dois pontos:

- Em vez de hierarquia, uma "autocoordenação no contexto de um sistema policêntrico, mediante adaptação recíproca e antecipatória e modificação de comportamento das pessoas ou grupos participantes, que são os elementos do sistema" (Malik e Probst, 1984, p. 106);
- Ordem como o resultado de regras de comportamento, as quais "representam a mais importante forma de adaptação do homem a um ambiente cujos detalhes ele nunca pode conhecer suficientemente bem, para que possa conduzir seu comportamento de acordo com o princípio de causa e efeito e seja capaz de comportar-se racionalmente nesse sentido" (Malik e Probst, 1984, p. 106).

Assim, a abordagem de *Sankt Gallen*, analogamente a outras da corrente evolutiva, tende a agir mais em um "metaplano", criando as condições para projetar, planejar e controlar, mais do que agir no próprio "plano do objeto", em que essas tarefas são efetivamente realizadas. Este "distanciamento de metaplano" pode ser a razão da ausência de menções explícitas ao plano tático ou mesmo operacional da práxis da negociação, exemplificando mais um caso em que seria desejável chegar à integração ativa dos três níveis – negociação, administração e sistemas.

5.
ALGUMAS AVALIAÇÕES DAS ABORDAGENS DE NEGOCIAÇÃO

5.1 Análise de algumas conceituações de negociação

Uma análise preliminar das visões de negociação foi feita a partir de 14 definições ou conceituações de sistemas, referentes a 11 autores diferentes (visto que, em alguns casos, foram consideradas duas definições diferentes do mesmo autor – apresentadas em um mesmo livro). Dessas conceituações, foi feita uma primeira análise sobre o nível de sistemicidade apresentado por elas, tentando identificar até que ponto elas incluíam alguma preocupação com o enfoque sistêmico ou algum nível de visão sistêmica.

As definições de negociação consideradas, com seus respectivos autores e anos de publicação, foram, então, as seguintes:

- "Campo de conhecimento e empenho que visa à conquista de pessoas de quem se deseja alguma coisa" (Cohen, 1980).
  Pela definição se nota a preocupação com a busca de interesses pessoais, a tentativa de conquista das pessoas de quem se deseja algo, para tê-las sob seu controle, bem como a tentativa de levar vantagem sobre o outro lado envolvido no processo. Assim, se, por um lado, essa negociação mostra uma visão ampla do processo, por outro lado tem grande chance de se encaminhar para uma negociação ganha-perde.

- "Uso da informação e do poder, com o fim de influenciar o comportamento dentro de uma rede de tensão" (Cohen, 1980).
  Aqui se pode observar a importância da informação no processo. Pode-se notar que a comunicação é tanto básica quanto fundamental em qualquer processo de negociação. Por outro lado, tem-se o uso do poder como uma variável relevante no processo. O poder é a capacidade de realizar, de exercer controle sobre pessoas, acontecimentos e situações. Entretanto, todo poder está baseado na percepção. Assim, as pessoas têm muito mais poder se acreditam que têm poder e se encaram os encontros em sua vida como negociações. Na visão anterior, sente-se também o quanto a informação é fundamental nas atividades do dia a dia, seja na empresa, seja nas atividades sociais e familiares.

- "Processo de comunicação bilateral, com o objetivo de se chegar a uma decisão conjunta" (Fisher e Ury, 1985 – original em inglês, 1981).
  Nessa definição chama a atenção o fato de a negociação dever estar estruturada sobre um processo de comunicação que envolve dois ou mais lados, podendo ser bilateral ou multilateral. Também é fundamental haver a preocupação de se chegar a uma decisão conjunta, ou seja, com a participação das duas ou mais partes envolvidas no processo, tendo os interesses básicos das partes atendidos.

- "Processo de comunicação com o propósito de atingir um acordo agradável sobre diferentes ideias e necessidades" (Acuff, 1993).
  O foco, nesta definição, está em atingir um acordo agradável para os envolvidos no processo como um todo, ou seja, que o processo de negociação possa se constituir numa atividade considerada interessante e que cause nos participantes um bem-estar que possa fazê-los manter esse tipo de atividade em outras situações. Além disso, deve-se ter a visão do todo, preservar as ideias e necessidades dos envolvidos, diretamente ao menos, e, se possível, também daqueles que estão presentes e interessados de maneira indireta no processo.

- "Atividade que envolve um elemento de negócio ou barganha... para possibilitar que ambas as partes atinjam um resultado satisfatório" (Hodgson, 1996).
  Percebe-se nesta definição que o resultado satisfatório também é almejado no processo, a partir da atividade de barganha entre os presentes.

ALGUMAS AVALIAÇÕES DAS ABORDAGENS DE NEGOCIAÇÃO **165**

Porém, mantém-se a preocupação com o todo, ou seja, de que o resultado possa agradar aos vários lados envolvidos.

- "Atividade que pode afetar profundamente qualquer tipo de relacionamento humano e produzir benefícios duradouros para todos os participantes" (Nierenberg, 1981).

Aqui se ressalta um aspecto fundamental e, muitas vezes, esquecido no processo de negociação, qual seja o relacionamento entre as pessoas presentes no processo. A partir do momento em que os envolvidos são seres humanos, a questão dos sentimentos e do relacionamento passa a ter um caráter muito mais relevante. Por outro lado, há certa preocupação em fazer que os benefícios para todos os participantes possam ser duradouros.

- "Importa em acordo e, assim, pressupõe a existência de afinidades, uma base comum de interesses que aproxime e leve as pessoas a conversar" (Matos, 1989).

Matos destaca com muita propriedade a questão do acordo, em que, para que ele possa ser atingido, é fundamental a afinidade entre os envolvidos, de forma que se tente encontrar uma base comum entre os participantes, que os interesses possam estar se aproximando e que as possíveis conversas entre os membros possam ocasionar um entendimento entre as partes.

- "Implica a aceitação dos valores que embasam uma administração participativa, os ideais de direitos humanos e justiça social e os pressupostos de corresponsabilização por resultados" (Matos, 1989).

Nessa outra visão do próprio Matos, a preocupação está em que a participação dos envolvidos seja efetiva, e não apenas física no processo de negociação. Assim, a discussão dos valores dos envolvidos deve ser feita de maneira intensa, de forma a obter uma visão mais ampla e global de todo o processo, que venha a beneficiar todos os envolvidos e possa se constituir num enriquecimento das diferentes percepções. Nesse sentido, o comprometimento com o processo é maior, e todos os presentes acabam se tornando responsáveis pelo processo como um todo.

- "Modo eficaz de conseguir aquilo que queremos; negociamos para resolver nossas diferenças, por interesse próprio e para satisfazer nossas necessidades" (Mills, 1993).

Por esta definição, pode-se perceber a preocupação de se atingir os objetivos pretendidos, bem como a contribuição que a negociação pode dar para se conseguir o que é pretendido de forma eficaz e, mais do que isso, efetiva. Desse modo, os interesses próprios, que devem ser definidos de maneira clara, se constituem na maneira adequada para satisfazer às necessidades existentes, superando, assim, as diferenças encontradas no processo.

- "Todos podem negociar sempre, e se negocia desde o dia em que se nasce" (Robinson, 1996). Robinson realça a condição de todo ser humano de estar negociando sempre, em todo momento, desde o instante em que o bebê chora para ser amamentado. Essa consciência de que todos nós podemos negociar a todo momento é fundamental e pode trazer maior segurança e firmeza quanto às reais possibilidades de negociação e obtenção dos resultados pretendidos.

- "O processo de negociação deve ser coberto de flexibilidade para que possa haver maiores opções e um bom desempenho na negociação" (Gibbons e McGovern, 1994).
  Mais um aspecto fundamental de uma negociação é a questão da flexibilidade no processo. Isso leva a ter mais alternativas e uma melhor condição de escolha para encontrar o caminho mais adequado a ser seguido. O desempenho no processo de negociação tende a ser aperfeiçoado a partir dessa condição que é tão importante para o desenrolar da negociação.

- "Processo por meio do qual as partes se movem das suas posições iniciais divergentes até um ponto no qual o acordo pode ser obtido" (Steele et al., 1989).
  Essa visão de movimento de partes absolutamente divergentes é interessante e mostra uma busca de aproximação a partir da visão do todo, tendendo à aproximação sucessiva entre os envolvidos, aumentando as chances de se conseguir um acordo efetivo para as partes. O único aspecto a ser questionado é quanto ao fato de estar encaminhando o processo de solução, na maioria dos casos, por meio da barganha, que pode levar os interessados a se desviarem dos seus objetivos e interesses maiores, concentrando-se em posições rígidas pré-definidas, sem uma análise mais ampla do processo.

ALGUMAS AVALIAÇÕES DAS ABORDAGENS DE NEGOCIAÇÃO **167**

- "Envolve a tentativa, por parte de uma ou mais partes, de completar uma transação por meio do uso da barganha" (Steele et al., 1989).
  Como citado anteriormente, a grande questão que se discute aqui é quanto à conveniência da barganha, avaliando as suas vantagens e desvantagens em termos de alternativa para a solução do problema estabelecido. No que se refere à visão sistêmica, ao se estabelecer um processo de trocas muito focado em posições, perde-se em grande parte a noção do todo.

- "Importância de se pensar as negociações de um ponto de vista estratégico" (Lewicki et al., 1996).
  Esta seria a interpretação mais abrangente no sentido da busca da visão sistêmica, da postura estratégica, da noção do todo, tão importante para enxergar o processo de maneira global, levando a uma busca realmente ampla e estratégica de todo o processo de negociação.

Numa primeira avaliação das definições selecionadas, verifica-se que elas são bastante representativas das três últimas décadas do século passado, visto que há três definições até 1980 (as duas de Cohen e uma de Nierenberg), cinco do período de 1981 a 1990 (uma de Fisher e Ury, duas de Matos e duas de Steele et al.), três entre 1991 e 1995 (de Acuff, Mills, Gibbons e McGovern) e, finalmente, três de 1996 em diante (Robinson, Hodgson e Lewicki et al.).

Portanto, verifica-se que elas estão bem distribuídas ao longo do tempo e, embora não se constituam em uma amostra representativa, não se referem a um único período de tempo. O número de autores avaliados é 11, o que é razoavelmente representativo, dentro do universo dos autores de estudos sobre negociação, principalmente por serem dos mais importantes em termos de qualidade de suas obras e quantidade de publicações.

Os principais aspectos que se pode identificar e que caracterizam as 14 definições anteriormente mencionadas são, respectivamente:

1. Cohen (1980) – obter vantagem.
2. Cohen (1980) – uso da informação e do poder.
3. Fisher e Ury (1985) – importância da comunicação.
4. Acuff (1993) – busca do acordo.
5. Hodgson (1996) – instrumento de satisfação das necessidades.
6. Nierenberg (1981) – relacionamento humano.
7. Matos (1989) – busca de interesses comuns.
8. Matos (1989) – importância da participação no processo.

9. Mills (1993) – negociamos sempre.
10. Robinson (1996) – negocia-se desde o dia em que se nasce.
11. Gibbons e McGovern (1994) – importância da flexibilidade.
12. Steele et al. (1989) – movimento de posições divergentes para um acordo.
13. Steele et al. (1989) – uso da barganha no processo.
14. Lewicki et al. (1996) – negociação estratégica.

Para se verificar até que ponto existe (pelo menos parcialmente) visão sistêmica nessas definições de negociação, foram utilizados alguns indicadores que podem expressar preocupação com uma visão sistêmica no processo. Esses indicadores selecionados foram os seguintes:

- *Definição de Mesarovic e Takahara* (1975), que distinguem duas maneiras pelas quais um sistema pode ser descrito:
- Como uma transformação de entradas em saídas (ou a visão de sistema como processo).
- Com referência à busca de objetivo (abordagem de tomada de decisão).

- *Definição de Churchman* (1971), que vê o sistema como conjunto de partes coordenadas para realizar um conjunto de finalidades. Para isso, destaca cinco aspectos básicos para o tratamento dos sistemas:
- Os objetivos (que são as metas e os fins para os quais o sistema tende) que se destinam a quantificar e medir o desempenho (entre outros aspectos).
- O ambiente (constituído pelas inter-relações, pela interdependência e pelas interações, que são de suma importância na visão sistêmica).
- Os recursos (os meios disponíveis e as oportunidades), que, num sistema aberto, atraem fontes adicionais de energia, que podem penetrar no sistema.
- Os componentes do sistema (que são a missão, as funções e as atividades que o sistema deve desempenhar para realizar os seus objetivos). Analisando-se as atividades, é possível avaliar a importância do desempenho de um departamento para o sistema como um todo.
- A administração do sistema, que inclui duas funções básicas: planejamento e controle. Aqui se destaca a importância do acompanhamento do plano, que deve levar a um planejamento detalhado das mudanças a serem implementadas.

- *O conceito de sistema adaptativo*, que ajusta seus elementos, inter-relações, organização, desempenho e objetivos em função de sua própria evolução ou alteração do meio ambiente.

> • O envolvimento simultâneo no processo de negociação das **três variáveis básicas** de uma negociação, que são *tempo, poder e informação*, o que daria uma visão mais integrada e sistêmica ao processo.
> • *A definição de Bertalanffy* (1971) de que sistema é um conjunto de elementos inter-relacionados.
> • *A visão de Beer* (1966), que afirma que um sistema é qualquer coisa que consista de partes interligadas.
> • *A definição de sistemas de Sengupta e Ackoff* (1965), segundo a qual sistema é um conjunto de atividades ligadas, no tempo e no espaço, por um conjunto de práticas de tomada de decisão e avaliação de comportamento.

Após essa análise, verificou-se que fazer uma avaliação apenas com as conceituações concisas que os autores sobre negociação oferecem não leva a conclusões consistentes e confiáveis. Os próprios autores não conseguem (ou mesmo não procuram) caracterizar concisamente seus tratamentos do processo, o que dificulta uma avaliação mais ampla, consistente e confiável.

5.2 Análise das abordagens de negociação de alguns autores segundo o enfoque sistêmico

Para fins da análise sobre que nível de enfoque sistêmico se pode encontrar nas diferentes abordagens de negociação, foi feita uma segunda avaliação, na qual foram selecionadas conceituações de 30 autores (sendo 11 da primeira análise, mais 19 que foram considerados como muito representativos nesse assunto para fins de aprofundamento da análise inicial). Foram tomados como representativos da visão do autor não só as definições, mas também o conhecimento deste pesquisador sobre os respectivos livros e publicações, grande parte deles já analisados exaustivamente quando da publicação de dois livros (Martinelli e Almeida, 1997, 1998), na Tese de Livre-Docência (Martinelli, 1999), bem como ao longo do trabalho de pesquisa e ensino no campo de negociação.

Os autores inicialmente considerados foram os seguintes (em ordem alfabética):

• Acuff (1993).
• Albrecht e Albrecht (1993, 1995).

- Anastasi (1993).
- Bazerman e Neale (1992, 1995).
- Casse (1995).
- Cohen (1980).
- Fisher e Brown (1989).
- Fisher e Ertel (1995, 1997).
- Fisher e Ury (1981, 1985).
- Gibbons e McGovern (1994).
- Hodgson (1996).
- Jandt (1985).
- Karrass (1994).
- Kozicki (1998).
- Lax e Sebenius (1986).
- Lebel (1984).
- Lewicki et al. (1996).
- Marcondes (1993).
- Matos (1985, 1989).
- Mills (1991, 1993).
- Nierenberg (1968, 1981, 1992).
- Pinto (1992).
- Pollan e Levine (1994).
- Reck e Long (1985, 1990, 1994).
- Robinson (1996).
- Rojot (1991).
- Sparks (1982, 1992).
- Steele et al. (1989, 1995).
- Ury (1991, 1993).
- Weeks (1992).

Por essa relação apresentada, vê-se uma concentração de publicações referentes ao período de 1991 a 1995, representando 50% da amostra (15 publicações), vindo a seguir o período de 1981 a 1990, com nove publicações, sendo que, a partir de 1996, foram tomados quatro livros, e, até 1980, foram analisados dois autores.

Para essa segunda análise, ainda preliminar e feita de maneira bastante subjetiva, foram considerados, para a avaliação do nível de visão sistêmica observado nas conceituações de negociação, além dos sete pontos anteriormente citados, os seguintes:

ALGUMAS AVALIAÇÕES DAS ABORDAGENS DE NEGOCIAÇÃO **171**

- *Os pontos básicos da negociação baseada em princípios*, conforme definido por Fisher e Ury (1985), a saber:
  - Separar as pessoas do problema.
  - Concentrar-se nos interesses, e não nas posições.
  - Buscar o maior número possível de alternativas de ganhos mútuos.
  - Encontrar critérios objetivos.

- *As diferentes maneiras de enfrentar o conflito*, conforme proposto por Rojot (1991 apud Martinelli e Almeida, 1997, p. 51):
  - Tentar suprimi-lo, já que ele é negativo por si só.
  - Tentar curá-lo (ou remediá-lo), já que ele é uma doença organizacional.
  - Reconhecê-lo e tentar administrá-lo.

- *A hierarquização de sistemas* proposta por Martinelli e Zaccarelli (Martinelli, 1995a, p. 72):
  - Nível 0 – Não sistema: interações ao acaso, aleatórias, sem regras fixas.
  - Nível 1 – Sistemas estáticos: interações estáticas, fixas, com regras imutáveis.
  - Nível 2 – Sistemas dinâmicos simples: interações móveis, regras fixas, com movimento.
  - Nível 3 – Sistemas dinâmicos com *feedback*: realimentação, atualização constante; interações definidas por regras fixas.
  - Nível 4 – Sistemas multiníveis: hierarquização de sistemas, vários níveis, subordinação e comando; mudanças de comportamento.
  - Nível 5 – Sistemas autopoiéticos: autorregeneração, informações armazenadas; podem gerar sistema idêntico ou assemelhado.
  - Nível 6 – Sistemas adaptativos: gravam o passado para ordenar ações no presente; sistemas de aprendizagem; podem alterar a estrutura, porém não a identidade.
  - Nível 7 – Interagem com o ambiente, modificando-o; alteram a estrutura e até mesmo a identidade do próprio sistema.

Depois de feita essa segunda análise preliminar, verificou-se que a maioria dos autores trazia pelo menos um mínimo de enfoque sistêmico dando suporte à sua visão. Mas, na maior parte dos casos, o nível de visão sistêmica ainda era bastante incipiente, por isso reduziu-se o número de autores a serem considerados numa terceira avaliação, a ser feita de maneira mais aprofundada e mais objetiva.

5.3 Análise do nível de sistemicidade das abordagens dos autores considerados

Dessa forma, foram selecionados os 12 autores que apresentavam um nível mais aprofundado nas suas visões e algum fator que diferenciasse de maneira significativa sua abordagem, bem como uma conceituação mais adequada em relação ao enfoque sistêmico, a partir da segunda análise, realizada anteriormente.

Para isso, foram revistos os critérios de avaliação sobre a visão sistêmica, eliminando-se alguns que apresentavam certa sobreposição em relação a outros, além de terem sido acrescentados mais alguns aspectos considerados fundamentais, resultando nos nove critérios indicados mais adiante.

Assim, foram escolhidos os seguintes autores (com os respectivos anos de publicação da primeira edição de suas obras ou da versão original em inglês; apresentados em ordem alfabética), para fins do aprofundamento da análise:

- Acuff (1993).
- Bazerman e Neale (1992, 1995).
- Cohen (1980).
- Fisher e Ury (1981, 1985).
- Hodgson (1996).
- Jandt (1985).
- Lax e Sebenius (1986).
- Lewicki et al. (1996).
- Nierenberg (1968, 1981).
- Rojot (1991).
- Sparks (1982, 1992).
- Weeks (1992).

Nesse grupo de autores, vê-se que a distribuição ao longo do tempo se apresentou bastante equilibrada, com duas publicações anteriores a 1980, quatro no período de 1981 a 1990, quatro entre 1991 e 1995 e dois autores depois de 1995. A visão desses autores citados foi avaliada, então, em função dos seguintes conceitos, considerados os mais representativos para identificar o nível de sistemicidade nos seus conceitos de negociação:

ALGUMAS AVALIAÇÕES DAS ABORDAGENS DE NEGOCIAÇÃO **173**

- *Definição de Churchman* (1971), que vê o sistema como conjunto de partes coordenadas para realizar um conjunto de finalidades. Para isso, foram analisados os cinco aspectos básicos que ele destaca para o tratamento dos sistemas: objetivos, ambiente, recursos, componentes e administração do sistema.
- O envolvimento simultâneo no processo de negociação das três variáveis básicas de uma negociação, que são *tempo, poder e informação*, o que daria uma visão mais integrada e sistêmica ao processo.
- *Nível de comunicação adequada* para o processo de negociação, lembrando que a comunicação deve ser sempre bilateral (ou multilateral), e não unilateral, como muitas vezes acontece na prática. Além disso, é fundamental considerar outros aspectos básicos de uma comunicação eficaz, conforme salientado no Capítulo 2, tais como: saber ouvir, escolha do canal adequado, mensagem consistente e existência de um *feedback* contínuo e efetivo.
- *Os pontos básicos da negociação baseada em princípios*, conforme definido por Fisher e Ury (1985), a saber:
  - Separar as pessoas do problema.
  - Concentrar-se nos interesses, e não nas posições.
  - Buscar o maior número possível de alternativas de ganhos mútuos.
  - Encontrar critérios objetivos.
- *Capacidade de inter-relacionar as duas ou mais partes* presentes no processo de negociação, direta ou indiretamente.
- *As diferentes maneiras de enfrentar o conflito*, conforme proposto por Rojot (1991 apud Martinelli e Almeida, 1997, p. 51):
  - Tentar suprimi-lo, já que ele é negativo por si só.
  - Tentar curá-lo (ou remediá-lo), já que ele é uma doença organizacional.
  - Reconhecê-lo e tentar administrá-lo.
- *Existência de percepções equivocadas sobre o conflito*, que podem distorcer o seu encaminhamento e, consequentemente, a solução da negociação, tais como:
  - Interpretar o conflito como negativo apenas.
  - Considerar que os interesses são sempre competitivos e incompatíveis entre si.
  - A partir de um problema isolado, concluir, generalizando, que o relacionamento será sempre problemático.
  - Maniqueísmo, ou posição radical, baseada sempre em extremos, tipo certo ou errado, branco ou preto.

- *Busca constante do "ganha-ganha", com abertura, porém, para procurar o "ganha-neutro", como alternativa possível e, muitas vezes, a única viável, em termos do melhor resultado, para as partes envolvidas.*
- *Preocupação constante em identificar as diferentes weltanschauungen (W) dos participantes do processo de negociação.*

Essa análise foi feita, num primeiro momento sem atribuir pesos aos diferentes critérios, dando, portanto, a mesma importância a cada um deles. Num segundo momento, foram dados pesos (de 1 a 4) a esses aspectos da visão sistêmica, em função da sua importância, da sua abrangência e de ser um aspecto totalmente independente dos demais ou estar parcialmente sobreposto a algum outro critério utilizado.

Nessa classificação foram introduzidos alguns novos critérios, tais como a preocupação com as diferentes *weltanschauungen* (W) dos participantes. Outros critérios que mostravam ser meio repetitivos com relação a outros, como as definições de Beer e Bertalanffy, foram retirados, assim como a proposta de avaliação segundo a Hierarquização de sistemas (Martinelli, 1995) foi deixada para uma análise posterior.

Nesta análise que se segue foram, então, selecionadas as 12 visões de negociação mais importantes e representativas existentes na literatura (pelo menos das que se tem notícia), assim como os critérios de análise foram revistos, tendo sido escolhidos os nove considerados mais específicos para a verificação da sistemicidade dos autores.

Os pesos atribuídos a esses aspectos são apresentados na Tabela 5.1.

Tabela 5.1 – Pesos dos aspectos nas visões de sistemas – 1ª análise

Visões de sistemas	Peso
1. Definição de sistemas de Churchman	4
2. Variáveis básicas da negociação	2
3. Comunicação adequada	1
4. Capacidade de inter-relacionar partes	2
5. Negociação baseada em princípios	3
6. Maneiras de enfrentar o conflito	3
7. Percepções equivocadas de conflito	1

(continua)

Tabela 5.1 – Pesos dos aspectos nas visões de sistemas – 1ª análise (*continuação*)

Visões de sistemas	Peso
8. Busca do "ganha-ganha" com espaço para "ganha-neutro"	2
9. Preocupação com diferentes *weltanschauungen* dos participantes	2
Total	20

Os resultados obtidos nas duas análises (sem e com os pesos diferentes) são apresentados nas Tabelas 5.2 e 5.3.

a) Sem os pesos (pontuação máxima de 27 pontos):

Tabela 5.2 – Pontuação dos autores sem pesos – 1ª classificação

Autores	Nº de pontos
1. Lewicki et al.	25
2. Nierenberg	23
3. Weeks	23
4. Sparks	22
5. Rojot	21
6. Fisher e Ury	20
7. Jandt	20
8. Lax e Sebenius	19
9. Acuff	17,5
10. Hodgson	16,5
11. Bazerman e Neale	16
12. Cohen	11,5

Vê-se, pela Tabela 5.2, que se tem apenas um autor com pontuação superior a 90% do máximo possível (Lewicki et al.), três deles entre 80 e 90% dos pontos possíveis (Nierenberg, Weeks e Sparks), quatro entre 70 e 80% dos pontos máximos (Rojot; Fisher e Ury; Jandt; Lax e Sebenius), o que constitui 67% (ou dois terços) da amostra analisada com mais de 70% dos pontos. Portanto, por esse critério, pode-se considerar que o nível de sistemicidade apresentado pelos oito primeiros autores analisados é bastante representativo.

Dos quatro autores restantes, três deles (Acuff; Hodgson; Bazerman e Neale) encontram-se na faixa de 50 a 70% dos pontos possíveis, o que ainda pode ser considerado relativamente bom. E apenas um autor (Cohen) encontra-se abaixo de 50% da pontuação máxima possível.

b) Com os pesos (pontuação máxima de 60 pontos):

Tabela 5.3 – Pontuação dos autores com pesos – 2ª classificação

Autores	Nº de pontos
1. Lewicki et al.	55
2. Sparks	52
3. Weeks	52
4. Nierenberg	49
5. Fisher e Ury	46
6. Rojot	46
7. Jandt	45
8. Lax e Sebenius	44
9. Acuff	38,5
10. Bazerman e Neale	35
11. Hodgson	34,5
12. Cohen	27,5

Como se pode verificar, as diferenças entre as duas classificações são bastante pequenas, o que mostra que os pesos atribuídos não são tão importantes e têm pouca influência sobre a classificação final.

Assim, tem-se novamente apenas um autor acima de 90% da pontuação (o mesmo), os mesmos três autores entre 80 e 90% dos pontos (com apenas uma inversão na classificação entre Sparks e Nierenberg), os quatro anteriores entre 70 e 80% dos pontos (apenas invertendo-se as posições de empate de Fisher e Ury – nesta classificação em quinto colocado, juntamente com Rojot, e na anterior em sexto, ao lado de Jandt), os mesmos três entre 50 e 70% dos pontos (apenas com a inversão das posições entre Bazerman e Neale e Hodgson), permanecendo apenas, e novamente, Cohen abaixo de 50% dos pontos possíveis.

ALGUMAS AVALIAÇÕES DAS ABORDAGENS DE NEGOCIAÇÃO **177**

Dessa forma, tem-se, mais uma vez, 2/3 da amostra acima de 70% dos pontos possíveis, confirmando um bom nível de sistemicidade nas visões dos oito primeiros entre os autores analisados.

Após essa análise, sentiu-se necessidade de fazer uma avaliação mais rigorosa da sistemicidade desses enfoques, ponderando em cada item dos diferentes aspectos se ela estava muito ou pouco presente na visão dos autores, de forma a não dar a mesma importância àquele autor que considera de maneira profunda um aspecto e àquele que só o leva em conta de maneira bastante superficial.

Além disso, verificou-se que a questão das diferentes *weltanschauungen* (W) deveria ser subdividida em duas, de naturezas diferentes, pois uma coisa é a preocupação em identificar as diferentes visões de mundo dos participantes, e outra, muito mais difícil, é ter a capacidade de lidar, de maneira efetiva, com essas diferentes W.

Também os pesos dos diferentes critérios foram ligeiramente alterados, procurando eliminar ainda alguma possível sobreposição de critérios. Os pesos passaram a ser, então, os apresentados na Tabela 5.4.

Tabela 5.4 – Pesos dos aspectos nas visões de sistemas – 2ª análise

Visões de sistemas	Peso
1. Definição de sistemas de Churchman	4
2 . Variáveis básicas da negociação	2
3. Comunicação adequada	1
4. Capacidade de inter-relacionar partes	1
5. Negociação baseada em princípios	3
6. Maneiras de enfrentar o conflito	1
7. Percepções equivocadas sobre o conflito	1
8. Busca do "ganha-ganha" com espaço para o "ganha-neutro"	3
9. Preocupação com as diferentes *weltanschauungen* (W) dos participantes	2
10. Capacidade de lidar de maneira efetiva com as diferentes W	2
Total	20

Os novos resultados obtidos após essas análises (feitas de maneira muito mais rigorosa do que as anteriores), sem os respectivos pesos e, depois, com a introdução deles são apresentados nas Tabelas 5.5 e 5.6.

a) sem os pesos (pontuação máxima de 30 pontos):

Tabela 5.5 – Pontuação dos autores sem pesos – 3ª classificação

Autores	Nº de pontos
1. Lewicki et al.	18
2. Weeks	17
3. Nierenberg	16
4. Sparks	15
5. Fisher e Ury	15
6. Rojot	15
7. Jandt	14
8. Acuff	14
9. Lax e Sebenius	13
10. Bazerman e Neale	12
11. Hodgson	12
12. Cohen	9

Na classificação anteriormente apresentada, em função do rigor muito maior que foi aplicado, as porcentagens de pontuação caíram significativamente.

Continua-se a ter, porém, um único enfoque destacado dos outros, com pontuação igual a 60% do total de pontos possíveis (novamente Lewicki et al.).

Entre 50 e 60% dos pontos, passa-se a ter cinco enfoques (os três que estavam no segundo grupo anteriormente – Weeks, Nierenberg e Sparks, nessa ordem – e dois que passaram do terceiro para o segundo grupo – Fisher e Ury; Rojot).

Entre 40 e 50% dos pontos possíveis, há mais cinco enfoques (dois que estavam no terceiro grupo anteriormente – Jandt; Lax e Sebenius – e três que se encontravam no quarto grupo – Acuff; Bazerman e Neale; Hodgson).

Novamente houve um autor que ficou destacadamente abaixo dos demais, com apenas 30% dos pontos possíveis (Cohen, como já havia acontecido nas demais classificações).

Portanto, com esse novo critério de avaliação, tem-se metade dos enfoques acima de 50% dos pontos (porém nenhum deles atingindo 70% dos pontos possíveis) e metade abaixo de 50% do máximo possível.

ALGUMAS AVALIAÇÕES DAS ABORDAGENS DE NEGOCIAÇÃO **179**

b) com os pesos (pontuação máxima de 60 pontos):

Tabela 5.6 – Pontuação dos autores com pesos – 4ª classificação

Autores	Nº de pontos
1. Lewicki et al.	35
2. Weeks	33
3. Fisher e Ury	31
4. Sparks	30
5. Nierenberg	29
6. Jandt	27
7. Lax e Sebenius	26
8. Acuff	26
9. Rojot	25
10. Bazerman e Neale	21
11. Hodgson	21
12. Cohen	18

Aqui a principal mudança refere-se à posição de Fisher e Ury em terceiro lugar (sendo que esses autores estavam sempre mais abaixo nas demais classificações). Os outros quatro entre os cinco primeiros são, porém, novamente, os quatro primeiros das demais classificações (Lewicki et al., sempre em primeiro, seguido de Weeks, Sparks e Nierenberg).

Mas o que chama a atenção é que ninguém conseguiu atingir 60% dos pontos, ficando os quatro primeiros todos entre 50 e 60% do máximo possível. Num segundo grupo, há cinco autores entre 40 e 50% dos pontos possíveis (Nierenberg; Jandt; Lax e Sebenius; Acuff; Rojot), ficando três autores entre 30 e 40% do máximo possível (Bazerman e Neale; Hodgson; e Cohen, este novamente na última posição).

Considerando agora as quatro classificações efetuadas, ter-se-ia a situação exposta na Tabela 5.7.

Pela classificação apresentada anteriomente, vê-se que há dois autores com mais de 70% dos pontos possíveis (Lewicki et al. e Weeks), que foram sempre os dois primeiros (nessa ordem) nas quatro classificações efetuadas.

Tabela 5.7 – Posição dos autores após as quatro classificações

Posição Enfoque/ autor	1ª Clas. 9 critérios sem pesos	2ª Clas. 9 critérios com pesos	3ª Clas. 10 critérios sem pesos	4ª Clas. 10 critérios com pesos	Soma dos pontos	Média	% sobre máximo possível
1. Lewicki et al.	25	55	18	35	133	33,25	75
2. Weeks	23	52	17	33	125	31,25	71
3. Sparks	22	52	15	30	119	29,75	67
4. Nierenberg	23	49	16	29	117	29,25	66
5. Fisher e Ury	20	46	15	31	112	28	63
6. Rojot	21	46	15	25	107	26,75	60
7. Jandt	20	45	14	27	106	26,25	60
8. Lax e Sebenius	19	44	13	26	102	25,50	58
9. Acuff	17,5	38,5	14	26	96	24	54
10. Hodgson	16,5	34,5	12	21	84	21	47
11. Bazerman e Neale	16	35	12	21	84	21	47
12. Cohen	11,5	27,5	9	18	66	16,50	37

Numa segunda faixa, há dois autores entre 65 e 70% dos pontos possíveis (Nierenberg e Sparks), que se alternaram entre a terceira e a quarta posição em todas as classificações (com exceção na última, na qual Fisher e Ury subiram para a terceira posição, ficando Nierenberg na quinta).

O terceiro grupo se manteve entre 60 e 65% do máximo possível, com autores que se alternaram normalmente entre a 4ª e a 7ª posição nas diferentes classificações (Fisher e Ury; Rojot; Jandt), com exceção de uma das classificações, na qual Fisher e Ury e Rojot ficaram na 3ª e na 9ª posição respectivamente.

Na quarta faixa (entre 50 e 60% dos pontos possíveis) ficaram dois autores que se mantiveram sempre entre a 7ª e a 9ª posição (Lax e Sebenius; Acuff).

Pode-se identificar um quinto grupo, com autores que estiveram sempre entre 10º e 11º lugar (Hodgson; Bazerman e Neale) e que obtiveram menos de 50% dos pontos possíveis, ficando entre 40 e 50% desses pontos.

Isolado sempre na última posição, em qualquer classificação, tem-se o enfoque de Cohen, que nunca conseguiu atingir 50% dos pontos possíveis, ficando, ao final, abaixo de 40% do máximo possível.

5.4 Classificação dos autores em termos de nível de sistemicidade

Ao analisar as diferentes visões de negociação, vê-se que a maioria delas não apresenta muita preocupação com o enfoque sistêmico no processo. Pode-se dizer que isso acontece com a maior parte das visões que foram avaliadas, tanto as que foram analisadas de maneira mais profunda como as que receberam apenas uma avaliação mais geral.

Tomando-se a quarta classificação, feita com os 12 autores selecionados e avaliados segundo os dez critérios definidos para se estimar o nível de sistemicidade dessas visões, com seus respectivos pesos, considera-se que um autor com um bom nível de sistemicidade deveria ser classificado com **SSS** na maioria dos critérios.

Os critérios selecionados para avaliar o nível de sistemicidade das abordagens (conforme apresentado no item 5.4) foram:

• Definição de sistemas de Churchman.
• Variáveis básicas da negociação.

- Comunicação adequada.
- Capacidade de inter-relacionar partes.
- Negociação baseada em princípios.
- Maneiras de enfrentar o conflito.
- Percepções equivocadas sobre o conflito.
- Busca do "ganha-ganha" com espaço para o "ganha-neutro".
- Preocupação com as diferentes *weltanschauungen* (W) dos participantes.
- Capacidade de lidar de maneira efetiva com as diferentes W.

A classificação **SSS** significaria um bom nível de sistemicidade para um autor em determinado critério. Já uma avaliação **SS** representaria um nível apenas médio de sistemicidade naquele item, enquanto **S** significaria um nível mínimo. Só deveria ser atribuído um **zero** à abordagem que não apresentasse absolutamente nada em termos de visão sistêmica.

Assim, seria possível considerar como tendo um alto nível de sistemicidade o autor que possuísse uma classificação **SSS** para quase todos os quesitos avaliados. Onde houvesse alguns itens avaliados como **SS**, poderia se dizer que o nível de sistemicidade era apenas médio. Se apresentasse um ou mais itens considerados como **S** apenas, então, pela avaliação, teria apenas um nível mínimo de sistemicidade. E, caso apresentasse um ou mais itens com avaliação **zero**, concluir-se-ia que o autor praticamente não possui o enfoque sistêmico presente na sua abordagem.

Na quarta classificação (apresentada no item 5.3), com base nas avaliações atribuídas a cada abordagem, nos diferentes itens selecionados, foram obtidos os resultados demonstrados nas Tabelas 5.8 a 5.10.

a) Com dois ou mais itens com avaliação zero:

Tabela 5.8 – Autores com dois ou mais itens com avaliação zero

Autor	0	S	SS	SSS
Cohen	3	6	–	1
Lax e Sebenius	2	3	5	0
Acuff	2	3	4	1
Rojot	2	3	3	2

b) Com um item apenas com avaliação zero:

Tabela 5.9 – Autores com um item apenas com avaliação zero

Autor	0	S	SS	SSS
Jandt	1	4	5	–
Hodgson	1	7	1	1
Bazerman e Neale	1	7	1	1
Fisher e Ury	1	4	4	1
Sparks	1	4	4	1
Nierenberg	1	3	5	1
Lewicki et al.	1	2	5	2

c) Com nenhum item com avaliação zero:

Tabela 5.10 – Autores com nenhum item com avaliação zero

Autor	0	S	SS	SSS
Weeks	–	4	5	1

Dessa forma, foi possível agrupar os autores em três subgrupos, de acordo com o nível de sistemicidade observado nas suas abordagens:

- Abordagens pouco sistêmicas da negociação.
- Abordagens parcialmente sistêmicas da negociação.
- Abordagens quase sistêmicas da negociação, o que será apresentado a seguir.

5.4.1 Abordagens pouco sistêmicas da negociação

Assim, o primeiro autor que chama a atenção é Cohen, por apresentar:

- Três indicadores com avaliação **zero** (negociação baseada em princípios; percepções equivocadas sobre o conflito; e capacidade de lidar de maneira efetiva com as diferentes W).
- Seis indicadores com avaliação **S** (definição de sistemas de Churchman; comunicação adequada; capacidade de inter-relacionar partes; maneiras de enfrentar um conflito; busca do "ganha-ganha" com espa-

184 NEGOCIAÇÃO EMPRESARIAL

ço para o "ganha-neutro"; e preocupação com as diferentes W dos participantes).

- Apenas um com avaliação **SSS** (justamente a inter-relação entre as três variáveis básicas de um processo de negociação – tempo, poder e informação –, aliás proposta por ele mesmo).

Dessa forma, pode-se considerar que Cohen praticamente não possui visão sistêmica no seu enfoque. Nesse critério, Cohen também se colocou em último lugar entre os 12 autores.

Outra visão com um nível de sistemicidade baixíssimo é a de Lax e Sebenius (ocupando a 11ª posição), que apresenta também:

- Dois indicadores **zero** na sua avaliação (variáveis básicas da negociação; e capacidade de lidar de maneira efetiva com as diferentes W).
- Três indicadores **S** (comunicação adequada; busca do "ganha-ganha" com espaço para o "ganha-neutro"; e preocupação com as diferentes W dos participantes). Assim, também possui metade dos indicadores com nível de sistemicidade muito baixo ou nulo.
- Cinco indicadores como **SS** (definição de sistemas de Churchman; capacidade de inter-relacionar partes; negociação baseada em princípios; maneiras de enfrentar o conflito; e percepções equivocadas sobre o conflito) sem apresentar nenhum indicador com bom nível de sistemicidade (**SSS**).

Portanto, o nível de sistemicidade de Lax e Sebenius pode ser considerado baixíssimo.

Um outro exemplo refere-se a Acuff (10º lugar), que recebeu na sua avaliação:

- Dois indicadores com **zero** (percepções equivocadas sobre o conflito; e capacidade de lidar de maneira efetiva com as diferentes W).
- Três indicadores **S** (definição de sistemas de Churchman; negociação baseada em princípios; e preocupação com as diferentes W dos participantes). Portanto, já apresenta metade dos indicadores com nível de sistemicidade nulo ou muito baixo.
- Quatro indicadores **SS** (variáveis básicas da negociação; capacidade de inter-relacionar partes; maneiras de enfrentar o conflito; e busca do "ganha-ganha" com espaço para o "ganha-neutro").

- Em apenas um critério, Acuff pode ser considerado sistêmico, que é a comunicação adequada (com avaliação **SSS**), à qual ele realmente dá bastante ênfase.

Assim, pode-se considerar Acuff como tendo um nível de sistemicidade baixíssimo no seu enfoque.

Outro autor que também apresentou dois indicadores **zero** na sua avaliação foi Rojot (segundo esse critério em 9º lugar), que obteve as seguintes avaliações:

- Dois **zeros** (negociação baseada em princípios; e capacidade para lidar com as W).
- Teve ainda três indicadores **S** (variáveis básicas da negociação; busca do "ganha-ganha" com espaço para o "ganha-neutro"; e preocupação com as diferentes W dos participantes).
- Três indicadores **SS** (definição de sistemas de Churchman; capacidade de inter-relacionar partes; e percepções equivocadas sobre o conflito).
- Dois indicadores **SSS** (comunicação adequada; e maneiras de enfrentar o conflito).

Assim, mesmo com as duas avaliações **SSS**, o seu nível de sistemicidade ainda pode ser considerado baixíssimo, em virtude das duas avaliações **zero**.

Ao se considerar a avaliação feita com as quatro classificações anteriores (Tabela 5.7), vê-se que esses autores se situaram na 12ª (Cohen), 8ª (Lax e Sebenius), 9ª (Acuff) e 6ª (Rojot) posições, respectivamente, entre os 12 autores avaliados, ficando com 37%, 58%, 54% e 60% do total de pontos possíveis, o que também pode ser considerado bastante baixo.

5.4.2 Abordagens parcialmente sistêmicas da negociação

Além desses quatro autores, identificam-se outros sete que apresentaram um item no qual a avaliação foi **zero**, o que os levaria a um nível de sistemicidade ainda baixo.

Assim, tem-se inicialmente Jandt (8º lugar nesse critério), com:

186 NEGOCIAÇÃO EMPRESARIAL

- Uma avaliação **zero** (capacidade para lidar com as diferentes W).
- Quatro **S** (definição de sistemas de Churchman; variáveis básicas da negociação; comunicação adequada; e capacidade de lidar de maneira efetiva com as diferentes W).
- Cinco itens com avaliação **SS** (capacidade de inter-relacionar partes; negociação baseada em princípios; maneiras de enfrentar o conflito; percepções equivocadas sobre o conflito; e busca do "ganha-ganha" com espaço para o "ganha-neutro").

Com isso, Jandt também apresentou metade dos itens com nível de sistemicidade muito baixo ou nulo. Depois, pode-se citar Hodgson (em 6º), com:

- Uma avaliação **zero** (capacidade de lidar de maneira efetiva com as diferentes W).
- Sete avaliações **S** (definição de sistemas de Churchman; variáveis básicas da negociação; capacidade de inter-relacionar partes; negociação baseada em princípios; percepções equivocadas sobre o conflito; busca do "ganha-ganha" com espaço para o "ganha-neutro"; e preocupação com as diferentes W dos participantes).
- Apenas uma avaliação **SS** (comunicação adequada).
- Uma avaliação **SSS** (maneiras de enfrentar o conflito).

Assim, até mesmo por ter tido 80% dos seus itens com avaliação baixíssima ou nula, considera-se também muito baixo o nível de sistemicidade geral da visão de Hodgson.

Situação idêntica, em termos numéricos, foi apresentada por Bazerman e Neale (também em 6º lugar), que tiveram:

- Uma avaliação **zero** (capacidade de lidar de maneira efetiva com as diferentes W).
- Sete avaliações **S** (definição de sistemas de Churchman; variáveis básicas da negociação; comunicação adequada; negociação baseada em princípios; maneiras de enfrentar o conflito; busca do "ganha-ganha" com espaço para o "ganha-neutro"; e preocupação com as diferentes W dos participantes).
- Apenas uma avaliação **SS** (percepções equivocadas sobre o conflito).
- Uma única avaliação **SSS** (capacidade de inter-relacionar partes).

ALGUMAS AVALIAÇÕES DAS ABORDAGENS DE NEGOCIAÇÃO **187**

Com isso, Bazerman e Neale também apresentam um nível de sistemicidade bastante baixo.

Fisher e Ury (4º colocado nessa avaliação) tiveram:

- Uma avaliação **zero** (capacidade de lidar de maneira efetiva com as diferentes W).
- Quatro avaliações **S** (variáveis básicas da negociação; capacidade de inter-relacionar partes; busca do "ganha-ganha" com espaço para o "ganha-neutro"; e preocupação com as diferentes W dos participantes).
- Quatro avaliações **SS** (definição de sistemas de Churchman; comunicação adequada; maneiras de enfrentar o conflito; e percepções equivocadas sobre o conflito),
- Uma única avaliação **SSS** (negociação baseada em princípios, indicador que foi, inclusive, proposto por eles).

Essa visão ainda apresenta um nível de sistemicidade baixo, por ter tido uma avaliação **zero**.

Sparks apresentou um resultado idêntico ao de Fisher e Ury (4ª posição), em termos numéricos, ou seja:

- Uma avaliação **zero** (também em capacidade de lidar de maneira efetiva com as diferentes W).
- Quatro **S** (comunicação adequada; negociação baseada em princípios; percepções equivocadas sobre o conflito; e preocupação com as diferentes W dos participantes).
- Quatro avaliações **SS** (definição de sistemas de Churchman; variáveis básicas da negociação; capacidade de inter-relacionar partes; e busca do "ganha-ganha" dando espaço para o "ganha-neutro").
- Uma avaliação **SSS** (maneiras de enfrentar o conflito).

Um item com avaliação **SSS** não impediu que também essa abordagem, de Sparks, fosse avaliada com um nível de sistemicidade baixo.

A seguir, pode-se citar Nierenberg (aqui classificado em 3º lugar), com:

- Uma avaliação **zero** (variáveis básicas da negociação).
- Três avaliações **S** (definição de sistemas de Churchman; negociação baseada em princípios; e capacidade de lidar de maneira efetiva com as diferentes W).

188 NEGOCIAÇÃO EMPRESARIAL

- Cinco avaliações **SS** (comunicação adequada; capacidade de inter-relacionar partes; maneiras de enfrentar o conflito; percepções equivocadas sobre o conflito; e busca do "ganha-ganha" com espaço para o "ganha-neutro").
- Uma única avaliação **SSS** (preocupação com as diferentes W dos participantes).

Ainda aqui o nível de sistemicidade é baixo, por ter tido uma avaliação **zero**.

O último autor a apresentar uma avaliação **zero** foi Lewicki et al. (que aqui ocupa a 2ª posição, ao contrário de todos os outros critérios, nos quais foi sempre o primeiro):

- **Zero** no item referente à capacidade de lidar de maneira efetiva com as diferentes W dos participantes (como, aliás, a grande maioria dos autores analisados).
- Duas avaliações **S** (referentes às percepções equivocadas sobre conflito e à preocupação com as diferentes W).
- Cinco avaliações **SS** (definição de sistemas de Churchman; variáveis básicas da negociação; negociação baseada em princípios; maneiras de enfrentar o conflito; e busca do "ganha-ganha" com espaço para o "ganha-neutro").
- Duas avaliações **SSS** (no que se refere à comunicação adequada e à capacidade de inter-relacionar partes).

É importante destacar que, apesar de ter sido uma das duas únicas visões que teve duas avaliações **SSS** (a outra foi a de Rojot), isso não foi suficiente para enquadrá-la entre as que possam apresentar um nível razoável de enfoque sistêmico, por ter tido também uma avaliação **zero**. Assim, ainda é considerada como apresentando um nível de sistemicidade baixo.

Na avaliação feita com a soma das quatro classificações iniciais (Tabela 5.7), os autores anteriormente citados tiveram as seguintes classificações (na ordem em que eles apareceram neste item: Jandt (7º), Hodgson (10º), Bazerman e Neale (10º), Fisher e Ury (5º), Sparks (3º), Nierenberg (4º) e Lewicki et al. (1º). Portanto, nota-se uma troca de posições razoável entre eles, sem, porém, surgirem mudanças que venham a alterar de maneira muito significativa as suas posições.

5.4.3 Uma abordagem quase sistêmica da negociação

A única visão que não teve nenhuma avaliação **zero** foi a de Weeks, o que lhe deu a condição de ser o único autor entre os estudados que foi considerado, segundo esse critério, como tendo um nível razoável de enfoque sistêmico. Evidentemente esse critério não é absoluto, até mesmo por apresentar um nível de subjetividade bastante considerável. Além disso, a avaliação de cada uma das visões dos autores em todos os itens selecionados também tem muito de subjetivo, podendo sofrer variações segundo o enfoque dado ou de acordo com a pessoa que o avalia.

Contudo, o resultado é que Weeks:

- Não teve nenhuma avaliação **zero.**
- Apresentou quatro avaliações **S** (nos itens variáveis básicas da negociação; comunicação adequada; negociação baseada em princípios; e preocupação com as diferentes W dos participantes).
- Cinco avaliações **SS** (definição de sistemas de Churchman; capacidade de inter-relacionar partes; percepções equivocadas sobre o conflito; busca do "ganha-ganha" com espaço para o "ganha-neutro"; e preocupação com as diferentes W dos participantes).
- Uma única avaliação **SSS** (no item referente às maneiras de enfrentar o conflito).

Assim, neste critério, a visão de Weeks pode ser considerada como a que está mais próxima da sistêmica, ou pelo menos como aquela que caminha nesse sentido, embora se tenha de se admitir que ainda falta muito para que qualquer uma delas seja considerada como efetivamente tendo uma visão sistêmica.

Para isso, seria necessário que essa visão considerada apresentasse a maior parte de suas avaliações com o conceito **SSS**, ou seja, que ela fosse considerada como tendo um alto nível de sistemicidade em todos os seus critérios (ou, pelo menos, na maioria deles).

Dessa forma, vê-se que, mesmo a avaliação de Weeks (a mais sistêmica segundo tal critério – e a segunda em todos os outros critérios, sempre atrás da visão de Lewicki et al.) não pode ser considerada como tendo um bom nível de sistemicidade, visto que tem apenas um dos seus itens avaliados com **SSS**.

E, nas demais abordagens, o máximo que se conseguiu de avaliações **SSS** foram duas (no caso de Lewicki et al. e Rojot, que, porém, apresentaram avaliações **zero** em um e dois itens, respectivamente, o que os fez cair nesta classificação).

Em suma, confirma-se que há muito a se fazer nas abordagens de negociação analisadas para que possam ser consideradas como tendendo a uma visão sistêmica. Este aspecto será avaliado com mais profundidade no Capítulo 6.

6.
EM BUSCA DE UMA VISÃO SISTÊMICA NA NEGOCIAÇÃO

6.1 Ligando negociação e sistemas

Quando se desenvolve uma negociação, é necessário, num primeiro momento, resolver algumas questões básicas iniciais para que a negociação possa prosseguir. Uma vez que os lados envolvidos no processo consigam resolver suas batalhas pessoais e tenham chegado à consciência dos seus sentimentos subjacentes, então irão gradualmente enfocar uma situação em que o "planejamento ideal" (de Churchman e Ackoff) seja a preocupação principal de todos.

O processo de negociação bem-sucedido está todo nessas palavras adaptadas de Churchman (1979). A operacionalização pode ser esquematizada como o fazem Mintzberg (1973) ou Kinston e Algie (1989): são dois caminhos de tomada de decisão, inicialmente independentes, a serem percorridos revendo reiteradamente objetivos, restrições, alternativas e ofertas até que um entendimento seja atingido, ou, se o que ocorrer for um impasse, deve-se recorrer, finalmente, a um mediador ou árbitro externo, capaz de reorganizar os interesses das partes e de assisti-las na descoberta de uma solução.

Teóricos e práticos da negociação têm debatido para tornar claros esses caminhos, sempre cheios de dificuldades, muitas delas decorrentes de se iniciar um processo de negociação sem dar a devida atenção a alguns pontos da visão de negociação apresentada no Capítulo 2. Esses pontos, mencionados a seguir, devem ser sempre evitados, de forma a obter um processo de negociação realmente efetivo:

- Falta de disposição ou inabilidade para reconhecer o caminho do "ganha-ganha" como o único a ser percorrido.
- Ver o conflito como uma doença organizacional a ser suprimida ou curada, segundo a corrente mecanicista ou a de relações humanas.
- Má avaliação da resolubilidade ou da intensidade do conflito, com o perigo de se encaminhar para uma solução com perdedores.
- Mau entendimento do conflito, conforme apontado por Weeks (1992).
- Deixar de seguir os quatro pontos básicos de Fisher e Ury (1985) para o processo de negociação.
- Deixar de utilizar comunicação adequada ao processo.

Entrar em um processo de negociação sem atentar para esses pontos pode realmente levar as partes a se envolverem numa batalha, com uma sequência incontrolável de discussões e confrontos, que pode, inclusive, exigir a intervenção externa de um mediador ou árbitro.

Atingir a consciência dos seus sentimentos exige, antes de mais nada, atingir a consciência da sua própria visão de mundo. Para identificar a visão de mundo (*weltanschauung*), entendendo o significado de uma situação e organizando a complexidade individual, os enfoques de *inquiring systems* (tanto de Churchman, quanto de Ackoff e de Checkland) podem constituir-se num instrumento muito útil para o processo de negociação.

O processo recorrente descrito por Mintzberg (1973) e por Kinston e Algie (1989), além de muitos outros autores de negociação, cobre a discussão recorrente de visões de mundo, objetivos, restrições, alternativas, ofertas, conduzindo aos diferentes caminhos para se enxergar o todo, interesses básicos divergentes, interesses mutáveis, dificuldades para estabelecer critérios aceitos etc.

Dessa forma, buscando gradualmente atingir o estado de coisas ideal, é importante ter consciência do tipo de entendimento que realmente pode ser atingido, seja consenso, acomodação ou tolerância (Flood, 1996a, p. 6), seja um consenso forçado, típico de contextos radicais/coercitivos. O consenso, que é um acordo genuíno, graças à total coincidência das visões, necessidades e desejos legítimos, pode ser atingido tanto no cenário unitário quanto no pluralista. A acomodação é característica de contextos pluralistas, nos quais a tolerância entre visões muito divergentes, ou até mesmo irreconciliáveis, frequentemente é construtiva, por criar uma tensão positiva, na qual diferentes maneiras de agir podem provocar um relacionamento tenso, porém produtivo, utilizando a liderança, que começa onde o consenso normal termina, para capitalizar o potencial evolutivo do conflito (Espejo et al., 1996, p. 20; Morgan, 1986, p. 190; Jackson, 1991).

São necessárias uma avaliação ideal e uma objetiva (nos termos propostos por Churchman e Ackoff), levando-se em conta cuidadosamente o contexto – coercitivo/radical, unitário ou pluralista. Enquanto, no contexto unitário ou no pluralista, a negociação e as abordagens sistêmicas *soft* apresentam ampla variedade de diretrizes ou técnicas, nos contextos radicais/coercitivos parece que o melhor caminho parte da Heurística Crítica do Planejamento Social (CHSP), de W. Ulrich (1983), para chegar à Intervenção Sistêmica Local (LSI; Flood, 1996b), que incorpora a CHSP como um de seus instrumentos básicos.

Concluindo, este trabalho aponta para a Intervenção Sistêmica Total (TSI) ou Intervenção Sistêmica Local (LSI) como um enfoque que pode contribuir para um ordenamento sistêmico das conclusões da negociação e de pesquisas futuras, assim como para levar para a prática de sistemas algumas conclusões da Teoria e Prática da negociação. E a duplicidade de títulos, TSI e LSI, proporciona uma diretriz de procedimento: TSI para atingir uma visão sistêmica da negociação e LSI como a diretriz básica para trabalhar ao longo de um processo de negociação específico.

Na busca de entrosamento explícito dos três níveis – negociação, administração, sistemas –, ou seja, na busca de uma visão sistêmica da negociação como engrenagem da Administração e na sua utilização prática, parece que devem haver claramente seis níveis, focados com nitidez variável, conforme o caso:

- O **negociador** – uma das dez facetas (Mintzberg) do administrador, subsistema do item seguinte.
- O sistema de **atividades do administrador** (negociador, líder, disseminador etc.) – subsistema do nível 3.
- O sistema de **atividades da empresa** (planejamento, organização, comando, coordenação e controle) – subsistema do item seguinte.
- O sistema de **empresas do ramo** de atividade – que é subsistema do nível 5.
- O sistema dos **diversos ramos** de atividade, ou seja, o ambiente empresarial.
- O **ambiente social**.

6.2 Uma proposta de abordagem sistêmica da negociação

Neste item, esboça-se de maneira esquemática uma abordagem sistêmica da negociação, dividindo-a em onze pontos. A discussão parte de Martinelli e Almeida (1997, 1998) para os pontos de 1 a 8, concentra-se no problema das *weltanschauungen* (W) nos pontos 9 e 10, e conclui com a hierarquização de sistemas proposta na tese de doutorado deste autor (Martinelli, 1995), como guia para a busca de uma negociação evolutiva. Ao longo da discussão, também são indicadas as principais contribuições que podem provir dos autores examinados e comentados nos capítulos anteriores – negociadores, administradores e sistemistas.

Os onze pontos da proposta de abordagem sistêmica, apresentados a seguir, são:

1. O processo de negociação como sistema de transformação de entradas (estímulos) em saídas (respostas), lembrando Mesarovic e Takahara (1975, p. do Capítulo 1).
2. A importância da comunicação no processo de negociação.
3. As variáveis básicas de um processo de negociação.
4. As habilidades essenciais dos negociadores.
5. O planejamento da negociação.
6. A questão ética nas negociações.
7. Envolvimento de uma terceira parte no conflito.
8. O uso dos tipos psicológicos na solução dos conflitos.
9. A preocupação com as W dos participantes.
10. A capacidade de lidar com as diferentes W dos envolvidos.
11. A busca de uma negociação evolutiva, segundo o princípio de hierarquização de sistemas.

6.2.1 O processo de negociação

Um primeiro critério importante para avaliar visões de negociação, bem como para estabelecer um novo enfoque nas negociações, refere-se a estudar esse processo como um todo.

Dessa forma, apresenta-se o processo de negociação no seu todo, analisado segundo uma visão sistêmica, dando ênfase às entradas do processo de negociação (que seriam as influências às quais ele está sujeito), ao processo em si e às saídas (ou seja, as consequências ou resultados daí advindos). Para que uma negociação seja bem-sucedida, é essencial avaliar esses três componentes fundamentais do enfoque sistêmico e cada uma das entradas e saídas, que precisam ser adequadamente consideradas em qualquer negociação. Para uma visão mais detalhada das entradas e saídas, apresentam-se a seguir os diversos componentes desse processo, sendo fundamental que sejam observados em qualquer negociação (Figura 6.1):

Dos quatro autores avaliados que apresentaram o maior nível de sistemicidade, apenas três (Lewicki et al., Nierenberg e Sparks) focam de maneira bastante considerável o processo em si, embora os quatro autores foquem bem as entradas e saídas do processo de negociação. Os três dão uma ênfase relativa às entradas do processo, embora com preocupações um pouco diferentes: Nierenberg se foca muito mais no relacionamento humano, nos valores das pessoas e nas diferenças individuais, enquanto Sparks está mais preocupado com o uso da informação e do poder, com a comunicação e com a participação efetiva no processo; já Lewicki et al. também focam bastante o relacionamento humano e o uso da comunicação, preocupando-se, porém, bastante com a questão da barganha, tão contestada por alguns e tão defendida por outros; o quarto autor, Weeks, prioriza as diferenças individuais e os interesses comuns, também com uma clara preocupação com o relacionamento humano, não dando, porém, uma importância destacada ao processo em si.

É importante destacar que pouquíssima ênfase é dada à existência de interesses comuns, que é uma constante na maior parte das negociações (se não em todas), porém raramente identificada pelos participantes. Esse ponto é fundamental, pois, muitas vezes, dá-se atenção apenas aos interesses divergentes, considerando-se que essa é a tônica da negociação, esquecendo-se de que a existência dos interesses comuns pode ser fundamental para a solução do conflito. A existência de interesses comuns, porém, não tem a menor importância e nem influência alguma sobre o resultado, caso eles não tenham sido claramente identificados antes e durante o processo. Dessa maneira, torna-se fundamental identificar, antes de iniciar um processo de negociação, todos os interesses que possam ser comuns às várias partes envolvidas, de maneira a facilitar o seu desenvolvimento. Além disso, é fundamental estar atento, durante todo o processo, aos interesses comuns que possam ser identificados, assim como àqueles interesses conflitantes, que, por causa dos possíveis desmembramentos, possam vir a se tornar comuns.

Figura 6.1 – Componentes do processo de negociação.

Outro aspecto fundamental entre as entradas de um processo de negociação é a flexibilidade dos participantes. Esse aspecto, frequentemente esquecido pelos autores e pelos negociadores em geral, pode ser essencial ao longo de uma negociação, muitas vezes contribuindo para mudar totalmente o desfecho de um conflito. Assim, saber que o tempo é normalmente uma restrição numa negociação, mas ter a habilidade de revê-lo em determinados momentos, é um aspecto que pode ser decisivo na busca de um acordo adequado entre as partes. Prender-se rigidamente a um tempo limite pode levar a um mau acordo, assim como pode fazer que se desprezem excelentes oportunidades de desfecho, não identificadas anteriormente ou que possam surgir ao longo do processo. Assim, torna-se muito importante estar atento a esses aspectos, tendo a flexibilidade de rever prazos, ideias, percepções e interesses.

No que se refere às saídas do processo, Lewicki e Sparks dão um destaque maior, ao passo que Nierenberg se foca pouco nos resultados, preocupando-se mais com o relacionamento humano e com o processo em si. Os três autores realçam bastante a satisfação das necessidades das partes, por meio de um acordo. Há bastante ênfase também ao fato de a solução do conflito provir de decisão tomada em conjunto. As concessões ao longo da negociação também são bastante destacadas pelos autores, mas esse aspecto deve ser visto com alguma reserva, pois pode ter conotações positivas e negativas, dependendo de como elas acontecem. O ideal é concentrar-se nos interesses comuns e conflitantes e procurar resolvê-los da melhor maneira possível para as partes envolvidas, em vez de entrar em jogo de concessões.

Outro aspecto pouco destacado quanto aos resultados do processo refere-se a uma visão estratégica, que deveria estar presente durante toda a negociação, trazendo resultados efetivos nesse sentido. Com exceção de Lewicki, os demais autores não dão a devida importância a essa questão, que é fundamental para enxergar o problema de maneira mais ampla, além de trazer resultados mais duradouros, o que é outro aspecto muito pouco abordado pelos autores de negociação e essencial para relações futuras e para outros desdobramentos que possam advir daí.

A persuasão também é outro aspecto bem pouco destacado pelos autores, mas que tem uma importância fundamental. É necessário ter a capacidade de convencer os outros das boas ideias e das visões amplas defendidas num processo de negociação ou mesmo num simples relacionamento.

A conquista de pessoas também é um aspecto pouco enfatizado pelos autores. É preciso, porém, muito cuidado com essa questão, já que ela pode ter uma conotação totalmente negativa quando se busca a conquista de uma pessoa apenas para conseguir algo dela. Essa conquista deve ser avaliada sob um ponto de vista positivo, segundo o qual se busca aperfeiçoar o relacionamento para criar confiança, amizade e ajuda mútua entre as pessoas, ao contrário da ideia distorcida (mas que, muitas vezes, aparece em negociações) de se levar vantagem sobre o outro, por tê-lo conquistado. Isso seria uma abordagem que levaria claramente a um resultado "ganha-perde" (ou até "perde-perde").

Pouca ênfase é dada, ainda, à questão dos benefícios na negociação, sejam os benefícios normais de um processo de negociação, sejam os benefícios duradouros que possam advir daí. Isso está muito ligado à visão de conflito que se tem, visto que, quando se toma o conflito como algo nocivo, a ser erradicado, ou mesmo como algo a ser simplesmente superado, então não se pode esperar benefícios desse processo. Portanto, é fundamental encarar o conflito como algo a ser administrado e que apresenta pontos positivos e negativos, buscando-se superar e minimizar os aspectos negativos e maximizar e explorar todos os seus efeitos positivos. Só assim poderão surgir benefícios do conflito, que poderão se constituir em algo duradouro e que venha a contribuir para aperfeiçoar e aprofundar o relacionamento entre as pessoas, que, dessa forma, serão levadas a negociar sempre que encontrarem diferenças de interesses.

6.2.2 A importância da comunicação no processo de negociação

A comunicação é um dos ingredientes mais importantes de um processo de negociação. As negociações se desenrolam com base em processos múltiplos de comunicação, independentes ou não, na busca do melhor desfecho para o conflito em curso.

Assim, dada sua enorme importância em qualquer processo de negociação, é fundamental que se considere a comunicação, com os seus principais aspectos e componentes, o que pode ser representado pela Figura 6.2.

Quando se pensa em comunicação, tende-se a imaginar apenas a comunicação verbal. A comunicação não verbal, porém, é tão importante quanto a verbal, podendo até, em alguns momentos, superá-la em importância. Assim, quando se pensa em comunicação, deve-se ter em mente sempre o processo da maneira mais ampla possível. A maioria dos autores não dá a devida atenção à comunicação, tão fundamental para o desenvolvimento da negociação e para os resultados do processo de solução do conflito.

Nierenberg, por exemplo, tem grande preocupação com o relacionamento humano e foca bastante a questão do comportamento das pessoas. Contudo, dá muito pouca ênfase à importância da comunicação, embora destaque a possibilidade e as consequências dos mal-entendidos, que causam tantos problemas nas negociações e nas comunicações de um modo geral.

A comunicação, além disso, é um instrumento essencial para se identificar as necessidades das outras partes presentes numa negociação – aspecto

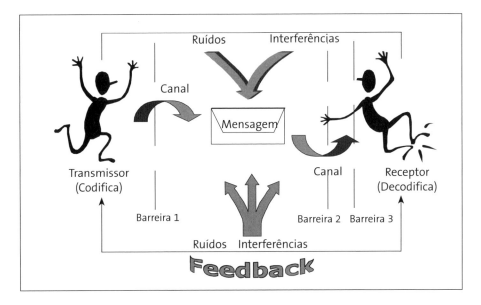

Figura 6.2 – Os diversos componentes do processo de comunicação.

tão importante para o sucesso de qualquer tentativa de solução de conflito. Com a comunicação, tanto escrita como falada, formal ou informal, direta ou indireta, é possível obter um número muito grande de informações sobre interesses, preferências, necessidades e restrições dos demais participantes do processo.

Saber ouvir é um aspecto imprescindível num processo de comunicação e, embora muito óbvio, muitas vezes não é realizado a contento pelos participantes de uma negociação. Alguns dos poucos autores que enfatizam esse aspecto são Lewicki et al., ao se preocuparem de maneira intensa com o outro lado, com a capacidade de saber ouvir e com a possibilidade que isso terá de levar o participante a raciocinar e refletir sobre essa questão.

A escolha do canal adequado também é outro aspecto importante num processo de comunicação e nem sempre recebe toda a atenção que deveria. Lewicki et al. foram alguns dos poucos autores que se preocuparam de maneira apropriada com essa questão. Quanto à mensagem, há uma preocupação muito maior, já que Sparks, por exemplo, dá grande importância a esse ponto. Mas, mesmo reconhecendo a importância da mensagem para um processo de comunicação, tem-se de considerar que, sem a escolha do canal adequado, de nada adianta possuir uma mensagem muito bem-feita e oportuna.

Os ruídos e as interferências numa situação de comunicação também são elementos valiosos e que deveriam merecer a maior atenção, visto que podem inviabilizar ou distorcer totalmente o processo (e, consequentemente, toda uma negociação), se não houver o cuidado necessário com essa questão. E, mais uma vez, trata-se de um aspecto muito pouco coberto pela maioria dos autores.

O *feedback* (ou realimentação) é outra questão considerável na comunicação, pois, dada a complexidade normalmente existente nesse processo, a possibilidade de enviar ou receber mensagens errôneas é bastante grande. Além disso, existe o problema da codificação e da decodificação das mensagens (por parte do transmissor e do receptor, respectivamente), que pode levar a novos erros. Esses aspectos também são pouco abordados pela maioria dos autores (exceção feita talvez apenas a Lewicki et al., que dão uma ênfase bastante grande a esse aspecto). Assim, é necessário que se estabeleçam mecanismos de *feedback* num processo de negociação, sejam eles formais ou informais (ou mesmo ambos), podendo estar presentes desde o início e continuar sendo executados ao longo de todo o processo, de modo a corrigir rapidamente eventuais erros de rumo, além de abrir a possibilidade de encontrar novos caminhos possíveis para a solução dos conflitos.

6.2.3 As variáveis básicas de um processo de negociação

A visão sistêmica dessas três variáveis – tempo, poder e informação – pode ser observada na Figura 6.3, na qual inclusive se destacam os diferentes tipos de poder que podem surgir numa negociação (sejam eles os poderes pessoais, que estão presentes em qualquer situação e são inerentes àquela pessoa, sejam os poderes circunstanciais, que estão presentes em função da situação em si, não dependendo, portanto, das pessoas que estão presentes no processo).

Esse é outro ponto crucial para que um processo de negociação possa ter um caráter sistêmico. Normalmente, é importante que essas três variáveis – tempo, informação e poder – estejam claramente presentes no processo. E é fundamental que elas estejam presentes de maneira sistêmica, ou seja, inter-relacionadas.

EM BUSCA DE UMA VISÃO SISTÊMICA NA NEGOCIAÇÃO **201**

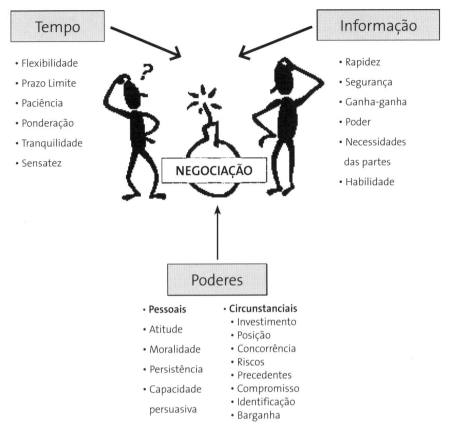

Figura 6.3 – Variáveis básicas de um processo de negociação.

A influência das informações sobre os limites de tempo pode ser decisiva, levando a uma revisão nos prazos ou a uma mudança de postura ao final de uma negociação. As informações recebidas pelos negociadores podem lhes fornecer grande poder para lidar com a situação em questão, e a disponibilidade de tempo pode também se constituir em outra importante fonte de poder.

Como exemplo da importância da inter-relação entre essas três variáveis básicas num processo de negociação, pode-se citar o exemplo do aluno que, ao final do ano, pede ao seu professor uma prova substitutiva, por ter perdido a prova normal. Ele sabe da possibilidade de consegui-la, visto que seu professor já agiu assim para outro aluno que havia perdido uma determinada avaliação. Assim, usando o poder do precedente, vai até o professor pedir essa prova substitutiva. Para sua surpresa, porém, ela lhe é negada, porque o prazo para entrega das notas havia se encerrado no dia anterior (importância da variável tempo no processo). Na verdade, o aluno foi procurar o professor para pedir a prova substitutiva apenas naquele dia por desconhecer o prazo final que o professor tem para fazer a entrega das notas (importância da informação para o processo).

A importância desses três fatores num processo de negociação pode ser identificada no contato com as pessoas, no aprendizado de situações vivenciadas, no aproveitamento de oportunidades; enfim, surgem no dia a dia de qualquer indivíduo, cabendo a ele saber reconhecê-las nas entrelinhas, de modo a explorá-las da melhor maneira possível.

Nas visões de negociação analisadas, vê-se que é dada muito pouca importância a essa questão das variáveis básicas de um processo de negociação (exceção feita a Cohen, que é quem, na verdade, propõe que seja analisada a importância dessas variáveis no processo). Os demais autores dão menos valor a essas variáveis ou, pelo menos, à inter-relação entre elas. Assim, Sparks foca as três variáveis, dando, porém, uma importância muito pequena à questão do tempo e preocupando-se muito pouco com a inter-relação entre elas. Já Lewicki et al. falam das três, porém, dando bastante ênfase à questão do poder e deixando o tempo e a informação numa posição bastante secundária. Weeks, além de dar muito pouco realce ao poder e à informação, praticamente ignora a questão do tempo. Nierenberg, por sua vez, dá apenas um pequeno destaque ao fator tempo, deixando praticamente de lado as outras duas variáveis. Dos demais autores analisados, apenas Acuff dá uma importância razoável a elas, ao considerar, de maneira bastante efetiva, a questão da informação, não dando, porém, o mesmo destaque ao tempo e ao poder.

6.2.4 Habilidades essenciais dos negociadores

São diversas as habilidades essenciais a serem permanentemente desenvolvidas e aperfeiçoadas por aqueles negociadores que buscam realizar negociações realmente eficazes. Essas habilidades são representadas de maneira resumida na Figura 6.4.

O aspecto das habilidades essenciais dos negociadores normalmente não merece muita atenção dos autores de negociação, talvez pelo fato de ser algo bastante subjetivo e difícil de ser desenvolvido na prática. Porém, é de fundamental importância para a atividade dos negociadores em geral e para o sucesso das negociações nas quais eles estão envolvidos no seu dia a dia.

Figura 6.4 – Habilidades essenciais dos negociadores.

Entre essas habilidades, algumas delas são muito pouco ou nada enfatizadas pelos autores de negociação. Assim, tem-se a discussão das proposições e a questão de separar os relacionamentos dos interesses, que são habilidades essenciais para uma negociação eficaz e praticamente não são sequer mencionadas pelos diferentes autores.

É preciso considerar que entre os negociadores existem sempre alguns quesitos que devem ser avaliados. Assim, há interesses comuns, divergentes, complementares, conflitantes e alguns absolutamente independentes. Além disso, os negociadores têm sempre seus próprios valores, que, em alguns casos, são muito próximos, porém, em outros, são completamente diferentes e, às vezes, até conflitantes e antagônicos. Torna-se necessário saber identificá-los, assim como ter a capacidade de lidar com eles. Ademais, a quantidade de ideias diferentes que surgem numa negociação é muito grande, sendo essencial poder gerar o maior número possível dessas ideias, bem como saber lidar bem com elas depois, para atingir os objetivos estabelecidos e os melhores resultados que se possa esperar.

Além disso, embora se recomende concentrar-se nos interesses, e não nas posições (o que certamente trará melhores resultados), muitas vezes encontrar-se-ão pessoas que se envolverão na negociação apegando-se a posições rígidas. Portanto, trata-se de mais um aspecto a ser considerado e sobre o qual os negociadores deverão ter capacidade de ação. Os objetivos dos diversos participantes também são um fator importante que devem merecer dos negociadores a maior habilidade possível para identificá-los e conciliá-los. Surgem, ainda, no processo, as concessões das diferentes partes que, embora nem sempre se constituam na maneira mais adequada de conduzir uma negociação, devem também ser alvo de preocupação por parte dos negociadores.

Entre os autores selecionados como tendo o maior nível de sistemicidade, há Sparks, que mostra as maiores preocupações com as relações entre os negociadores, no que se refere a interesses, valores, ideias, posições, objetivos e concessões. Nierenberg e Lewicki et al., porém, também dão uma importância razoável a essa questão. Mas, mesmo assim, ainda é preciso dar ênfase maior a essas relações que, se bem compreendidas, se tornam vitais para o bom desenvolvimento das habilidades dos negociadores. Dessa forma, valores, ideias e objetivos deveriam ser mais bem identificados e entendidos, para que pudessem ser mais bem explorados.

O autor que tem as maiores preocupações com o desenvolvimento das habilidades dos negociadores é Sparks, principalmente no que se refere à objetividade, concentrar-se nas ideias, saber falar e ouvir, ter consciência da negociação, proporcionar alternativas e analisar propostas concretas. Lewicki et al. também mostram interesse razoável com a questão das habilidades fundamentais ao trabalho dos negociadores, principalmente no que se refere a colocar-se no lugar da outra parte e interpretar o comportamento humano. Já Nierenberg dá pouquíssima ênfase ao desenvolvimento das habilidades, concentrando-se praticamente apenas na interpretação do relacionamento humano, considerada essencial por ele e que procura desenvolver de maneira muito intensa nos negociadores. As demais habilidades, porém, que são tão importantes quanto essa, são deixadas totalmente de lado no seu enfoque.

Verifica-se, pois, que há muito a se fazer para que as abordagens de negociação tenham preocupação maior com essa questão tão importante para o enfoque sistêmico (mesmo quando se analisam as visões dos autores considerados como os que têm o maior nível de sistemicidade entre as abordagens escolhidas). Nota-se que, pelo menos, o aspecto da objetividade no processo, da discussão das proposições apresentadas, da capacidade de colocar-se no lugar da outra parte e de separar os relacionamentos dos interesses necessitam de uma ênfase maior nas abordagens, de forma a tornar os negociadores mais hábeis e as negociações mais efetivas, de um ponto de vista sistêmico.

6.2.5 O planejamento da negociação

O planejamento da negociação é uma das questões mais importantes para a visão sistêmica e um dos aspectos mais bem abordados na literatura sobre esse assunto.

Assim, Fisher e Ury (1985, p. 15) lembram os elementos essenciais que devem ser pensados e que acabaram por se tornar célebres, que são:

- Separar as pessoas do problema (não envolvendo questões pessoais, que devem ser separadas da negociação).
- Concentrar-se nos interesses a serem buscados, e não nas posições pessoais.
- Buscar o maior número possível de alternativas de solução.
- Encontrar critérios objetivos para a solução do problema.

Já Acuff (1993, p. 29) considera que o planejamento da negociação é composto de quatro passos básicos que, se não executados, impedirão os negociadores de ter uma preparação fundamental, o que os levará a abrir mão do poder de tomar decisões com boas informações. Os quatro passos básicos propostos por ele são:

- Identificar todas as questões envolvidas.
- Priorizar as questões.
- Estabelecer o alcance do acordo.
- Desenvolver estratégias e táticas.

Matos (1989, p. 13) propõe seis passos básicos a serem seguidos num processo de negociação, quais sejam:

- Abordagem.
- Argumentação.
- Superação de objeções.
- Acordo.
- Reforço.
- Reabordagem.

Mills (1993, p. 15) mostra a grande importância da fase de planejamento, assim como da preparação básica para a negociação, citando a célebre frase de Abraham Lincoln: "Se eu tivesse nove horas para cortar uma árvore, passaria seis horas afiando meu machado!". Além disso, mostra que um acordo deve ser composto de sete etapas, chamadas por ele de Respect:

- Etapa 1 (R) – preparar-se.
- Etapa 2 (E) – explorar as necessidades.
- Etapa 3 (S) – sinalizar a movimentação.
- Etapa 4 (P) – testar com propostas.
- Etapa 5 (E) – trocar concessões.
- Etapa 6 (C) – fechar o acordo.
- Etapa 7 (T) – amarrar as pontas soltas.

Hodgson (1996, p. 6) enfoca as restrições e influências de um processo de negociação, destacando cinco etapas fundamentais:

- Preparação.
- Discussão.
- Propostas.
- Barganha.
- Acordo.

Já Casse (1995, p. 77) observa que o processo de negociação deve passar, necessariamente, por seis fases essenciais:

- Pré-formulação.
- Formulação.
- Tempestade.
- Padronização.
- Execução.
- Controle do desempenho.

Além disso, Casse apresenta três tipos de estratégias possíveis, a saber:

- *Estratégia cooperativa* – na qual o objetivo é encontrar um acordo que seja bom e justo para todos, sendo o "ganha-ganha" o impulso ou a motivação para a negociação.
- *Estratégia competitiva* – que tem como princípio básico a busca de ganhar sempre, a qualquer custo, pois o negociador tem em mente que,

se não conseguir algo, a outra parte irá consegui-lo. O objetivo, então, é não desistir nunca e tentar ganhar sempre e em tudo. Esse tipo de estratégia leva, normalmente, ao "ganha-perde".

• *Estratégia analítica* – encarar os negociadores como solucionadores de problemas e não como contendores. Essa estratégia exige criatividade e a preocupação de analisar as alternativas em conjunto. Nela, tudo é certamente agradável e puro, mas, na vida real, as coisas nem sempre são assim, o que leva a estratégia analítica a, geralmente, não ser aplicável na prática, principalmente quando valores e crenças estão envolvidos no processo de negociação.

Ainda segundo Casse (1995, p. 69), os negociadores devem conhecer muito bem as estratégias de negociação, aprendendo a utilizar cada uma delas nas situações em que elas se aplicam melhor, sempre preparados para mudar de estratégia. Ele apresenta quatro papéis possíveis desempenhados pelos negociadores, que são:

• Negociador efetivo.
• Negociador analítico.
• Negociador relative.
• Negociador intuitivo.

Já Lewicki et al. (1996, p. 54) levam em conta dois aspectos básicos para classificar as estratégias possíveis num processo de negociação: a importância do relacionamento e a relevância dos resultados. Com isso, dividem em cinco tipos básicos as estratégias de atuação dos negociadores (evitar, acomodação, competitiva, colaborativa e a estratégia central, de compromisso), conforme apresentado na Figura 6.5 (Lewicki et al.,1996, p. 57).

Assim, tem-se um tipo de estratégia que tende a levar a negociação para o "perde-perde", duas que a levam para o "ganha-perde", uma que deve conduzir ao "ganha-ganha", e a estratégia de compromisso, localizada num ponto intermediário, tanto na ênfase ao relacionamento quanto na importância dos resultados, que pode ser chamada de estratégia de satisfação. Na verdade, trata-se de um enfoque combinado, que é utilizado em grande número de situações, como quando as partes não conseguem atingir boa colaboração, porém ainda pretendem atingir alguns resultados e/ou preservar o relacionamento. Também tende a ser muito utilizada quando as partes são muito pressionadas em virtude do tempo.

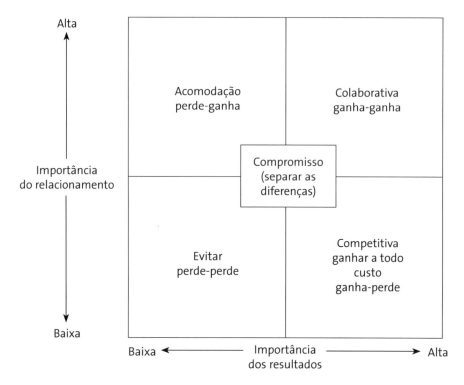

Figura 6.5 – Estratégias possíveis nas negociações
Fonte: Lewicki et al. (1996, p. 54).

Para escolher a estratégia adequada, os negociadores devem considerar os seguintes fatores, que não são os únicos, porém, tendem a ser os principais (outros aspectos, como o fato de a negociação ser voluntária ou imposta e o nível de estruturação da negociação, costumam ter também alguma influência, embora muito menor):

- Análise da situação em si.
- Análise das preferências pessoais em relação às várias estratégias possíveis.
- Experiência.
- Estilo.
- Percepções e experiência passada.

Essa questão da estratégia também é tratada buscando-se encontrar sempre uma que possa ser considerada a melhor, dadas as condições existentes no momento da negociação. Assim, Fisher e Ury (1985, p. 91) apresentam a Maana (Melhor Alternativa à Negociação de um Acordo), equivalente à Batna (Mills, 1993, p. 18), que representaria *"the best alternative to a negotiated agreement"*, levando sempre em consideração as restrições existentes na negociação e os objetivos a serem atingidos.

Já Nierenberg (1981, p. 47) tem uma visão mais abstrata do planejamento da negociação. Segundo ele, para estar preparado, o negociador deve impregnar-se de conhecimentos.

Pode-se ainda citar Sparks (1992, p. 17), que identifica as negociações por meio de cinco características importantes:

- Troca entre duas partes.
- Existência simultânea de restrições e pressões, resultando em atrito ou desconforto entre as duas partes.
- Questão de importância razoável, cuja solução é buscada pelas partes.
- Presença da incerteza.
- Existência de um conflito real ou percebido como tal nas posições das partes.

Como se pode perceber, embora a grande maioria dos autores dê uma importância bastante grande a essa questão do planejamento, alguns aspectos importantes ainda deveriam ser aperfeiçoados, para uma visão mais sistêmica do processo de planejamento da negociação em sua totalidade. Por exemplo, a questão da cultura organizacional e das expectativas existentes na organização é um aspecto pouco focado pelos autores.

Além disso, a questão das habilidades essenciais dos negociadores (já abordada anteriormente) é fundamental para a etapa de discussão do processo e deveria merecer maior atenção por parte dos autores. Por outro lado, a questão dos conflitos anteriores pode ter uma influência decisiva sobre negociações futuras, devendo, assim, merecer um tratamento mais específico e cuidadoso no planejamento da negociação. Outro aspecto importante são os fatores inesperados que podem surgir num processo de negociação, assim, embora sejam de difícil previsão, deve-se dar a maior atenção a essa questão, buscando uma adaptação cada vez melhor ao ambiente no qual se está inserido, por meio de uma postura proativa, bem como podendo-se utilizar a técnica de cenários, para se antever possíveis problemas que podem surgir.

Esses aspectos mencionados são resumidos no na Figura 6.6, como uma síntese de pontos importantes a serem observados, para completar uma visão mais sistêmica do processo de negociação, no que se refere às questões de planejamento:

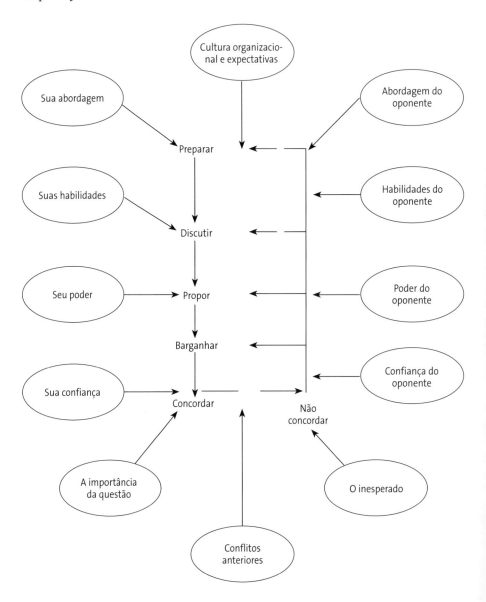

Figura 6.6 – Restrições e influências num processo de negociação
Fonte: Hodgson (1996, p. 6)

6.2.6 A questão ética nas negociações

A ética, embora seja uma questão cada vez mais discutida e cuja importância no mundo dos negócios e nas sociedades de um modo geral cresça continuamente, ainda tem um destaque muito pequeno entre os autores que escrevem sobre negociação, provavelmente bem menor do que a ênfase (ainda insuficiente também) que é dada a esse tema pelos estudiosos de administração de uma maneira geral.

Dos autores analisados, os que mais destacam a questão ética são Lewicki et al., principalmente ao abordar a diferença entre questões éticas e questões legais, que costumam ser alvo de muita confusão e muita sobreposição. Muita gente chega a confundir ética com legalidade, acreditando serem a mesma coisa. Assim, é preciso mostrar, como o fazem Lewicki et al. (1996, p. 217), que existem distinções importantes entre os dois conceitos e que nem sempre aquilo que é ético é legal ou aquilo que é legal é ético.

Em termos de negociação, também se torna fundamental fazer essa diferenciação, nem sempre bem clara mesmo para os negociadores. Assim, é comum as pessoas se envolverem em comportamentos considerados não éticos quando participam de negociações, principalmente na busca de obter vantagens ou poder.

Evidentemente, a ética dos negociadores depende muito do ambiente no qual estão inseridos, dos seus valores, das suas formações filosóficas e religiosas, das experiências de cada um dos participantes e, acima de tudo, das questões culturais da sociedade e do país em que vivem.

A informação assume uma importância enorme na questão ética, visto que ela normalmente gera poder, permitindo, assim, uma posição mais forte e seu uso por meio do recurso da barganha. Dessa forma, provavelmente se estará caminhando para uma negociação "ganha-perde".

Os principais aspectos ligados à questão ética encontram-se na Figura 6.7.

Há diferentes maneiras de se avaliar o desempenho de uma empresa quando se incorpora a preocupação ética. Pode-se pensar na sua responsabilidade econômica, legal, ética ou discricionária, conforme apresentado no Capítulo 2 (item 2.3).

Nas diferentes maneiras, pode-se pensar numa negociação tendo uma responsabilidade econômica apenas, ou seja, tendo somente a função de produzir resultados aos participantes, em termos de bens e serviços. Por outro lado, é possível imaginar uma negociação legal, isto é, aquela que é executada

212 NEGOCIAÇÃO EMPRESARIAL

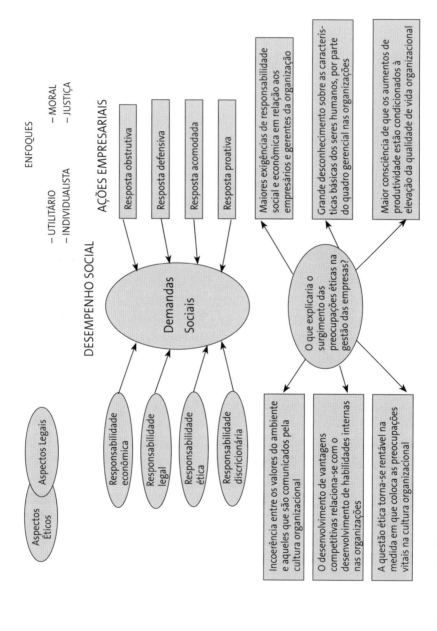

Figura 6.7 – A questão ética nas negociações.

estritamente dentro da lei. Numa terceira visão, seria plausível conceber a negociação como sendo ética. Isso mostra que a questão legal ficaria um pouco de lado e que a negociação não se prestaria apenas a atender à responsabilidade econômica, mas sim que teria por trás uma preocupação segundo os valores morais dos participantes e da sociedade da qual eles fizessem parte. Numa quarta visão, ter-se-ia uma negociação discricionária, que é aquela guiada pela responsabilidade voluntária dos participantes, para dar uma contribuição social ao meio no qual eles estão inseridos.

Essas preocupações estão pouco presentes nas abordagens de negociação. Todavia, seria indispensável que esses aspectos pudessem começar a ser inseridos, para se buscar uma visão mais sistêmica da negociação. Como afirmado por Lewicki e Litterer (1985, p. 319), há três aspectos ligados à conduta ética que aparecem nas negociações, podendo interferir nelas de maneira decisiva. Esses aspectos são:

- Considerar que os fins justificam os meios – postura que pode distorcer totalmente uma negociação, bem como todo um relacionamento entre duas ou mais pessoas.
- Oposição relativismo *versus* absolutismo – duas visões diversas e antagônicas, que podem levar a resultados completamente diferentes, quer seja numa negociação, quer seja em termos de relacionamento humano.
- Dizer sempre a verdade – algumas pessoas têm esse princípio como básico a nortear a sua vida. Mas outros não o levam tão a sério, dizendo aquilo que lhes convém, quando e como convém. Essas posturas diferentes podem levar a resultados completamente diversos numa negociação, chegando até a ter uma influência decisiva no relacionamento entre as pessoas.

Os critérios que orientam a tomada de decisões éticas (conforme apresentado no Capítulo 2) também são fundamentais quando se trata da questão ética. E, da mesma forma, poderiam ser transpostos para a negociação, de forma que se teria:

- *Negociações utilitárias* – seriam aquelas que produziriam o maior bem para o maior número possível de pessoas, sejam elas participantes diretos da negociação, indiretos ou ainda pessoas que aparentemente não teriam nada a ver com as questões da negociação (evidentemente, estão dentro das negociações "ganha-ganha").

- *Negociações individualistas* – trata-se das negociações que podem ser consideradas como morais se promoverem apenas os interesses individuais, pensando-se no longo prazo (seriam, então, negociações estratégicas, porém sempre com a conotação de "ganha-perde").
- *Negociações morais* – partem do princípio de que os seres humanos têm direitos e liberdades que não podem ser simplesmente esquecidos e deixados de lado, sobrepujados por decisões exclusivamente individualistas. Assim, as decisões morais seriam aquelas que mantêm os direitos de todas as pessoas afetadas pela negociação.
- *Negociações justas* – são aquelas que consideram que as decisões morais devem ser baseadas em padrões de equidade, probidade e imparcialidade e que utilizam esses conceitos e ideias durante o processo.

Certamente, a observância desses aspectos anteriormente mencionados, tornaria as negociações mais justas, mais éticas e realmente mais sistêmicas, à medida em que se teria uma visão mais global presente, mais pessoas envolvidas direta e indiretamente no processo e uma preocupação com o ambiente que cerca a negociação no seu todo. E, com exceção, porém apenas parcialmente, de Lewicki et al., que enfocam parte desses pressupostos éticos importantes, os demais autores praticamente ignoram todas essas ideias e conceitos, o que mostra o longo caminho a ser percorrido para tornar as negociações mais éticas e mais sistêmicas, a fim de que possam beneficiar todos os envolvidos.

6.2.7 Envolvimento de uma terceira parte no conflito

Para que se possa saber lidar com uma terceira parte na solução de um conflito (o que normalmente seria feito por meio da presença de um mediador ou de um árbitro), é imprescendível que se desenvolva, antes, a capacidade de lidar com os envolvidos diretamente no processo de negociação, que nem sempre são apenas duas pessoas.

Num primeiro momento, pensa-se sempre no outro lado envolvido na negociação. A maioria das negociações apresenta, porém, normalmente, mais do que dois envolvidos, sejam eles partes envolvidas direta ou indiretamente no processo. Deixando de lado aqueles que estão envolvidos apenas indiretamente (mais difíceis de serem analisados e trabalhados), deve-se considerar, num primeiro momento, os que dependem de maneira direta daquele resultado, mesmo que não estejam presentes à mesa de negociação.

Essa capacidade de inter-relacionar mais de duas partes também é essencial do ponto de vista sistêmico e, muitas vezes, também é bastante difícil de ser colocada em prática. A maior parte dos autores analisados dá pouca importância a essa questão, tendo também dificuldades para abordá-la de maneira clara e objetiva.

Os autores que enfocam essa questão são Lewicki et al. e Bazerman e Neale, os únicos classificados como tendo um bom nível de sistemicidade nesse aspecto (**SSS**). Nierenberg, Sparks e Weeks foram considerados como razoavelmente sistêmicos (**SS**), assim como Jandt, Lax e Sebenius, Rojot e Acuff. Já Cohen, Fisher e Ury e Hodgson foram considerados como apresentando um nível de sistemicidade muito baixo (**S**). Mas, se esse aspecto não está ainda bem coberto pelos autores, não há nenhum deles, entretanto, no qual não se note nenhuma preocupação com esse item (o que pode ser confirmado pelo fato de não ter sido atribuído nível **zero**, ou seja, sistemicidade nula, a nenhum deles).

A partir do momento em que o autor consegue começar a lidar melhor com a capacidade de inter-relacionar as diferentes partes envolvidas no processo, torna-se mais fácil poder começar a tratar a questão de mediação e arbitragem (como o fazem, bastante bem aliás, Lewicki et al. e Weeks).

O envolvimento de uma terceira parte no conflito pode ser visto na Figura 6.8, na qual se verifica que, quando há um baixo nível de controle da terceira parte, tanto sobre o processo quanto sobre o resultado, ocorre a negociação simplesmente.

No caso da mediação, tem-se um nível baixo de controle da terceira parte sobre o resultado, porém com um nível alto de controle dela sobre o processo.

Já na situação em que o nível alto de controle da terceira parte se dá sobre o resultado, e não sobre o processo, tem-se o caso da arbitragem, em que o árbitro participa muito pouco do processo em si, mas tem influência decisiva sobre o resultado final.

No caso extremo em que há um nível alto de controle da terceira parte, tanto sobre o processo quanto sobre o resultado, há, na verdade, uma "inquisição", que é um resultado a ser evitado de todas as formas.

Assim, numa negociação, é necessário saber lidar com a terceira parte envolvida, principalmente quanto se trata de mediação, em que há uma grande influência no desenvolvimento do processo de solução de conflito, com o relacionamento humano assumindo importância fundamental.

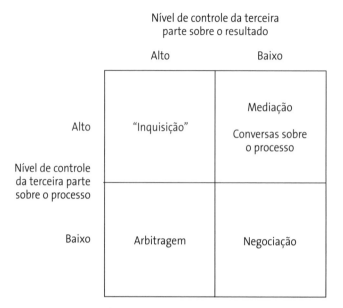

Figura 6.8 – Diferentes tipos de envolvimento de uma terceira parte na disputa
Fonte: Lewicki et al. (1996).

6.2.8 O uso dos tipos psicológicos na solução dos conflitos

O conhecimento dos diferentes tipos psicológicos permite entender melhor as origens dos conflitos, a maneira como as pessoas reagem a eles, as táticas que podem ser utilizadas para lidar com os diferentes estilos e assim por diante.

Alguns autores dão um grande destaque a esses aspectos, até mesmo fazendo classificações dos estilos de negociação, como é o caso de Sparks e Hodgson, conforme quadros propostos por eles e apresentados a seguir, nas Figuras 6.9 e 6.10.

Sparks apresenta esses quatro estilos básicos utilizados pelos oponentes, baseados em um conjunto de suposições sobre o outro, que provocam impulsos por parte dos negociadores. Então tem-se os quatro tipos de impulsos, que, combinados, geram os quatro estilos básicos dos negociadores, conforme apresentado anteriormente. A partir do conhecimento desses estilos e de seus impulsos, é possível prever algumas reações dos negociadores, e também saber como agir em determinadas circunstâncias. Além disso, em alguns casos, os negociadores podem mudar de estilo, principalmente quan-

Figura 6.9 – Os quatro estilos básicos do modelo de Jung
Fonte: Sparks (1992).

do colocados sob pressão. Dessa forma, é muito útil desenvolver os conhecimentos e estudos sobre os diferentes estilos, visando a um melhor desempenho na negociação, bem como a uma melhor compreensão do processo em si.

Sparks dá muita ênfase ao estudo desses estilos e suas recomendações para os negociadores, sendo o autor (dos que foram analisados) que mais se preocupa com esse aspecto e suas consequências para a negociação e para lidar com estratégias e táticas dos oponentes.

Hodgson também se preocupa razoavelmente com a questão dos estilos, ao contrário dos demais autores analisados, que enfatizam muito pouco esse aspecto, tão fundamental nas negociações. Mas a sua preocupação já não é tão grande como a de Sparks, a ponto de detalhar os diferentes estilos, suas características, estratégias e táticas, como seria desejável. A análise efetuada é bastante superficial, sem o cuidado de analisar em detalhes o estilo da outra parte e suas possíveis consequências para a negociação.

Os diversos critérios de classificação e/ou tipologia dos estilos de negociação, perfis psicológicos e papéis gerenciais, apresentados no Capítulo 3, podem ser muito úteis para se preparar para uma negociação e para obter dela os melhores resultados possíveis, no que se refere à satisfação dos interesses, na questão do relacionamento humano e nos aspectos estratégicos que devem estar por trás dela. Essas classificações podem ser utilizadas se-

Figura 6.10 – Estilos para lidar com os conflitos
Fonte: Hodgson (1996).

paradamente ou em conjunto, utilizando duas ou mais delas, visto que são complementares em muitos aspectos, embora, evidentemente, haja também bastante sobreposição entre elas.

Nesse sentido, nota-se que as abordagens de negociação analisadas podem se aperfeiçoar muito, objetivando uma visão sistêmica, por meio de melhor compreensão do comportamento humano e do relacionamento entre as pessoas.

6.2.9 Preocupação com as weltanschauungen (w) dos participantes

A preocupação com as diferentes W – ou visões de mundo ou cosmovisões – dos participantes, é um aspecto fundamental, que deveria ser incorporado aos enfoques de negociação. Se a capacidade de lidar com as várias W é de operacionalização extremamente difícil, até por se tratar de uma questão bastante subjetiva, só o fato de se preocupar com a existência de diferentes W já é de natureza bastante árdua também, pois essas visões de mundo nem sempre são identificadas de maneira clara e objetiva.

Como colocado por Kinston e Algie (1989), nenhum dos seis primeiros tipos de perfis psicológicos de um executivo, no modelo apresentado por eles, preocupa-se com as ansiedades e paixões dos seres humanos, sejam elas racionais ou irracionais. Essas paixões e ansiedades são os motivadores essenciais dos seres humanos e devem ser buscadas de maneira determinada para se identificar as grandes lideranças na organização. Apenas o sétimo perfil proposto por Kinston e Algie (o Intuitivo) é que considera essas questões, procurando explorar percepções, sentimentos e preocupações de todos os envolvidos.

Este tipo de líder, conforme proposto por Kinston e Algie (1989), é fundamental quando os objetivos se apresentam nebulosos e não são claros, quando existem questões muito confusas a serem resolvidas ou, até mesmo, quando há aspectos sobre os quais a incerteza é tão grande que não se sabe se eles virão a existir de fato no futuro. Esses aspectos são muito difíceis de serem trabalhados, porém surgem com muita frequência nas negociações. Daí a importância de saber identificar os diferentes tipos de líder e de perfis psicológicos, o que pode ser decisivo num processo de negociação. Assim, a preocupação com as diferentes W, embora de difícil identificação e até de compreensão por parte de muitos dos envolvidos, torna-se um aspecto fundamental para o planejamento e para o bom andamento de uma negociação.

A grande maioria dos enfoques sobre negociação deixa quase que totalmente de lado essa questão. Talvez uma das poucas exceções seja a abordagem de Nierenberg, que dá um bom destaque a esse item tão complexo, ao salientar o aspecto das motivações e das necessidades (até mesmo seguindo, de maneira bem rígida, uma hierarquia entre essas necessidades dos seres humanos, conforme ressaltado na hierarquia das necessidades, de Maslow). Além disso, Nierenberg se preocupa bastante com as hipóteses não reveladas pelos participantes, o que o leva necessariamente a buscar compreender as diferentes W dos envolvidos, de modo a, partindo delas, poder obter as possíveis hipóteses que são estabelecidas por eles, tentando entender, assim, as motivações que movem as pessoas, bem como a origem das suas necessidades de diferentes níveis e a maneira como pretendem satisfazê-las. Para isso, sem dúvida, conhecer, ao menos parcialmente, as visões de mundo dos envolvidos torna-se de fundamental importância.

Outro autor que apresenta certa preocupação com essa questão das diferentes W (pelo menos no que se refere a identificá-las) é Weeks, ao se preocupar em deixar absolutamente claras as percepções dos diferentes envolvidos no processo de negociação. Além disso, Weeks também tem um grande interesse pelas necessidades dos participantes, quer sejam as necessidades individuais dos envolvidos, quer sejam as necessidades compartilhadas por eles. Ele também se preocupa em construir um poder positivo partilhado entre os envolvidos no conflito, o que, sem dúvida, exige, pelo menos, uma tentativa de identificação das diferentes visões de mundo.

Quanto aos demais autores, muito pouca atenção é dada a esse aspecto, pelo menos de maneira explícita, já que, indiretamente, todos acabam sendo obrigados a, pelo menos, tangenciá-lo, para uma melhor compreensão e desenvolvimento da negociação.

Mas, esse ponto provavelmente se constitui em uma das principais carências das abordagens de negociação, quando se busca uma visão sistêmica do processo. Dessa forma, trata-se de um dos aspectos que mais necessita ser desenvolvido, qualquer que seja o enfoque, visto que o passo seguinte, também de fundamental importância para as negociações e solução de conflitos, seria o de saber lidar adequadamente com essas diferentes W.

6.2.10 A capacidade de lidar com as diferentes W dos envolvidos

Desenvolver a habilidade de poder e saber identificar as visões de mundo diferentes é fundamental para, num segundo momento, poder lidar com elas nas diferentes maneiras que se apresentam. Depois disso, é importante capacitar todos os envolvidos no processo, para que possam lidar com essas diferenças de visões de mundo.

Para mostrar as diferenças de W entre pessoas, bem como a dificuldade para lidar com elas, é interessante transcrever um trecho ilustrativo, denominado "Quando titia veio jantar" (Handy, 1994, p. 181-2):

> Minha tia por afinidade tem um esplêndido caráter, mas de uma era passada. Seu pai nunca trabalhou, nem o pai de seu pai, e, é claro, ela mesma jamais ganhara um vintém na vida. Seu capital trabalhava por eles, e eles administravam o capital. O trabalho era feito por trabalhadores. Ela vê todos os governos de hoje como insanamente preconceituosos contra o capital, todos os trabalhadores como inerentemente gananciosos e preguiçosos, e a maioria das administrações como incompetentes. Não surpreende que o mundo esteja um caos e que ela esteja ficando mais pobre a cada dia.
>
> Tony é um colega de trabalho. Seu pai era carteiro. Ele começou a vida como projetista em uma grande firma de engenharia. Foi criado acreditando que o capital herdado era socialmente errado. Jamais conhecera um homem que não trabalhasse ou não tivesse trabalhado para viver.

> Eles se conheceram por acaso em minha casa, durante um jantar. A coisa começou de maneira quieta e educada. Ela, então, lhe perguntou o que fazia. Transpirou que ele se filiara, há pouco, ao sindicato da sua equipe. Titia nunca conhecera um membro de sindicato.
>
> – Céus, como você pôde? – perguntou ela.
>
> – Faz muito sentido – disse Tony – proteger os seus direitos.
>
> – Que direitos? Que baboseira é essa? Se pessoas como você passassem mais tempo trabalhando e menos cuidando dos próprios interesses, este país não estaria na atual desordem.
>
> – Você – perguntou Tony – não gasta o seu tempo para cuidar dos seus direitos?
>
> – É claro – disse ela –, mas eu tenho direitos. Eu forneço o dinheiro que torna possível a vida para pessoas como você.
>
> – Eu forneço o trabalho que mantém vivo o seu dinheiro, mas por que eu deveria trabalhar para preservar o capital de gente rica que eu nem conheço é algo que me intriga.
>
> – Você fala como um comunista, rapaz, apesar de se vestir de um jeito bem respeitável. Você sabe o que está dizendo?
>
> – Você não precisa ser comunista para questionar a legitimidade da riqueza herdada.
>
> Minha tia se voltou para mim.
>
> – Está vendo por que estou preocupada com este país? – perguntou.
>
> Cada um deles via o outro como um membro de alguma espécie antinatural. Dadas as suas "crenças viscerais", nenhuma discussão ou diálogo apropriado era possível, apenas uma troca de *slogans* ou insultos. É um fato que se repete às mesas de negociação tanto quanto às mesas de jantar.

As negociações empresariais podem ser basicamente internas ou externas à organização. Evidentemente, essa divisão não é absolutamente clara, visto que o ambiente interno da organização e seu meio ambiente se sobrepõem em uma série de aspectos. A maioria das negociações, embora possa ser classificada como interna e externa, acaba tendo influência quer sobre o ambiente interno, quer sobre o meio ambiente da organização.

No que se refere às visões de mundo, é natural que as negociações de caráter mais externo à organização tenham diferenças mais acentuadas a serem tratadas, já que os sistemas culturais a serem considerados e com os quais se tenha de lidar divergem muito mais entre si. Isso acontece de maneira

222 NEGOCIAÇÃO EMPRESARIAL

ainda mais intensa quando se trata de negociações internacionais, nas quais os valores, a ética e os costumes podem ser radicalmente diferentes.

Assim, são várias as características, em grande parte muito diferentes de um povo para o outro, que devem ser consideradas e sobre as quais é importante ter ao menos certo domínio. Alguns povos têm características muito racionais, enquanto outros podem ser mais intuitivos. Certos países se caracterizam por formalidade muito grande entre seu povo, ao passo que outros se apresentam e se conduzem de maneira muito mais informal. Algumas culturas aceitam um nível de flexibilidade bastante alto, mas outras são muito mais rígidas nos seus princípios e na sua conduta. Algumas pessoas apresentam uma persistência acima de qualquer expectativa, já outras não têm a mesma determinação de seguir em frente em busca de seus objetivos. O tipo de comunicação a ser utilizado ao longo da maior parte da negociação pode ser verbal e/ou não verbal, além de mais ou menos formal. Para isso, é fundamental se conhecer, da maneira mais profunda possível, as características de W daquele povo com o qual se está negociando.

Essas características anteriormente citadas, assim como várias outras que podem ser essenciais num processo de negociação, ligadas aos diferentes sistemas a serem considerados, como o sistema político, o econômico, o social, o financeiro, o logístico, o legal, o religioso, além do sistema cultural (já bastante explorado), podem ser observadas na Figura 6.11, lembrando-se sempre da importância do envolvimento na negociação das três variáveis básicas do processo, a saber: tempo, poder e informação.

Aparentemente, as negociações internacionais seriam mais difíceis de serem conduzidas, visto que a tendência é de que existam diferenças mais acentuadas entre as W dos participantes. Claro que as grandes diferenças culturais, religiosas, políticas, econômicas, sociais, legais, e assim por diante, têm uma influência muito grande nessas negociações mais amplas e de caráter internacional. Porém, em negociações que envolvam o mesmo meio, em termos de país, de região, ou até mesmo de negociações internas numa empresa, pode-se ter visões de mundo completamente diferentes e, em muitos casos, absolutamente conflitantes e opostas, como no exemplo de Handy (1994 – acima transcrito): no mesmo meio, encontram-se diferenças de W muito difíceis de serem conciliadas (e, eventualmente, o caso citado poderia ser de um acionista e de um funcionário da mesma empresa). Nesses casos, talvez se tenha uma dificuldade muito maior em identificar e, depois, lidar com essas W diferentes, pois não se espera, a princípio, encontrar divergên-

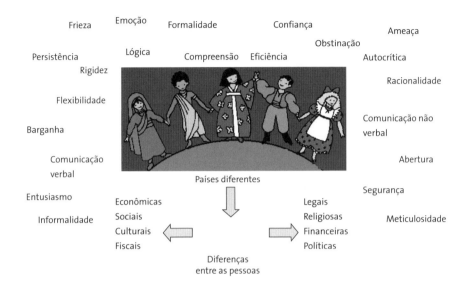

Figura 6.11 – Aspectos importantes nas negociações internacionais.

cias tão grandes de visão. Já numa negociação internacional, existe uma pré-consciência de que as diferenças culturais, políticas, econômicas, sociais, legais são muito grandes, o que leva os negociadores a, de antemão, se prepararem para essas grandes desigualdades que irão encontrar.

Aqui se torna fundamental conhecer os perfis psicológicos do estudo desenvolvido por Ackoff e Churchman (Ackoff, 1996), apresentados no item 3.8. Assim, um introvertido e movido por estímulos internos (SI na classificação proposta por eles) agiria de maneira completamente diferente de um extrovertido movido por estímulos externos (OE segundo a classificação). Então, conhecer os perfis desses negociadores pode ajudar muito na condução da negociação, assim como pode ser importante para prever antecipadamente algumas reações dos participantes. Com isso, dá-se um passo importante para tornar a negociação mais efetiva e com maiores chances de produzir resultados duradouros e benefícios para todas as partes envolvidas.

Como exemplo do conhecimento desses perfis e da sua utilização nas negociações internacionais, pode-se relembrar o antigo conflito entre árabes e judeus em Israel, no qual ambos os grupos são considerados como SE (extrovertidos e movidos por impulsos internos), ou seja, buscam manipular o outro lado para satisfazer às suas finalidades, deixando muito pouco espaço para cooperação. E, para completar, tem um mediador (os EUA) também de características iguais (SE). Assim, o mediador, em vez de procurar ressaltar pontos de vista diferentes, vem reforçar os mesmos pontos de vista, contribuindo, assim, para agravar o conflito. Se fosse escolhido um mediador de características diferentes (se possível, opostas, como um OI, que tende a responder mais a estímulos externos e, com isso, a modificar-se a si mesmo), como a Inglaterra, com certeza ela poderia se constituir num facilitador mais adequado para essa disputa, seja como mediador, seja como árbitro.

Dessa forma, vê-se que são maiores as chances de sucesso, numa negociação internacional, quando há a introdução de um mediador ou um aliado que tenha características compatíveis com aqueles que já estão envolvidos na negociação, pois ajuda a equilibrar, no seu conjunto, um relacionamento, que antes se apresentava desequilibrado. Numa negociação no âmbito interno de uma empresa, ou até mesmo numa família, conforme exemplificado no item 3.8, no que se refere à formação da personalidade dos filhos, o conhecimento desses perfis psicológicos e de suas características também pode ser de extrema importância.

Em suma, procurar pares balanceados em relação ao ponto central de objetividade *versus* subjetividade e introversão *versus* extroversão (o chamado *"centraversion"* de Ackoff e Churchman) pode ser decisivo para o sucesso de uma negociação. E é importante lembrar que, encontrar esse ponto central pode levar a escolher um parceiro ou oponente de características completamente diversas (em alguns casos, totalmente opostas) em relação aos traços de personalidade dos negociadores já envolvidos.

Como no exemplo de Lincoln, segundo o qual, se tivesse nove horas para cortar uma árvore, gastaria seis para afiar o seu machado, aqui também seria muito útil que se empregasse uma boa parte do tempo disponível para conhecer as diferentes W dos envolvidos e para saber como lidar melhor com elas, pensando nos resultados da negociação, bem como no relacionamento humano existente e futuro.

Como observado no quadro do item 6.2.1, referente ao processo de negociação, é fundamental atentar para todas as entradas do processo, que são as variáveis que deverão ter influência sobre a negociação. Assim, por exemplo, há as diferenças individuais, que em parte compõem as várias visões de mundo dos participantes, os valores dessas pessoas, a questão do relacionamento humano já existente, aquilo que se quer preservar e aquilo que se pretende construir, e assim sucessivamente. Considerar essas variáveis de entrada é essencial para o processo de negociação em si, bem como para os resultados que se espera obter (da maneira mais ampla possível), que são as saídas do processo, que tanto interessam aos negociadores. Portanto, a satisfação das necessidades, as decisões conjuntas que possam ser tomadas, a melhor maneira de solucionar o conflito, assim como os benefícios duradouros que poderão advir daquela negociação, são aspectos da maior importância e sobre os quais se quer ter o maior controle e interferência possíveis.

A tipologia de Kinston e Algie (1989) também é imprescindível para o tratamento das diferentes visões de mundo. Ao buscar utilizar a visão sistêmica no tratamento dos problemas na Administração, subdividindo o processo de solução em diferentes fases e tentando analisar como os diversos perfis psicológicos agem em cada uma dessas fases, eles procuram caracterizar o tipo de tratamento a ser dado a cada um dos negociadores, de maneira a tornar o relacionamento mais adequado e a negociação mais efetiva.

Pelos estudos de Kinston e Algie, vê-se que um perfil racionalista usa os objetivos e o futuro para determinar as ações presentes, ou seja, abstração e potencial. Já os empíricos preferem guiar-se pelas realidades concretas da situação existente, tendendo a hostilizar mudanças e inovações, por alterarem os parâmetros básicos que determinam os fatos.

As pessoas de perfil pragmático tendem a lidar melhor com as questões referentes a mudanças e inovações, não tendo, porém, habilidade para tratar holisticamente problemas mal-estruturados. Além disso, não se dão bem quando os seus interesses próprios não são bem aceitos, casos em que se deve recorrer aos perfis dialéticos. O perfil dialético é muito adequado quando os envolvidos têm dúvida quanto à própria natureza do problema, ou quando os interesses envolvidos são claramente opostos, situação que nem os racionalistas, nem os empíricos, nem os pragmáticos tratam de maneira apropriada. O dialético tende a ter características bastante adequadas para agir como árbitro na maior parte das situações.

O perfil sistêmico é menos utilizado do que seria desejável, mesmo em áreas nas quais poderia ser essencial. Os que têm esse perfil tendem a preocupar-se muito com os fins últimos e suas relações com os meios. O grande problema com eles é que os modelos a serem utilizados muitas vezes não são compreendidos pelos que deveriam usá-los. Além disso, há o perigo de gerar complexidade desnecessária e consciência individual à violação de valores. Por outro lado, tendem a dar atenção relativamente pequena a aspectos de certeza, informação, adequação e poderes dos grupos. Problemas relevantes em estruturas sociais reconhecidas não são bem tratados pelos sistemistas; o perfil estruturalista é que costuma abordar bem esse tipo de problema. Mas pode degenerar muito facilmente em rigidez burocrática, elitismo opressivo, demora no processo, além de abafar, com muita frequência, as inovações que surgem.

Nenhum dos perfis até aqui mencionados dá atenção explícita às ansiedades e paixões, racionais ou irracionais, que são os motivadores essenciais dos seres humanos. Isso só é feito pelos líderes intuitivos, que focam de maneira intensa a vida interior dos homens.

Assim, conhecendo-se os diferentes perfis psicológicos apresentados por Kinston e Algie (1989) e sabendo quais são suas tendências na escolha da abordagem a ser seguida no processo de tomada de decisão e nas negociações de modo geral (conforme apresentado no item 3.7 deste livro), tem-se um ponto de partida fundamental para entender e saber lidar com as diversas W dos vários tipos psicológicos envolvidos.

Já a classificação dos papéis gerenciais de Mintzberg (1973) é importante por apresentar três tipos diferentes de grupos de papéis, quais sejam os papéis interpessoais, os informativos e os decisórios (conforme apresentado no item 3.9.

Entre os papéis decisórios, Mintzberg apresenta o papel do negociador, que é o que mais interessa nesse momento. O administrador pode desempenhar vários desses papéis simultaneamente ou concentrar-se em um único. Dessa forma, o negociador pode desempenhar esse papel o tempo todo ou oscilar entre os outros nove, concentrando-se apenas intermitentemente nesse décimo papel. Sem dúvida, o fato de estar sempre no mesmo papel ou oscilar entre os diferentes tipos de papéis tem influência, direta e indiretamente, sobre a sua W. Além disso, dependendo dos seus "sistemas envolventes", ele também poderá ter diferentes visões de mundo.

Por outro lado, como caracterizado por Mintzberg, a atividade do negociador tem duas facetas distintas. A primeira se relaciona com negociações externas, com outras unidades ou divisões da empresa, ou mesmo com outras organizações. Nelas o administrador aparece como figura de proa, como porta-voz e como alocador de recursos, negociando recursos em tempo real com seus oponentes. Na segunda faceta do seu papel, o administrador tende a negociar internamente na organização, com seus pares, subordinados e superiores. Nessas negociações internas, é comum ele assumir os três papéis já mencionados – figura de proa, porta-voz e alocador de recursos – diante dos seus subordinados. Essa postura bastante extrema contrasta, no outro extremo, com as propostas de Ackoff (organização circular/hierarquia democrática) e da Escola de St. Gallen (da Administração Evolutiva), nas quais a participação e o envolvimento de todos, num mesmo nível, torna-se indispensável para o desenvolvimento do sistema como um todo, de maneira auto-organizada e autoevolutiva. Notam-se, então, novamente visões de mundo completamente diferentes e que deverão ser identificadas e trabalhadas com muito cuidado, para obter os melhores resultados possíveis no processo de negociação, sem ferir as diversas W de cada um dos envolvidos, dando-lhes, ao mesmo tempo, a oportunidade de revê-las e aperfeiçoá-las.

Com certeza, porém, deve-se utilizar, também, de maneira intensa, as diversas abordagens da visão sistêmica, conforme apresentado no Capítulo 4. As visões sistêmicas não têm como única aplicação a discussão das diferentes W dos participantes; porém trata-se, sem sombra de dúvida, de uma de suas principais utilizações. Naturalmente, a visão sistêmica não é suficiente para desenvolver a capacidade de lidar com as diferentes W dos envolvidos. No entanto, ela é fundamental como um ponto de partida básico nesse sentido.

Assim, utilizar as abordagens sistêmicas torna-se uma etapa essencial para a discussão das diferentes visões de mundo, visto que se trata de um passo inicial e recorrente durante todo o processo de negociação, dado que as W vão se alterando ao longo do tempo, pela própria condição evolutiva do ser humano.

Entre as metodologias descritas sucintamente no Capítulo 4, pode-se destacar a visão de Churchman, com seus sistemas indagadores e sua operacionalização, por meio do SAST (*Strategic Assumptions Surfacing and Testing*), também conhecido como TPV (*Testing Polarized Viewpoints*). Muito ligado à visão de Churchman, está o Planejamento Interativo (de Ackoff), com seus passos para obter o consenso, no qual a discussão das diferentes W é fundamental para a definição de metas, objetivos e ideais.

Numa outra linha bastante próxima, derivada da Pesquisa Operacional *Soft* (Flexível), estão a *Soft Systems Methodology* (SSM), de Checkland, e a Soda (*Strategic Options Developing and Analysis),* com os seus mapas cognitivos para fixar as diferentes W. Na SSM, o passo principal das definições essenciais é justamente para testar e questionar as diferentes W.

Como já assinalado, todas essas metodologias têm obtido sucesso, o que pode ser comprovado pelos bons resultados apresentados por elas. Porém, elas são indicadas para abordar contextos pluralistas e até mesmo unitários.

Entretanto, em contextos coercitivos, é necessário tentar introduzir a CSH (*Critical Systems Heuristics*), a qual, porém, como já se explicou, às vezes encontra dificuldades intransponíveis para sua utilização. Sinteticamente, poder-se-ia dizer que, para a discussão das diferentes W, é importante o emprego da TSI/LSI (*Total Systems Intervention/Local Systemic Intervention*), que utilizam ecleticamente todas essas metodologias, de acordo com o momento. A TSI e a LSI atuam num Metaplano, como o faz a Administração Evolutiva.

Assim, é fundamental o conhecimento e a utilização dessas abordagens da visão sistêmica, como um passo importante e extremamente necessário, embora não suficiente, para o entendimento das diferentes W, bem como para capacitar todos os envolvidos no processo de negociação para lidarem de maneira adequada com essas diferenças de visão de mundo.

6.2.11 A busca de uma negociação evolutiva, segundo o princípio de hierarquização de sistemas

As hierarquizações de sistemas datam basicamente das décadas de 1970 e 1980 e, em geral, o critério para hierarquizar os sistemas é o da complexidade das relações no sistema. Porém, a complexidade não deve ser o único critério para mudar de um nível para o outro, visto que, em alguns casos, a introdução de uma única interação entre dois ou mais elementos faz que ele assuma características diferentes.

Diante disso, foi feita, na Tese de Doutorado de Martinelli (1995), uma nova proposta de hierarquização de sistemas baseada no tipo de interações entre os elementos do sistema, não importando a quantidade de interações entre os elementos do sistema, nem o número de elementos envolvidos no sistema e ou a complexidade das interações entre esses elementos. Assim, uma única interação nova, de outro tipo, por mais simples que seja, é suficiente para que o sistema seja classificado no nível seguinte da hierarquização.

A seguir apresenta-se essa hierarquização (Figura 6.12), conforme proposto em Martinelli (1995, p. 65-74), com sete níveis diferentes, além do "Nível 0", acompanhada das interações que caracterizam cada um de seus níveis, assim como alguns exemplos característicos dos sistemas sociais e do meio organizacional.

O "Nível 0", aqui apresentado, se constitui em novidade entre as diversas hierarquizações de sistema existentes. Esse "Nível 0", ou o nível de "não

TIPOS DE SISTEMAS	INTERAÇÕES CARACTERÍSTICAS	EXEMPLOS
7 EVOLUTIVOS	Capazes de modificar o ambiente	Organizações que modificam sua identidade e estrutura para manter a viabilidade
6 ADAPTATIVOS	Aprendizado, invenção de novas ações	Tartaruga mecânica, programas de xadrez, *Learning organizations*
5 AUTOPOIÉTICOS	Auto-reprodução, idêntica ou semelhante	Reprodução em bloco de seções de uma organização; franquias
4 MULTINÍVEIS	Subordinação e *feedback* variável	Sistema de controle de trens de metrô e de funções e órgãos de uma organização
3 DINÂMICOS COM *FEEDBACK*	*Feedback*, definidas rigidamente	Termostato, regulador de Watt, sistema de controle de estoques
2 DINÂMICOS SIMPLES	Cinemáticas, definidas rigidamente	Relógio, procedimentos automatizados para folhas de pagamento e faturamentos
1 ESTÁTICOS	Estáticas, definidas rigidamente	Mesa, edifícios, as instalações das fábricas e a disposição de suas máquinas e equipamentos
0 "NÃO-SISTEMAS"	Aleatórias	Negócios ao acaso, por tentativas, a ferrovia *happy-go-lucky* de Kipling

Figura 6.12 – Uma hierarquia de sistemas baseada na diversidade das interações

Fonte: adaptado de Martinelli (1995, p. 72).

sistema" (no qual as interações entre os elementos do sistema não acontecem de maneira sistêmica, ou seja, não acontecem segundo uma regra determinística, surgindo de maneira absolutamente casual entre as partes envolvidas), embora não esteja presente nas demais hierarquizações de que se tem notícia, já foi tratado, curiosamente, pelo cientista e filósofo americano Charles Pierce, desde o final do século passado (Martinelli, 1995, p. 196-201).

Essa hierarquização de sistemas proposta, assim como qualquer outra já apresentada, tem suas aplicações e utilidades. Ela foi concebida para contribuir no sentido de entender a evolução dos conhecimentos de Administração. Assim, pode ser útil para se buscar um aperfeiçoamento das abordagens de negociação, rumo a uma abordagem sistêmica, tentando tornar a negociação evolutiva.

Dessa forma, deve-se evoluir de negociações realizadas de maneira absolutamente aleatória, com negócios feitos ao acaso, pois é o que se procura por meio das diversas abordagens de Negociação, procurando torná-las consistentes, realizadas de acordo com algum critério e princípios básicos. Assim, qualquer abordagem utilizada permite sair do nível de não sistema na negociação.

Num segundo nível (o Nível 1 – de sistemas estáticos), ter-se-iam as negociações caracterizadas por interações estáticas, definidas de maneira rígida, na qual não haveria oportunidade para o negociador utilizar a sua criatividade, o conhecimento dos perfis psicológicos e dos estilos de negociação, já que ele deve agir segundo normas preestabelecidas, não podendo utilizar as características diferentes de cada perfil psicológico e dos estilos de negociação, assim como das diferentes maneiras de lidar com esses perfis.

No Nível 2, dos sistemas dinâmicos simples, as interações deixam de ser estáticas, tornando-se cinemáticas, porém ainda definidas rigidamente, sem dar, portanto, autonomia aos negociadores para utilizarem sua criatividade. Tem-se, nesse caso, procedimentos a serem utilizados que, embora com alterações em função de determinadas situações, são absolutamente automatizados. Seria o caso daquelas abordagens de negociação nas quais se têm regras fixas a seguir, com pequenas alterações em função de características específicas de cada momento, sendo elas, porém, sempre previsíveis.

No Nível 3, dos sistemas dinâmicos com *feedback*, a grande novidade seria a introdução do *feedback* como elemento realimentador do sistema, no caso a negociação. Assim, começa-se a utilizar a comunicação de maneira mais intensa na negociação, de forma a estabelecer mecanismos de realimentação, sejam eles formais ou não, escritos ou verbais. Trata-se do caso daquelas abordagens dos autores de negociação que começam a dar mais ênfase à questão dos interesses básicos de ambas (ou mais) as partes envolvidas no processo de negociação, bem como a verificar se os interesses básicos estão sendo atendidos ou não, se são complementares ou conflitantes e se podem ser atingidos simultaneamente.

No Nível 4 passa-se a ter vários níveis hierárquicos envolvidos, por isso chamado de multiníveis. Trata-se do caso de negociações mais complexas, com várias partes envolvidas e que contêm relações de subordinação. Tendem a estar mais presentes em negociações internas às organizações, envolvendo dois ou mais níveis na estrutura hierárquica das empresas; porém, podem também ser utilizadas em negociações externas, principalmente em casos de negociações internacionais, nas quais pode haver diferentes países envolvidos e, mesmo que não existam níveis hierárquicos formalmente, podem, com certeza, existir relações de poder extremamente representativas no contexto da negociação.

No nível das negociações autopoiéticas – o Nível 5 –, ter-se-iam basicamente as negociações em ambiente fechado, sem muita interação com o ambiente externo. Pode ser o caso das negociações em economias extremamente fechadas, com pouca interação com o comércio internacional e nas quais as questões culturais e sociais do contexto daquele país podem assumir uma importância muito grande.

Evoluindo nas negociações, dever-se-ia buscar um nível de adaptação ao ambiente no qual se está inserido, dando um salto das interações do nível anterior para economias mais abertas, que poderiam retratar realidades mais amplas no contexto das negociações, no sentido de proporcionar maiores oportunidades para criatividade e inovações nas negociações.

Assim, chegar-se-ia ao Nível 6 – dos sistemas adaptativos –, que é caracterizado, no meio empresarial, pelas *learning organizations*, ou seja, pelas organizações que aprendem pelos seus próprios meios, a partir das experiências vividas e das próprias oportunidades proporcionadas pelo meio ambiente, e pela sua evolução contínua. Dessa forma, tentando transpor para as negociações, ter-se-iam os casos nos quais os negociadores estão abertos e receptivos a aprender continuamente, por seus próprios meios e pelas experiências proporcionadas pela participação em outras negociações.

Sem dúvida, para isso, é fundamental que os negociadores possam conhecer bastante bem as características das negociações, bem como os perfis, habilidades e estilos dos diferentes negociadores com os quais eles irão se encontrar, a fim de poder aprender continuamente por meio desse contato. A partir disso, os negociadores poderão estar se adaptando, de maneira cada vez mais intensa, a um ambiente altamente mutável, no qual estamos todos inseridos, e que passa por alterações cada vez mais frequentes e significativas na sua essência. Assim, seria fundamental que os negociadores pudessem estar cada vez mais capacitados a enfrentar essa nova realidade do ambiente no qual estão inseridos. Nessa linha, as ideias e experiências expostas no *Caderno de campo da quinta disciplina*, de Peter Senge (Senge et al., 1997), podem ser de grande valia.

Nas negociações classificadas no Nível 6 nessa hierarquia, poder-se-ia chegar a alterar a própria estrutura do conteúdo no qual elas estivessem inseridas (podendo ser uma empresa, um outro tipo qualquer de organização,

232 NEGOCIAÇÃO EMPRESARIAL

um país ou qualquer outro sistema que pudesse vir a ser caracterizado), não afetando, porém, a identidade do sistema que as abrange.

Num Nível 7, considerado como evolutivo, ter-se-iam as negociações capazes de modificar o próprio ambiente no qual elas estão inseridas. Tratar-se-ia de negociações que pudessem vir a mudar as próprias organizações nas quais elas estejam inseridas, alterando, inclusive, sua identidade. Trata-se de negociações que tenham a capacidade de interagir com o próprio ambiente no qual estão inseridas, modificando-o. E essas alterações, no próprio ambiente no qual elas se encontram, podem ser necessárias para manter a viabilidade do ambiente em que estão inseridas, de acordo com a ideia do modelo de sistema viável (*Viable System Model* – VSM), conforme proposto por Beer (Martinelli, 1995, p. 35-8).

Porém, para que as negociações possam assumir um caráter realmente evolutivo, há muito ainda a ser feito, e, aqui, não há nada melhor do que seguir as palavras de Checkland, ao afirmar que "*...never ending learning is a good thing...*", ou seja, "nunca deixar de aprender é uma boa coisa". Portanto, o caminho a ser percorrido é muito longo, difícil e cheio de obstáculos, que precisam ser transpostos ao longo do tempo. E isso é algo para um trabalho posterior, que se abre a partir daquilo que foi realizado nas teses de doutorado e livre-docência deste autor, além de outras publicações mencionadas, bem como este livro. Consiste, assim, num novo desafio a ser enfrentado...

6.3 O grupo-laboratório como instrumento para levar a visão sistêmica da negociação às empresas

O "Grupo-Laboratório" se constituiu em iniciativa deste pesquisador, inicialmente apoiado pelo CNPq, para fornecer assistência a empresas novas ou antigas da região de Ribeirão Preto, dentro de uma perspectiva sistêmico-evolutiva. Com suas atividades básicas de pesquisa e extensão, na prestação de serviços, busca oferecer, essencialmente:

- *Aos estudantes de graduação e pós-graduação*: oportunidades de atuação prática nas empresas da região.
- *Aos docentes*: enriquecimento de suas vivências profissionais, aplicando os conhecimentos teóricos no meio empresarial.
- *Às pequenas e médias empresas da região*: assistência sistêmico-evolutiva para um desenvolvimento seguro, consistente e efetivo.

EM BUSCA DE UMA VISÃO SISTÊMICA NA NEGOCIAÇÃO **233**

Uma das principais inspirações para a criação do "Grupo-Laboratório", conforme proposto na tese de doutorado deste autor (Martinelli, 1995a) e apresentado em artigo no Congresso Anual da ANPAD-95 (Martinelli, 1995c), foi o estudo dos novos paradigmas. Conforme Ray (1993), cada vez mais se generaliza a constatação de se estar no meio de uma mudança de paradigma na Administração.

De toda parte ecoavam alertas, observações e recomendações nesse sentido (Broekstra, 1991; Harnden e Leonard, 1994; Doppler e Lauterburg, 1994; Ulrich e Probst, 1984; Malik, 1993 – em Martinelli, 1995a e, mais recentemente, em Nóbrega, 1996). Assim, a visão de empresa como objeto social deve ser ampliada para uma visão de instituição social, dentro de uma nova maneira holística de se pensar.

As transformações ligadas ao novo paradigma são o foco principal das abordagens sistêmico-evolutivas, que se caracterizam por possuir uma visão holística das empresas, capacitando-as para a "auto-organização" e o "auto-desenvolvimento", na linha proposta por Beer (1972), com o seu modelo de sistema viável (VSM), por meio de intensa participação e interação dos seus membros (Martinelli, 1993, 1994, 1995a, 1995c).

Nessa linha, o "Grupo-Laboratório" foi proposto seguindo os conceitos de Malik e Probst (1984), para a formação de novos administradores com a visão do novo paradigma, levando-se em conta os dois pontos básicos da Administração Evolutiva, proposta pelos autores citados há pouco, ou seja, a busca da "autocoordenação" em vez da hierarquia formal, e da ordem como resultado de regras de comportamento, que representam a forma mais importante de adaptação do homem ao seu ambiente.

A ideia do "Grupo-Laboratório" – um grupo universitário de consultoria, com orientação sistêmico-evolutiva, constituído por docentes e estudantes da Faculdade de Economia, Administração e Contabilidade de Ribeirão Preto da Universidade de São Paulo (FEA-RP/USP) –, foi, desde o início, a de funcionar como laboratório de formação, treinamento e pesquisa para os participantes. Busca-se oferecer apoio, orientação e consultoria "neoparadigmática" a empresas novas, em formação ou já existentes.

De acordo com a tipologia de Kinston e Algie (1989), apresentada no item 3.7 deste livro, o perfil psicológico de um executivo sistêmico, no seu processo de tomada de decisões, é menos utilizado do que o desejável, mesmo naquelas áreas ou atividades nas quais ele poderia ser considerado essencial. Então se requerem consultores do tipo sistêmico-evolutivo para auxiliar na solução dos problemas. Eles parecem trabalhar implicitamente com uma abordagem sistêmica, guiados por uma compreensão não explicitada claramente, que é um modelo mental do conjunto da situação, conforme proposto por Senge et al. (1997, p. 223).

Assim, ter-se-ia o sistemista atuando como pesquisador sênior, de acordo com a proposição de Kinston e Algie (1989), coordenando, de maneira holística, atividades importantes, para o desenvolvimento de pequenas e médias empresas, de maneira segura e consistente. Nessa linha, devem ser elaborados cenários futuros que equilibrem os principais objetivos da organização, modelando a situação presente e a futura e elaborando modelos para intervir.

O "Grupo-Laboratório" teve alguns aspectos fundamentais para a sua criação, a saber:

- O início do trabalho deste docente, que assumiu a responsabilidade de orientar, ao longo do curso de graduação, um grupo de alunos da FEA-RP/USP, então cursando o segundo ano de Administração (em 1994). Desse grupo inicial, surgiu um pequeno grupo de estudantes, muito identificados com este docente e próximos a ele, que prosseguiram um trabalho mais profundo visando, a médio prazo, à estruturação de uma equipe de estudos, pesquisas e assessoria junto às micros e pequenas empresas da região. O alto potencial desses alunos e o interesse demonstrado por eles, bem como o entrosamento com este docente, além de proporcionarem grandes frutos, constituíram-se em um ponto de partida fundamental para a ideia do "Grupo-Laboratório".
- A constatação, por meio da experiência docente deste autor na FEA-RP/USP, desde a criação dos cursos de Economia, Administração e Contabilidade, de que os alunos de Ribeirão Preto possuíam, em geral, características de empreendedores muito mais fortes do que os alunos desses cursos em São Paulo, que, na sua maioria, buscavam adquirir uma sólida formação, visando à uma bem-sucedida carreira de executivo em empresas. Com isso, percebeu-se existir um grande campo para formação e desenvolvimento de empreendedores e de novas empresas entre os alunos dos cursos de graduação de Ribeirão Preto, em especial entre os estudantes de Administração. Além disso, observou-se que seria possível aliar o interesse dos estudantes por atividades práticas em empresas com as imensas carências das empresas da região, em termos de assessoria aos seus problemas mais essenciais e ao enfoque a ser

dado às suas dificuldades do dia a dia, no que se refere à adaptação ao ambiente e ao relacionamento pessoal interno e externo.

- A oportunidade deste docente de participar no XXII Programa CDM (Centre pour Dirigéants de Management), do Fonds Léon Bekaert, destinado a dirigentes empresariais e universitários, realizado em Bruxelas (Bélgica), no período de setembro a dezembro de 1994. Esse programa estendeu-se por outros países europeus, dentre os quais França, Suíça, Espanha, Itália e Suécia, em que foi possível conhecer e discutir diversas outras experiências de integração empresa-universidade, incentivos à criação de novos negócios, exemplos de incubadoras de empresas e outras atividades similares, que trouxeram importantes luzes para o desenvolvimento de atividades desse tipo em nosso meio.

- A leitura de um importante livro, que só veio a confirmar e reforçar os estudos e leituras feitos anteriormente, estruturado por uma equipe de professores e pesquisadores da Universidade de Stanford, nos EUA (Ray e Rinzler, 1993), com diferentes visões, análises e comentários sobre a iminência de um novo paradigma na Administração, o que exigiria um perfil diferenciado dos novos administradores a serem formados na última década do século passado, que iriam iniciar sua atividade profissional no limiar do milênio, enfrentando um mundo em constante mutação com uma postura proativa, diante desse ambiente turbulento e competitivo.

O programa de atividades para treinamento dos estudantes continha basicamente duas grandes fases de ciclos SSM (*Soft Systems Methodology*, conforme proposto por Checkland, 1981):

- Quatro ciclos iniciais para formação da equipe, com uma carga total de 32 horas.
- Cinco ciclos para aprofundamento do preparo da equipe, com uma carga total de 200 horas de trabalho.

Os ciclos iniciais para formação da equipe tiveram como principais funções:

- Entrosamento inicial entre este docente e os primeiros estudantes envolvidos.

- Discussão sobre as atividades para implantação do "Grupo-Laboratório".
- Estabelecimento de um primeiro contato com a SSM.

Os ciclos de aprofundamento do preparo da equipe foram esquematizados para serem realizados nas férias escolares, por serem de duração mais longa e exigirem um envolvimento maior. Assim, programou-se um primeiro ciclo, mais voltado aos aspectos internos do "Grupo-Laboratório", e um mais preocupado com os aspectos externos.

A SSM, de Checkland (1981), foi selecionada como metodologia básica, tanto para o treinamento inicial dos estudantes quanto para os trabalhos práticos a serem desenvolvidos nas empresas, em virtude de ser uma metodologia flexível e, assim, aplicável a problemas envolvendo questões de relacionamento humano, portanto de difícil quantificação.

Um exemplo interessante de aplicação da SSM foi o de repensar e reequipar o departamento de serviços de informação e biblioteca de uma empresa inglesa, a ICI (conforme apresentado em Martinelli, 1995a). Nesse trabalho, o cliente definiu que não queria que o estudo fosse feito por Checkland e sua equipe, mas sim por um grupo de três gerentes da empresa, ajudados por Checkland e sua equipe.

O esquema utilizado nesse projeto foi:

- Um *workshop* de dois dias para iniciar o estudo.
- Continuação do estudo pelo grupo interno, com os três gerentes trabalhando juntos um dia por semana, pedindo ajuda, quando necessário, à equipe de Checkland.
- Revisão dos trabalhos com os consultores a cada seis semanas. Foram feitos quatro ciclos SSM (completos ou incompletos) durante a existência formal do estudo. Depois disso, houve uma continuação interna, com o espírito da SSM espalhando-se pela empresa.

O resultado prático do trabalho foi um modelo desenvolvido segundo as necessidades da própria empresa, no qual, após o levantamento das situações-problema por parte dos gerentes (num total de 26 problemas), definiu-se um sistema de apoio que capacitaria a ICI a operar produzindo riqueza. Antes disso, o sistema era somente um participante "reativo", que apenas atendia aos pedidos (embora de maneira rápida, eficiente e responsável).

Esse modelo final (aplicável a todas as situações-problema que foram identificadas) foi estruturado observando os seguintes critérios (definidos pela própria empresa): eficiência (resultados obtidos sobre recursos utilizados), eficácia (geração de riqueza possível) e efetividade (sucesso empresarial no longo prazo). Esse modelo possibilitou à empresa identificar os seus próprios problemas, capacitando-a a estimular suas ideias sobre questões problemáticas, bem como a fazê-lo holisticamente, de maneira a não considerar arbitrariamente aspectos julgados relevantes. Além disso, introduziu a ideia de fazer modelos de sistemas de atividades com objetivos e utilizá-los para estruturar o debate.

Portanto, vê-se que o papel dos consultores foi o de enriquecer o processo, em vez de definir o conteúdo do estudo. A partir desse momento, a equipe de gerentes passou a desenvolver novos ciclos SSM por conta própria, detalhando e aprofundando os seus problemas, contando com o apoio de Checkland e sua equipe apenas nos momentos de necessidade.

Dessa forma, foram desenvolvidos no "Grupo-Laboratório" (denominado Grupo de Sistemas da FEA-RP depois de 2004) diversos estudos de caso e trabalhos de assistência a empresas, sempre contando com os estudantes orientados por este pesquisador, conforme trabalhos apresentados em artigos em congressos nacionais e internacionais (Martinelli, 1995a; Martinelli, 1995b; Amaral e Martinelli, 1996; Cavalcanti e Martinelli, 1996; Martinelli e Amaral, 1996; Martinelli e Cavalcanti, 1996; Martinelli e Santos, 1996; Cotrin e Martinelli, 1997; Meirelles et al., 1997; Chamma e Martinelli, 1998; Cônsoli e Martinelli, 1998; Salmasi e Martinelli, 1998a; Salmasi e Martinelli, 1998b; Cotrin e Martinelli, 1999a; Cotrin e Martinelli, 1999b; Martinelli e Cotrin, 1999; Martinelli e Vichi, 1999; Santos e Martinelli, 1999; Vichi e Martinelii, 1999; Ferrari et al., 2000; Martinelli et al., 2000; Vichi et al., 2000).

A preocupação sempre foi a de aplicar os conceitos do enfoque sistêmico nos trabalhos práticos. Os trabalhos sobre o tema *negociação* passaram a ser desenvolvidos no "Grupo-Laboratório" a partir do ano de 1996, conforme relatos apresentados em congressos nacionais e internacionais, revistas internacionais e livros (Martinelli e Almeida, 1996; Almeida e Martinelli, 1997; Cavalcanti e Martinelli,1997; Cavalcanti e Martinelli, 2000; Fares et al., 2000; Machado e Martinelli, 2000; Martinelli, 2000a; Martinelli, 2000b; Martinelli e Almeida, 1998b; Martinelli e Almeida, 1997; 1998a, Martinelli, 2001; Martinelli, 2001b; Machado e Martinelli, 2001; Scare e Martinelli, 2001; Martinelli, 2002; Martinelli e Ventura, 2002; Camargo, Ghisi, Martinelli, 2002;

Camargo, Farah, Martinelli, 2002; Camargo, Farah, Martinelli, 2002b; Camargo, Martinelli, Farah, 2002; Camargo, Martinelli, Farah, 2002b; Martinelli e Cavalcanti, 2003; Martinelli et al., 2003; Cavalcanti e Martinelli, 2003; Paula e Martinelli, 2003; Ghisi, Carvalho, Martinelli, 2003; Polaquini et al., 2003; Ghisi, Spinelli, Rossi, Martinelli, Carlim, 2003; Paula e Martinelli, 2004; Martinelli, 2004; Martinelli, Ventura, Machado, 2004; Martinelli e Cavalcanti, 2004; Martinelli e Cavalcanti, 2004b; Camargo et al., 2004; Martinelli e Cavalcanti, 2005; Martinelli e Paula, 2005; Martinelli, 2007; Camargo et al., 2007; Camargo et al., 2007b; Lima et al., 2008; Ventura e Martinelli, 2008; Martinelli et al., 2008; Martinelli et al., 2008b; Martinelli et al., 2008c; Martinelli e Ghisi, 2010; Martinelli e Ghisi, 2010b; Caldana et al., 2012; Camargo e Martinelli, 2012; Neves et al., 2013).

Espera-se, portanto, poder continuar levando às empresas importantes conhecimentos desenvolvidos na Universidade, por meio das atividades de ensino e pesquisa, bem como trazer das empresas experiências importantes, que possam continuar contribuindo sólida e efetivamente para o desenvolvimento dos conhecimentos. Além disso, pretende-se que o Grupo-Laboratório possa continuar sendo um instrumento importante para o desenvolvimento dos alunos dos cursos de graduação e pós-graduação, por meio das experiências práticas das quais eles têm participado.

Pretende-se, ainda, continuar utilizando o enfoque sistêmico, bem como as experiências importantes dos sistemistas, para poder continuar no trabalho de busca de uma visão sistêmica na negociação, que possa ser estendida às empresas da região de Ribeirão Preto e aos estudantes da Universidade, além, eventualmente, de possíveis docentes envolvidos neste trabalho.

CONSIDERAÇÕES FINAIS

O objetivo inicial da tese de livre-docência deste autor, que deu origem a este livro, era o de dar um passo em busca de uma visão sistêmica na negociação, a partir da constatação de que as abordagens de negociação existentes têm muito pouca preocupação com o enfoque sistêmico (Martinelli e Almeida, 1998b).

O primeiro passo nessa linha foi fazer uma análise das abordagens de negociação, avaliando o seu nível de sistemicidade e fazendo uma proposta para uma visão mais sistêmica da negociação. O trabalho de pesquisa e estudos continuou e, por meio deste livro, mais um passo é dado nessa busca de uma visão mais abrangente e sistêmica do processo de negociação. Evidentemente, o trabalho não se esgota aqui. Ao contrário, o assunto vem sendo estudado, pesquisado e analisado no Grupo de Sistemas, nos cursos de graduação e, principalmente, na pós-graduação na FEA-RP/USP, assim como nos trabalhos práticos e nos cursos desenvolvidos pelas empresas.

Foi observado por este pesquisador existir uma distância muito grande entre os trabalhos dos autores de Administração e os de negociação, o que é pouco compreensível, visto ser a negociação uma das atividades mais importantes dos administradores. No entanto, poucas são as contribuições da literatura da Administração para a teoria e prática da negociação, conforme observado na tese de livre-docência e relatado na introdução desta obra e em alguns artigos publicados.

Apesar disso, pode-se dizer que a Administração está intimamente ligada à negociação, conforme salientado por Lax e Sebenius (1986). Qualquer que seja a maneira pela qual se encara uma empresa (como máquina, organismo ou sistema social), conforme observado por Ackoff (1994, p. viii), é evidente a grande importância da negociação para os sistemas administrativos, que compõem a estrutura de uma organização.

Assim, após levantado o estado da arte sobre o assunto negociação, identificaram-se as principais visões existentes. A partir daí, foi possível fazer uma análise da ligação entre solução de conflitos e negociação, verificando-se ser a negociação uma das melhores formas de solucionar conflitos. Para tanto, torna-se fundamental estudar os possíveis estilos de negociação, a partir das classificações de que se tem notícia, verificando a importância do conhecimento dos estilos de negociação para a solução dos conflitos.

Nessas classificações dos estilos de negociação, feitas basicamente por autores de negociação, foram introduzidas também outras classificações e tipologias dos perfis psicológicos e dos papéis dos administradores, feitas por autores que não escrevem especificamente sobre negociação, tais como Ackoff, Kinston e Algie e Mintzberg, que têm uma visão um pouco diferente, muitas vezes complementar, sobre esse assunto.

A seguir, introduzindo as correntes do Pensamento Sistêmico, desde a pesquisa-ação (criada no final da primeira metade do século passado, com o nome de *action research),* passando principalmente pelas visões de Churchman, Ackoff e Checkland, e chegando até a corrente da Administração Evolutiva, foi possível avaliar essas diferentes abordagens de negociação à luz da visão sistêmica, tentando identificar os pontos necessários para tornar essa visão mais abrangente e sistêmica.

Sobre a visão da Administração Evolutiva, pode-se lembrar as considerações de Malik e Probst (1984):

> [...] as principais lições da teoria evolucionária são que somos parte de um processo permanente de desenvolvimento, cujo padrão futuro não se pode prever, mas para cuja direção se pode dar uma pequena contribuição, mesmo que seja apenas pelo fato de nossa própria existência. Como administradores, tem-se de vez em quando a oportunidade de exercer uma influência mais intensa na direção do desenvolvimento,

desde que se aprenda a ser aquilo que realmente somos: não executores e comandantes, mas catalisadores e cultivadores de um sistema auto-organizado num contexto evolutivo.

Não é o mesmo que dizem Geoghegan e Ackoff (1989), ao afirmar que os administradores devem facilitar e educar, expandindo as capacidades de seus subordinados?

Sente-se que, em ambos os parágrafos, há, implicitamente, a afirmação de que não é apenas nas salas de aula ou nas Universidades que a educação sobre Administração tem lugar; é nos locais de trabalho, enquanto empregado, em qualquer empresa ou qualquer indústria, em casa ou apenas vivendo...

Educação evolutiva significa apenas preparar a terra e dar condições para a planta ou a flor se desenvolver e alimentar o mundo com seu alimento e sua beleza. O resto vem, naturalmente, pelo próprio processo de auto-organização.

Um livro do início dos anos de 1990 (Stonier, 1990) traz informações e desafios importantes, que podem ampliar o significado da Administração Evolutiva:

> No presente trabalho, e isso é crucial para toda a análise, informação é considerada como distinta do sistema que interpreta, ou de outra forma, processa tal informação. Se uma molécula de DNA contém informação, a expressão dessa informação não se materializará até que tenha sido processada por uma célula. Há uma distinção, no entanto, entre a codificação na molécula DNA e a célula que interpreta ou processa esse código. O primeiro (o código) representa a informação pura, e esta (a célula), o processador daquela informação. Similarmente, um livro contém informações, e o leitor representa o processador...

A utilização dos conhecimentos desenvolvidos por alguns dos principais sistemistas tornou possível fazer a análise e as avaliações de algumas das mais conceituadas abordagens sobre negociação, verificando o nível de sistemicidade existente nelas, inicialmente a partir de algumas conceituações de negociação e, a seguir, partindo-se da própria abordagem dos autores no seu todo. Com isso, foi possível fazer uma análise mais aprofundada do nível de sistemicidade das principais abordagens, verificando-se que uma parte delas pode ser considerada como muito pouco sistêmica e outra grande parte dessas abordagens pode ser classificada como parcialmente sistêmica. E apenas uma abordagem (a de Weeks, 1992) pôde ser considerada, segundo esse critério, como quase sistêmica.

A partir disso, tenta-se estabelecer uma maior ligação entre negociação e sistemas, buscando melhorar o nível de sistemicidade das abordagens existentes, de forma a torná-las mais abrangentes e com uma maior visão global.

Para tanto, foi apresentada uma proposta de abordagem considerada sistêmica para a negociação, passando por diferentes pontos importantes, analisados ao longo deste livro, que podem ser empregados parcialmente ou, de preferência, no seu todo, na abordagem de negociação, a fim de tornar o processo mais abrangente e conduzindo as negociações a gerarem relações mais duradouras.

Essa proposta abrange aspectos considerados fundamentais, como:

- O processo de negociação em si, com suas diferentes facetas.
- A grande importância da comunicação num processo de negociação.
- A utilização clara e objetiva das três variáveis básicas do processo (tempo, poder e informação).
- As habilidades essenciais para que os negociadores possam ter um bom desempenho nas negociações, sempre de acordo com uma visão global do processo.
- A grande importância do planejamento nas negociações.
- A questão fundamental da ética, que assume um papel cada vez mais importante na nossa sociedade, sendo, dessa forma, fundamental para qualquer tipo de negociação.
- O possível envolvimento de uma terceira parte no conflito (seja como mediador ou como árbitro).
- A importância fundamental do uso dos diferentes tipos psicológicos para a solução dos conflitos.

Além disso, torna-se essencial, para complementar essa proposta de abordagem sistêmica na negociação, pensar em mais dois aspectos fundamentais e muito pouco considerados pela maioria dos autores de negociação, quais sejam: as diferentes visões de mundo (W) dos participantes e a busca de uma negociação evolutiva, de acordo com o princípio de hierarquização de sistemas.

No que se refere às diferentes W dos envolvidos, pode-se subdividir essa questão em duas partes: a preocupação com a existência de diferentes visões de mundo entre os participantes, que é abordada por poucos autores de negociação, e que é de fundamental importância para um melhor entendimento do processo de negociação, para compreender e prever de maneira mais adequada as diferentes reações dos envolvidos, tendo uma percepção mais ampla da negociação no seu todo.

O segundo aspecto refere-se à capacidade de lidar com as diferentes W dos envolvidos, o que se torna ainda mais difícil. Para que isso possa ser feito, é fundamental que se consiga, inicialmente, identificar essas diferentes visões de mundo, para, num segundo momento, ser capaz de lidar e preparar todos os envolvidos no processo para entenderem e discutirem as diferentes W. Para tanto, foram apresentados, no Capítulo 6, uma série de pontos importantes a serem considerados, além do que é essencial conhecer as diferentes correntes do pensamento sistêmico (apresentadas no Capítulo 4), de forma a poder empregá-las no momento certo. Para isso, é indispensável identificar em que tipo de contexto se está inserido, visto que contextos unitários e pluralistas já apresentam diferenças na maneira de tratá-los, e, no caso de contextos coercitivos, as dificuldades são ainda maiores, provavelmente tendo de recorrer à CSH (*Critical Systems Heuristics,* de W. Ulrich) para obter sucesso.

O último aspecto, porém não menos importante, na busca de uma visão sistêmica da negociação seria a tentativa de se transformar a negociação em evolutiva, seguindo-se as hierarquizações de sistemas existentes e buscando aplicá-las no campo da negociação. Para que isso possa ser feito, é necessário que as negociações sejam capazes de modificar o próprio ambiente no qual estão inseridas, de forma a alterar, inclusive, sua própria identidade.

Essas alterações na própria identidade do sistema no qual estão inseridas as negociações podem ser necessárias até mesmo para manter a viabilidade do próprio sistema no qual se encontram, dentro do princípio de viabilidade proposto por Beer em seu VSM (em Martinelli, 1995a, p. 35-8).

Fica, assim, esse novo desafio: o de transformar as negociações em evolutivas, levando-as ao nível mais alto das hierarquizações de sistemas de que se tem notícia. Para isso, porém, parafraseando e adaptando Checkland, pode-se dizer que "*... never ending learning is a good thinking...*", ou seja, nunca deixar de aprender, além de uma boa coisa (conforme já citado no Capítulo 6), seria também, e acima de tudo, um bom pensamento de vida...

REFERÊNCIAS

ACKOFF, R.L. Systems, organizations and interdisciplinary research. In: ECKMAN, D. P. (org.). *Systems, research and design*. Nova York/Londres: SGSR Yearbook, 1960, p. 26-42.

_____. General systems theory and systems research: contrasting conceptions of systems science. In: MESAROVIC, M.D. (org.). *Views on general systems theory*. Nova York/Londres: Wiley, 1964, p. 51-60.

_____. The future of operational research is past. *Journal of Operational Research Society*, v. 30, 1979, p. 93-104.

_____. *Creating the corporate future*. Nova York: Wiley, 1981.

_____. A theory of practice in the social systems. In: Systems Research, Nova York e Londres, *Plenum*, v. 5, n. 3, 1988, p. 241-46.

_____. The circular organization: an update. In: *Academy of Management Executive*, v. 3, n. 1, 1989, p. 11-16.

_____. The role of business in a democratic society. In: COLLINS, E.G.C.; DERANNA, M.A. (org.). *The Portable MBA*. Nova York: Wiley, 1990, p. 335-360.

_____. The democratic corporation. Nova York: Oxford University Press, 1994.

_____. On pairs and trios: the smallest social systems. In: Systems Research, Nova York e Londres, *Plenum*, v. 13, n. 4, 1996, p. 435-446.

ACKOFF, R.L.; EMERY, F.E. *On purposeful systems*. Chicago: Aldine Atherton, 1972.

ACKOFF, R.L.; GHARAJEDAGHI, J.; FINNEL, E.V.A Guide to controlling your corporation's future. Nova York: Wiley, 1984.

ACUFF, F.L. *How to negotiate anything with anyone anywhere around the world*. Nova York: American Management Association, 1993.

ALBRECHT, K.; ALBRECHT S. *Agregando valor à negociação*. São Paulo: Makron Books, 1995.

ALEXANDER, C. *The timeless way of building*. Nova York: Oxford University Press, 1979.

ALMEIDA, A.P.; MARTINELLI, D.P. Habilidades essenciais aos negociadores num contexto globalizado. *Anais do VIII ENANGRAD*, Niterói (RJ), nov/1997.

ANASTASI, T. *Personality negotiating – conflict without casualty*. Nova York: Sterling Publishing, 1993.

ARGYRIS, C.; SCHÖN, D. *Theory in practice*. São Francisco: Jossey-Bass, 1974.

_____. Participatory action research and action science compared. In: WHYTE, W. F.(org.). *Participatory action research*. Newbury Park: Sage, 1991.

ARGYRIS, C.; PUTNAM, R.; MaCLAIN-SMITH, D. *Action science: concepts, methods and skills for research and intervention*. São Francisco: Jossey-Bass, 1982.

ASHBY, W.R. *Design for a Brain. The origin of adaptative behavior*. Londres: Chapman and Hall, 1960.

ATKINS, S.; KATCHER, A. *LIFO Training & O. D. Analyst guide, a program for better utilization of strenghts and personal styles*. Los Angeles: Atkins Katcher Associates, 1973.

BAZERMAN, M.H.; NEALE, M.A. *Negociando racionalmente*. São Paulo: Atlas, 1995.

BEER, M. et al. The critical path to corporate renewal. In: BROEKSTRA, G. *The systems paradigm in organization and management: from open systems to the chaos hypothesis*. Boston: Harvard Business School Press, 1993, p. 80.

BEER, S. *Cybernetics and management*. Oxford: EUP, 1959.

_____. *Decision and control*. Chichester: Wiley, 1966.

_____. *Brain of the firm*. Londres: Allen Lane, 1972.

_____. *The heart of enterprise*. Chichester: Wiley, 1979.

_____. *Beyond dispute – The invention of team sintegrity*. Chichester: Wiley, 1994.

BELL, S. Self-reflection and vulnerability in action research: bringing forth new worlds in our learning. In: Systems Practice and Action Research, Nova York e Londres, *Plenum*, v. 11, n. 2, 1998, p. 179-191.

BERGAMINI, C.W. *Desenvolvimento de recursos humanos – uma estratégia de desenvolvimento organizacional*. São Paulo: Atlas, 1980.

BERTALANFFY, L.V. *General system theory. Foundations, development, applications.* Nova York: George Braziller, 1968.

_____. 1971 (BERTALANFFY, edição inglesa. Londres: George Braziller Inc., 1968).

BLAUBERG, I.V.; SADOVSKY, V.N.; YUDIN, E.G. *Systems theory – philosophical and methodological problems.* Moscou: Progress Publishers, 1977.

BLEICHER, K. *Das konzept intiguerter management.* 2.ed. Frankfurt: Campus, 1992a.

_____. Paradigmenwechsel in management?. In: KÖNIGSWIESER, R.; LUTZ, C. *Das systemisch-evolutionäre management,* 1992b, p. 122-134.

BOTTRALL, A. *The action research approach to problem solving with illustrations from irrigation management.* Londres: Overseas Development Institute, 1982.

BOULDING, K. General systems theory – The skeleton of science. In: KLIR, G. *Facets of systems science.* Nova York e Londres: Plenum, 1991 p. 239-248.

BOWLING, D.; ESPEJO, R. *An intervention with the cybernetic methodology in regent engineering,* Trans. Inst. MC, v. 14, n. 1, 1992, p. 17-28.

BROEKSTRA, G. Parts and wholes in management and organization. In: *Sys. Res 8.* Londres/Nova York, n. 3, 1991, p. 51-57.

_____. The systems paradigm in organization and management: from open systems to the chaos hypothesis. In: DELGADO, R.R.; BANATHY, B.H. (org.) *International systems science handbook.* Madrid: Systemic Publication, 1993, p. 69-83.

BRITTON, G.A., McCALLION, H. An overview of the Singer/Churchman/Ackoff School of Thought. In: Systems practice, Nova York e Londres, *Plenum,* v. 7, n. 5, 1994, p. 487-521.

BROWN, L.D. *Managing conflict at organizational interfaces.* Massachussets: Addison-Wesley Publishing, 1983.

BUCKLEY, W. Sociology and modern systems theory. New Jersey: Prenctice-Hall/Englewood Cliffs, 1967.

_____. A System model of societal regulation. In: MELCHER, A.J. (org.) *General systems and organization theory – methodological aspects.* Ohio: Kent State Univ. Press, 1975.

BURACK, E.H. Aspects of the state of the art in systems theory: accomplishments and challenges. In: MELCHER, A.J. *General systems and organization theory – methodological aspects.* Ohio: Kent State Univ. Press, 1975, p. 101-104.

BURRELL, G.; MORGAN, G. *Sociological paradigms and organizational analysis.* London: Heineman, 1979.

CALDANA, A.C.F.; PAULA, V.A.F.; PRADO, L.S. et al. Negociação estratégica: uma abordagem sistêmica das competências e dos relacionamentos envolvidos no processo. *RACEF – Revista de Administração, Contabilidade e Economia da FUNDACE,* v. 5, p. 1-13, 2012.

CAMARGO, S.H.C.R.V.; FARAH, O.E.; MARTINELLI, D.P. Negocie com seus clientes e obtenha sucesso no comércio varejista. In: XXXVII ASSEMBLEIA DO CONSELHO LATINO-AMERICANO DAS ESCOLAS DE ADMINISTRAÇÃO (CD-ROM) – CLADEA. Porto Alegre, 2002.

_____. Tomada de decisões e solução de conflitos nas organizações. In: XXXVII ASSEMBLEIA DO CONSELHO LATINO-AMERICANO DAS ESCOLAS DE ADMINISTRAÇÃO (CD-ROM) – CLADEA. Porto Alegre, 2002.

CAMARGO, S.H.C.R.V.; GHISI, F.A.; MARTINELLI, D.P. Em busca de vantagem competitiva através das negociações nas redes de compras de supermercados de pequeno e médio porte. In: XXXVII ASSEMBLEIA DO CONSELHO LATINO-AMERICANO DAS ESCOLAS DE ADMINISTRAÇÃO (CD-ROM) – CLADEA. Porto Alegre, 2002.

CAMARGO, S.H.C.R.V.; MARTINELLI, D.P. *Negociação empresarial – estudos de casos brasileiros.* Jundiaí: Paco Editorial, 2012, v. 1, 188p.

CAMARGO, S.H.C.R.V.; MARTINELLI, D.P.; FARAH, O.E. Estratégias de negociação: o caso dos principais fornecedores de insumos da pecuária em São José do Rio Preto. In: XLV CONGRESSO DA SOCIEDADE BRASILEIRA DE ECONOMIA, ADMINISTRAÇÃO E SOCIOLOGIA RURAL. *Anais...* Londrina, 2007, v. 1, p. 1-15.

_____. Estudo sobre inadimplência e decisões tomadas pelas empresas. In: XXXVII ASSEMBLEIA DO CONSELHO LATINO-AMERICANO DAS ESCOLAS DE ADMINISTRAÇÃO (CD-ROM) – CLADEA. Porto Alegre, 2002.

_____. Negociações nas micro, pequenas e médias empresas da pecuária de corte na região de Ribeirão Preto. In: III SIMPÓSIO DE PRODUÇÃO CIENTÍFICA CENTRO UNIVERSITÁRIO MOURA LACERDA. Ribeirão Preto, 2002.

CAMARGO, S.H.C.R.V.; MARTINELLI, D.P.; FARAH, O.E. et al. Negotiations in Supplies Buying For Beef Cattle: The São José do Rio Preto City Case. In: VI International PENSA Conference. *Anais...* Ribeirão Preto, 2007, v. 1. p. 1-15.

CAMARGO, S.H.C.R.V.; NEVES, M.F.; MARTINELLI, D.P. Negociações no agronegócio: um estudo de caso na pecuária de corte. In: XLII SOBER. Cuiabá, 2004, v. 1.

CAVALCANTI, M.F.; MARTINELLI, D. P. Negociando a partir de um conflito: uma proposta prática. *Anais do I Encontro Regional da ANGRAD*, Ribeirão Preto (SP), set/1997.

_____. A Agência Nacional de Telecomunicações e as negociações no setor de telefonia fixa: uma proposta de pesquisa. In: IV ENCONTRO DE PESQUISADORES EM ADMINISTRAÇÃO. Franca, 2003.

CAPRA, F.; EXNER, A.; KÖNIGSWIESER, R. Veränderung in management – Management der veränderung. In: KÖNIGSWIESER, R.; LUTZ, C. (org.). *Das systemisch-evolutionäre management.* 2.ed. Viena: Wien Orac, 1992, p. 112-121.

CARLSSON; CAVALLO, R. Systems Research Movement In: CAVALLO, R. *General systems bulletin*, n° 3, 1979.

CASSE, P. *The one hour negotiator*. Oxford: Butterworth-Heinemann, 1995.

CHECKLAND, P.B. The systems movement and the 'failure' of management science, *Cybernetics & Systems*, v. 11, 1980, p. 317-324.

_____. *Systems thinking, systems practice*. Chichester: Wiley, 1981.

CHECKLAND, P.B.; HOLWELL, S. Action research: it's nature and validity, Systems practice, Nova York e Londres, *Plenum*, v. 11, 1998, p. 9-21.

CHECKLAND, P.B.; SCHOLES, J. *Soft systems methodology in action*. Nova York: Wiley, 1990.

CHURCHMAN, C.W. *The design of inquiring systems*. Nova York: Basic Books, 1971.

_____. *The systems approach and its enemies*. Nova York: Basic Books, 1979.

COHEN, H. *Você pode negociar qualquer coisa*. 8.ed. Rio de Janeiro: Record, 1980.

DAFT, R.L. *Management*. 2.ed. Chicago: Dryden, 1991.

DASH, D.P. Problems of action research. University of Lincolnshire and Humberside, *Working Paper*, n. 14, 1997.

DOPPLER, K.; LAUTERBURG, C. *Change management – Den unternehmenswandel gestalten*. Frankfurt: Campus, 1994.

DUNCAN, D.M. Systems perspectives for practicing managers. In: MELCHER, A.J. *General systems and organization theory – methodological aspects*. Ohio: Kent State Univ. Press, 1975, p. 89-99.

EDEN, C. Using cognitive mapping for strategic options development and analysis (SODA), in: ROSENHEAD, J. (org.), Rational analysis for a problematic world. Chichester/Nova York: Wiley, 1989, p. 21-42.

EDEN, C.; SIMPSON, P. SODA and cognitive mapping in practice. In: ROSENEHAD, J. (org.). *Rational analysis for a problematic world-problem structuring methods for complexity, uncertainty and conflict*. Chichester: Wiley, 1989, p. 43-70.

ENGELS, P.G.H.; SALOMON, M.L. *Facilitating innovation for development*. Holanda: Royal Tropical Institute, 1997.

ESPEJO, R. *From machines to people and organizations: A cybernetic insight of management*. Aston, 1984.

_____. Complexity and change: reflections upon the cybernetic intervention in Chile, 1970-73. Systems Practice. Nova York e Londres, *Plenum*, n. 3, 1990, p. 303-313.

_____. Management of complexity in problem solving, *Trans. Inst. MC*, v. 14, n. 1, 1992, p. 8-16.

ESPEJO, R.; SCHUHMANN, W., SCHWANNINGER et al. *Organizational transformation and learning – a cybernetic approach to management*. Chichester: Wiley, 1996.

EVANS, B.W. A user designer-based methodology. Systems Practice, Nova York e Londres, *Plenum*, v. 7, n. 6, 1994, p. 671-685.

FALS-BORDA, O. The application of participatory action research in Latin America. *Int. Sociol.*, v. 2, n. 4, 1987, p. 329-347.

FALS-BORDA, O.; RAHMAN, M.A. *Action and knowledge*. Nova York: Apex Press, 1991.

FERREIRA, A.B.H. *Novo dicionário da língua portuguesa*. 2.ed. Rio de Janeiro: Nova Fronteira, 1986.

FISHER, R.; BROWN, S. *Getting together – building relationships as we negotiate*. Nova York: Penguin Books, 1988.

FISHER, R.; ERTHEL, D. *Estratégias de negociação – um guia passo a passo para chegar ao sucesso em qualquer situação*. Rio de Janeiro: Ediouro, 1997.

FISHER, R.; URY, W. *Como chegar ao sim – A negociação de acordos sem concessões*. Rio de Janeiro: Imago, 1985.

FLOOD, R.L. *Solving problem solving*. Chichester: Wiley, 1995.

———. Holism and the social action "problem solving". The University of Hull, *Res. Memo.*, n. 12, 1996a.

———. Total systems intervention: local systems intervention. The University of Hull, *Res. Memo*, n. 13, 1996b.

———. Action research and the management and systems sciences. Systems Practice, Nova York e Londres, *Plenum*, v. 11, n. 1, 1998, p. 79-101.

FLOOD, R.L.; JACKSON, M.C. *Creative problem solving: total systems intervention*. Chichester: Wiley, 1991.

FLOOD, R.L.; SCHECHTER, D. Total systems intervention: a research program. Systems Practice, Nova York e Londres, *Plenum*, v. 5, 1992, p. 79-83.

FLOOD, R.L.; ROMM, N.R.A. Enhancing the process of methodology choice in total systems intervention (TSI) and improving chances of tackling coercion. Systems Practice, Nova York e Londres, *Plenum*, v. 8, n. 4, 1995, p. 377-408.

———. *Diversity management: triple loop learning*. Chichester: Wiley, 1996.

FRALEY, D.W. Relating systems theory to practice. In: MELCHER, A.J. *General systems and organization theory – methodological aspects*. Ohio: Kent State Univ. Press, 1975, p.121-123.

FRANÇOIS, C. *Diccionario de teoría general de sistemas y cibernética*. Buenos Aires: GESIAATGS y C, 1992.

———. *International encyclopedia of systems and cybernetics*. Munique: K. G. Saur, 1997.

GEOGHEGAN, M.C.; ACKOFF, R.L. Productivity & learning. Systems Practice, Nova York e Londres, *Plenum*, v. 2, n. 1, 1989, p. 7-10.

GHISI, F.A.; CARVALHO, M.S.; MARTINELLI, D.P. Um estudo sobre a situação atual e as negociações envolvidas nas redes de compra formadas por pequenos e médios varejistas brasileiros. In: XI SIMPÓSIO INTERNACIONAL DE INICIAÇÃO CIENTÍFICA DA USP SIICUSP. São Paulo, 2003.

GHISI, F.A.; SPINELLI, P.B.; ROSSI, R.M. et al. Análise do poder e dependência nas negociações entre torrefadoras de café e cafeterias. In: III INTERNACIONAL CONFERENCE OF IBEROAMERICAN ACADEMY OF MANAGEMENT. São Paulo, 2003.

GIBBONS, P.; McGOVERN, I. *How to prepare, present and negotiate a business plan.* Cingapura: EPB, 1994.

GLASL, F.; LIEVEGOED, B. *Dynamische unternehmensentwicklung.* Berna: Haupt, 1993.

GOMEZ, P. *Die kybernetische Gestaltung des operations management.* Berna: Haupt, 1978.

GOTTSCHALK, A. Cedep Teaching Notes, 1974 (Mimeo).

GREEN, S.M. Total systems intervention: organizational communication in North Yorkshire Police. *Systems Practice*, n. 5, 1992, p. 585-600.

_____. Total systems intervention: a practitioner's critique. *Systems Practice*, v. 6, 1993, p. 71-79.

GUTIÉRREZ, J.L.F. Creación de un programa permanente de reflexión ética de la gerencia de empresas. Santiago: Universidad Diego Portales/Facultad de Ciencias Administrativas, 1994.

HALL, A.D.; FAGEN, R.E. Definition of system, general systems, v. I, 1956, p. 18-28.

HALL, B. *Creating knowledge: breaking the monopoly – research methods, participation and development.* Toronto: Council for Adult Education, 1978.

HAMPTON, D.R. *Administração – comportamento organizacional.* São Paulo: McGraw-Hill/Makron Books, 1991.

HANDY, C. *Understanding organizations.* Nova York: Penguin Books, 1983.

_____. *Deuses da administração – como enfrentar as mudanças da cultura empresarial.* São Paulo: Saraiva/Senac, 1994.

HARNDEN, R.; LEONARD, A. How many grapes went into the wine – Stafford Beer. In: *The Art and Science of Holistic Managment.* Chichester: Wiley, 1994.

HAYEK, F.A., Law, legislation and liberty. In: Malik; Probst, v. I, *Rules and Order.* 1984, p. 110-111.

HERSEY, P.; BLANCHARD, K. *Psicologia para administradores de empresas.* São Paulo: Editora Pedagógica e Universitária, 1974.

HODGSON, J. *Thinking on your feet in negotiations.* Londres: Pitman Publishing, 1996.

JACKSON, M.C. Assumptional Analysis: An Elucidation and Appraisal for Systems Practitioners. In: Systems Practice. Nova York e Londres, *Plenum*, v. 2, n.1, 1989, p. 11-28.

_____. *Systems methodology for the management sciences.* Nova York: Plenum, 1991.

_____ Beyond the fads: systems thinking for managers. In: Systems Research, Nova York e Londres, *Plenum*, v. 12, n. 1, 1995, p. 25-42.

JANDT, F. *Win-win negotiating – turning conflict into agreement.* Nova York: Wiley, 1985.

JUNG, C.G. *Psychological types.* Nova York: Harcourt Brace, 1924.

KARRASS, C.L. *The negotiating game – How to get what you want.* Nova York: Harper Collins Publishers, 1994.

KINSTON, W.; ALGIE, J. Seven distinctive paths to decisin and action. In: Systems Research, Nova York e Londres, *Plenum*, v. 6, n. 2, 1989, p. 117-132.

KLIR, G. *Facets of systems science.* Nova York e Londres: Plenum, 1991.

KÖNIGSWIESER, R.; LUTZ, C. *Das systemisch-evolutionäre management.* 2.ed. Viena: Orac, 1992.

KOZICKI, S. *Creative negotiating: proven techniques for getting what you want from any negotiation.* Holbrook: Adams Media Corporation, 1998.

KRIEG, W. *Kybernetische grundlagen der unternemungsgestaltung.* Berna: Haupt, 1971.

LAX, D.A.; SEBENIUS, J.K. *The manager as negotiator – bargaining for cooperation and competitive gain.* Nova York: Macmillan, 1986.

LEBEL, P. *L'art de la négociation.* Paris: Les Éditions d'Organisation, Collection Formation, 1984.

LEVIN, M. Action research and critical systems thinking: two icons carved out of the same log?. In: Systems Practice, Nova York e Londres, *Plenum*, v. 7, n.1, 1994, p. 25-41.

LEWICKI, R.J.; HIAM, A.; OLANDER, K.W. *Think before you speak: A complete guide to strategic negotiation.* Nova York: Wiley, 1996.

LEWICKI, R.J.; LITTERER, J.A. *Negotiation.* Illinois: Irwin Homewood, 1985.

LEWIN, K. *A Dynamic Theory of Personality.* Nova York: McGraw-Hill, 1935.

_____. Forces behind food habits and methods of change. *Natl. Res. Council Bull,* v. 108, 1943, p. 35-65.

_____. Action research and minority problems. *J. Soc. Issues,* v. 2, 1946, p. 34-46.

_____. Frontiers of groups dynamics: Channels of group life: Social planning and action research. *Human Relations,* v. 1, 1947, p. 143-153.

LIMA, C.B.; MAUAD, T.M.; LIBONI, L. et al. Enfoque sistêmico e as habilidades do negociador: caracterização e influência no uso do poder em processos de negociação. In: IV CONGRESSO BRASILEIRO DE SISTEMAS. *Anais...* Franca, 2008, p. 1-16.

MALIK, F., 1978. Versão original parcial ("Habilitationsschrift" na Hochschule Sankt Gallen).

_____. *Strategie des managements komplexer systeme – Ein beitrag zur management--kibernetik evolutionärer systeme.* 3.ed. Berna: Haupt, 1989.

_____. *Systemisches management, evolution, selbstorganization.* Berna: Haupt, 1993.

MALIK, F.; PROBST, G.J.B. Evolutionary Management. In: ULRICH, H.; PROBST, G.J.B. *Self-organization and management of social systems.* Berlim: Springer, 1984, p. 105-120.

MACHADO, J.R. *O negociador em um contexto global: um estudo em empresas multi-nacionais,* FEA-RP-USP, Ribeirão Preto, 2000.

MACHADO, J.R.; MARTINELLI, D.P. O negociador da empresa global: uma aborda-gem política, social, econômica e cultural. In: V SEMEAD (Seminários em Adminis-tração). *Anais...* São Paulo, 2001.

MARCONDES, O. *Como chegar à excelência em negociação – Administrando os confli-tos de forma efetiva para que todos ganhem.* São Paulo: Qualitymark, 1993.

MARTINELLI, D.P. *A utilização dos jogos de empresas no ensino de administração.* Dissertação (Mestrado). São Paulo, FEA-USP, 1987

_____. Os jogos de empresas na formação de administradores: uma visão crítica. *Anais do XII Congresso Anual da ANPAD* (Associação Nacional dos Programas de Pós-graduação em Administração), Natal (RN), set-1988a.

_____. A utilização dos jogos de empresas no ensino de administração. In: *Revista de Administração da USP,* v. 23, p. 24 a 37, jul-set/1988b.

_____. Facing the future of a small manufacturing & cattle group with Beer's viable system model. *Anais do XXXVII Congresso Anual da ISSS,* Sidney (Austrália), jul-1993.

_____. On the St. Gallen management approach, proceedings. In: XXXVIII REU-NIÃO ANUAL DA INTERNATIONAL SOCIETY FOR THE SYSTEMS SCIENCES (ISSS), Monterrey, jun-1994.

_____. *A evolução da teoria da administração e a hierarquização de sistemas.* Tese (Doutorado) São Paulo, FEA-USP, 1995a.

_____. On the world-wide search for a new paradigm in management. In: XXXIX REUNIÃO ANUAL INTERNATIONAL SOCIETY FOR THE SYSTEMS SCIENCES (ISSS), Amsterdã, jul-1995b.

_____. Um grupo universitário sistêmico-evolutivo de consultoria para a prática da formação e treinamento de administradores. In: XIX CONGRESSO ANUAL DA ANPAD, *Anais...* João Pessoa (PB), set-1995c.

_____. Em busca de uma visão sistêmica da negociação. In: VII CONGRESSO ANUAL DA AATGSC (Asociación Argentina de Teoría General de Sistemas y Cibernetica), Buenos Aires, out-1998.

_____. Negociação, administração e sistemas. In: IV CONFERÊNCIA INTERNACIONAL DE TRABAJO DO INSTITUTO ANDINO DE SISTEMA (IAS): SISTEMICA 2 K. *Anais...* Lima, 2001a.

_____. Negociação, administração e sistemas. In: V SEMEAD (Seminários em Administração). *Anais...* São Paulo, 2001b.

_____. Técnicas, conceitos e estilos de negociação. In: ÂNGELO, I.P.; MORAES, A.L. (Orgs.). *Formação de negociação em comércio exterior*. 1.ed. Brasília: Esaf, 2002, p. 407-25.

_____. *Negociação, administração e sistemas*. Ribeirão Preto: Faculdade de Economia, Administração e Contabilidade de Ribeirão Preto, 2004. (Texto para Discussão – Série Administração FEA-RP/USP).

_____. Negociação: uma arte que se aprende com prática e leitura. *Rumos*, Rio de Janeiro, v. 31, p. 18-21, 2007.

MARTINELLI, D.P.; ALMEIDA, A. P. The art of negotiation, the pursuit of win-win, and the evolution of human consciousness, XXXX. In: REUNIÃO ANUAL DA INTERNATIONAL SOCIETY FOR THE SYSTEMS SCIENCES (ISSS – American Section), Louisville, jul-1996.

_____. *Negociação – como transformar confronto em cooperação*. São Paulo: Atlas, 1997.

_____. *Negociação e solução de conflito – Do impasse ao ganha-ganha através do melhor estilo*. São Paulo: Atlas, 1998a.

_____. Negotiation, management, and systems thinking. In: Systems Practice and Action Research. Nova York e Londres, *Plenum*, 11, N. 3, p. 321-336, jun-1998b.

MARTINELLI, D.P.; CAMARGO, S.H.C.R.V.; LOBO, R.B. et al. Negociações em atividades da pecuária de corte. In: XLI CONGRESSO BRASILEIRO DE ECONOMIA E SOCIOLOGIA RURAL, EXPORTAÇÕES, SEGURANÇA ALIMENTAR E INSTABILIDADE DOS MERCADOS. Juiz de Fora, 2003.

MARTINELLI, D.P.; CAVALCANTI, M.F.M. A atuação da agência nacional de telecomunicações (Anatel) no acordo de interconexão entre Embratel e Telefônica. In: ENCONTRO NACIONAL DA ASSOCIAÇÃO NACIONAL DE PÓS-GRADUAÇÃO E PESQUISA EM ADMINISTRAÇÃO (EnANPAD). Curitiba, 2001, v. 1.

_____. A importância da negociação na solução de conflitos. In: V ENCONTRO DE PESQUISADORES EM ADMINISTRAÇÃO UNI-FACEF. Franca, 2004, v. 1.

_____. *As negociações no setor de telefonia fixa e a Agência Nacional de Telecomunicações (ANATEL)*. Ribeirão Preto: Universidade de São Paulo/ Faculdade de Economia, Administração e Contabilidade de Ribeirão Preto, 2003 (Texto para Discussão – Série Administração FEA-RP/USP).

REFERÊNCIAS **255**

_____. Negotiation seen under a systemic approach: analysis of the creation of a joint venture. In: 49th ANNUAL CONFERENCE THE INTERNATIONAL SOCIETY FOR THE SYSTEMS SCIENCES. *Proceedings...* Cancun, 2005.

MARTINELLI, D.P.; GHISI, F.A. Técnicas de negociação – Programa de Livro-texto da Anhanguera. 2.ed. São Paulo: Saraiva, 2010, v. 1. 324p.

MARTINELLI, D.P.; PAULA, V.A.F. Conflicts on the Brazilian telecommunications sector after privatization: a case study. In: 49th ANNUAL CONFERENCE THE INTERNATIONAL SOCIETY FOR THE SYSTEMS SCIENCES. *Proceedings...* Cancun, 2005.

MARTINELLI, D.P.; VENTURA, C.A.A. Negotiation and systems view in the elaboration and celebration of international trade contracts. In: XLVII CONGRESSO ANUAL DA ISSS. Shangai, 2002.

MARTINELLI, D.P.; VENTURA, C.A.A.; MACHADO, J.R. Características Básicas dos Negociadores. In: _____. (Org.). *Negociação em Comércio Exterior*. 1.ed. São Paulo: Atlas, 2008, v. 1, p. 36-55.

_____. Globalização: o novo contexto econômico mundial. In: _____. (Orgs.). *Negociação em comércio exterior*. 1.ed. São Paulo: Atlas, 2008, v. 1, p. 3-23.

_____. *Negociação internacional*. 1.ed. São Paulo: Atlas, 2004. 240p .

_____. Negociações internacionais. In: _____. (Orgs.). *Negociação em comércio exterior*. 1.ed. São Paulo: Atlas, 2008, v. 1, p. 24-35.

MARTINELLI, D.P.; MARTINELLI, J. P. Reflections on the experience of adopting a systems view in courses at USP. Anais do XXXV Congresso Anual da ISSS (International Society for the Systems Sciences), Ostersund (Suécia), 1991.

MARTINELLI, J. P. *Processo de planejamento como sistema adaptativo*. Dissertação (Mestrado) São Paulo: Epusp, 1982.

MARUYAMA, G. Application and transformation of action research in educational research and practice. In: *Systems Practice and Action Research*. Nova York e Londres, Plenum Publishing Corporation, v. 9, n. 1, 1996, p. 85-101.

MASON, R. O. A dialectical approach to strategic planning. In: *Management Sciences*, v. 15, 1969, p. 403-414.

MASON, R.; MITROFF, I.I. *SAST – Challenging strategic pleanning assumptions*. Nova York: Wiley, 1981.

MATOS, F.G. *Negociação gerencial – aprendendo a negociar*. 2.ed. Rio de Janeiro: José Olympio, 1989.

MELCHER, A.J. *General systems and organization theory – methodological aspects*. Ohio: Kent State Univ. Press, 1975.

MESAROVIC, M. Toward a formal theory of problem solving. In: SYMP. ON COMPUTER AUGMENTATION OF HUMAN REASONING. Washington, 1965.

MESAROVIC, M.; TAKAHARA, Y. *General systems theory: mathematical foundations*. Nova York/São Francisco/Londres: Academic Press, 1975.

MILLS, H.A. *Negociação – a arte de vencer*. São Paulo: Makron Books, 1993.

MINGERS, J. An introduction to autopoiesis – implications and applications. In: Systems Practice, Nova York e Londres, *Plenum*, v. 2, n. 2, 1989, p. 159-180.

MINTZBERG, H. *The nature of managerial work*. Nova York: Harper & Row, 1973.

MISSNER, M. *Ethics of the business system*. Sherman Oaks: Alfred Publishing Company, 1980.

MOIGNE, J.L.L. *Les systèmes d'information dans les organisations*. Paris: Presses Universitaires de France, 1973.

MORELAND, R.L. Lewin's legacy for small-groups research. In: SYSTEMS PRACTICE, v. 9, n. 1, 1996, p. 7-26.

MOTTA, F.C.P.; PEREIRA, L.C.B. *Introdução à organização burocrática*. 7.ed. São Paulo: Brasiliense, 1991.

MORGAN, G. *Images of organization*. Beverly Hills: Sage, 1986.

NASLIN, Optimal control. In: MARTINELLI, J.P., 1982.

NEGHANDI, A.R. General systems theory and organization theory: A mid-range approach. In: Melcher, , A.J. *General systems and organization theory – methodological aspects*. Ohio: Kent State Univ. Press, 1975.

NEGORO. Strategic management... Soft systems methodology. *Systemist*, v. 15, n. 3, 1993.

NEVES, M.B.S.; LIBONI, L.; DEFINA, D.A. et al. The relationship between negotiation style and motivation in unpaid negotiations: a case study in Brazil. *International Journal of Business Administration*, v. 4, p. 30, 2013.

NIERENBERG, G.I. The art of negotiating. New York: Simon & Schuster, 1981.

NYSTRÖN, H. *Technological and market innovation: strategies for product and company development*. Englewood: Wiley, 1990.

NÓBREGA, C. *Em busca da empresa quântica*. Rio de Janeiro: Ediouro, 1996.

PAULA, V.A.F.; MARTINELLI, D.P. Conflitos no período pós-privatização das telecomunicações: um estudo de caso. In: IV ENCONTRO DE PESQUISADORES EM ADMINISTRAÇÃO. Franca, 2003.

_____. *Conflitos do período pós-privatização das telecomunicações: um estudo de caso*. Ribeirão Preto: Universidade de São Paulo/ Faculdade de Economia Administração e Contabilidade de Ribeirão Preto, 2004. (Texto para Discussão – Série Administração FEA-RP/USP).

PINTO, E.P. *Negociação orientada para resultados: como chegar ao entendimento através de critérios legítimos e objetivos*. São Paulo: Atlas, 1992.

PINZÓN, L. Conflict resolution & systems thinking. *Systemist*, v. 15, n. 3, 1993.

PINZÓN, L.; VALERO-SILVA, N. A proposal for a critique of contemporary mediation techniques – The satisfaction story. Hull, England, The University of Hull, Research Memorandum, n. 14, 1996.

POLAQUINI, L.E.M.; CAMARGO, S.H.C.R.V.; SOUSA, J.G. et al. Pecuária de corte: um estudo exploratório nas relações de negociação entre uma indústria de suplementos minerais e seus clientes, na região de Ribeirão Preto SP. In: IV INTERNACIONAL CONFERENCE ON AGRIFOOD CHAIN/NETWORKS ECONOMICS AND MANAGEMENT. Ribeirão Preto, 2003.

POLLAN, S.M.; LEVINE, M. *The total negotiator*. Nova York: Avon Books, 1994.

PORTER, E.H. *Strength deployment inventory manual of administration and interpretation*. New York: Wiley, 1973.

PRESTES, M.; BRESSER, P. *Introdução à organização burocrática*. São Paulo: Editora Brasiliense, 7ª edição, 1980-1991.

PROBST, G. J. B. *Selbst-organization, ordnungsprozesse insozialen Systemen aus ganzheitlicher Sicht*. Berlim: Parey, 1987.

PRUITT, D. G. *Negotiating behavior*. Nova York: Academic Press, 1981.

RAIFFA, H. *The art and science of negotiation*. EUA: Library of Congress Cataloging in Publication Data, 1982.

RAY, M. What is the new paradigm in business?. In: RAY, M.; RINZLER, A. (org.). *The new paradigm in business – Emerging strategies for leadership and organizational change*. Nova York: Putnam, 1993, p. 1-10.

RAY, M.; RINZLER, A. (org.). *The new paradigm in business – Emerging strategies for leadership and organizational change*. Nova York: Putnam, 1993.

REASON, P. (org.). *Human inquiry in action*. Londres: Sage, 1988.

REASON, P.; ROWAN, P. *Human inquiry*. Chichester: Wiley, 1981.

RECK, R. R.; LONG, B.G. *A negociação ganha-ganha: como negociar acordos favoráveis e duradouros*. 4.ed. São Paulo: Saraiva, 1994.

REVANS, R. *Hospitals: communications, choice and change*. Londres: Tavistock, 1972.

ROBINSON, C. *Effective negotiating*. Londres: Clays, 1996.

RODRIGUEZ DELGADO, R. *Teoría de sistemas y gestíon de las organizaciones*. Lima: Sociedad Española de Sistemas Generales y Instituto Andino de Sistemas, 1994.

ROJOT, J. *Negotiation: from theory to practice*. Hong Kong: Macmillan, 1991.

ROMM, N.R.A. *Continuing tensions between soft systems methodology and critical systems heuristics*. The University of Hull, Working Paper n. 5, 1994.

_____. Knowing as intervention: reflections on the application of systems ideas. In: Systems Practice, Nova York e Londres, *Plenum*, v. 8, n. 2, 1995, p. 137-168.

ROSEN, R. Some comments on systems and system theory, *Int. J. Gen. Syst*, v. 13, n. 1, 1986. In: Klir, 1991, p. 213-215.

ROSENHEAD, J. *Rational analysis for a problematic world*. Chichester/Nova York: Wiley, 1989.

SADOVSKY, V.N. Fundamentos da teoria geral dos sistemas (em russo), 1974. In: BLAUBERG et al. Moscou: Wiley, 1977.

SALAMAN, G. Management development and organizational theory, *Journal of European Industrial Training*, v. 2, n. 7, 1978.

SAMPSON, J.R. Adaptative information processing – An introductory survey. Nova York: Springer, 1976.

SCARE, R.F.; MARTINELLI, D.P. negotiation strategies applied on agribusiness certification. In: III Congresso Internacional de Economia e Gestão de Negócios Agroalimentares. *Anais...* Ribeirão Preto, 2001.

SCHEIN, E.H. Kurt Lewin's change theory in the field and in the classroom: notes toward a model of managed learning. Systems Practice, Nova York e Londres, *Plenum*, v. 9, n. 1, 1996, p. 27-47.

SCHWANINGER, M. *Managementsysteme*. Frankfurt: Campus, 1994.

SENGE, P.M. *A quinta disciplina – arte. teoria e prática da organização de aprendizagem*. Rio de Janeiro: Best Seller, 1990.

SENGE, P.M.; KLEINER, A.; ROBERTS, C. et al. *A quinta disciplina – caderno de campo: estratégias e ferramentas para construir uma organização que aprende*. Rio de Janeiro: Qualiltymark, 1997 .

SENGUPTA, S.S.; ACKOFF, R.L. Systems theory from an operations research point of view, *General Systems*, v. X, 1965, p. 43-48.

SIMON, B. Reflection and vulnerability in action research: bringing forth new worlds in our learning. Systems Practice, Nova York e Londres, *Plenum*, v. 11, n. 2, 1998, p. 179-191.

SPARKS, D.B. *A Dinâmica da negociação efetiva – como ser bem-sucedido através de uma abordagem ganha-ganha*. São Paulo: Nobel, 1992.

STEELE, P.; MURPHY, J.; RUSSILL, R. *It's a deal: a practical negotiation handbook*. Inglaterra: McGraw-Hill, 1995.

STONIER, T. *Information and the internal strucuture of the universe*. Springer-Verlag, 1990.

SUTHERLAND, J.W. *Systems – analysis, administration, and architecture*. Nova York: Van Nostrand Reinhold, 1975

THOMAS, K. Conflict and conflict management. In: DUNNETTE, M.D. (org.), *Handbook of industrial and organizational psychology*. Chicago: Rand McNally College Publishing, 1976, p. 891.

_____. Toward multi-dimension values in teaching: the example of conflict behaviors. *Academy of Management Review*, jul-1977, p. 484-490.

TORBET, W.R. *The power of balance: transforming self, society and scientific inquiry*. Newbury Park: Sage, 1991.

TRIST, E.; BAMFORTH, K.W. Some social and psychological consequences of the long-wall method of coal getting. *Human Relations*, v. 4, 1951, p. 3-38.

TSOUKAS, H. The road to emancipation is through organization development: a critical evaluation of total systems intervention. Systems Practice, Nova York e Londres, *Plenum*, v. 6, 1993, p. 53-70.

ULRICH, H. *Die unternehmung als produktives soziales system*. Berna: Haupt, 1968.

_____. Management – A misunderstood societal function. In: ULRICH, H.; PROBST, G.J.B. (org.). *Self-organization and management of social systems*. Berlim: Springer, 1984, p. 80-93.

ULRICH, H.; KRIEG, W. *Das St. Galler management – modell*. Berna: Haupt, 1972.

ULRICH, H.; PROBST, G. J. B. *Self-organization and management of social systems*. Berlim: Springer, 1984.

ULRICH, H.; PROBST, G.J.B. *Anleitung zum ganzheitlichen Denken und Handeln*. Berna: Haupt, 1983.

ULRICH, W. *Critical heuristics of social planning*. Berna: Haupt, 1983.

_____. *If systems thinking is the answer, what is the question*. Lincoln School of Management, University of Lincolnshire and Humberside, Working Paper n. 22, 1998.

_____. *Systems thinking as if people mattered – critical systems thinking for citizens and managers*. Lincoln School of Management, University of Lincolnshire and Humberside, Working Paper n. 23, 1998.

URY, W. Getting past no – Negotiating your way from confrontation to cooperation. EUA: Bantam Doubleday Dell Publishing Group, 1993.

VENTURA, C.A.A.; MARTINELLI, D.P. Negociações internacionais: um estudo de caso em três empresas da região de Ribeirão Preto, São Paulo, Brasil. *FACEF Pesquisa*, v. 11, p. 221-32, 2008.

WARFIELD, J.N. Organizations and systems learning. In: GENERAL SYSTEMS, YEARBOOK OF THE SOCIETY FOR GENERAL SYSTEMS RESEARCH, 27ª Reunião Anual, v. 27, p. 5-74, Detroit, mai-1983.

WARFIELD, J.N.; CARDENAS, A.R. *A Handbook of interactive management*. 2.ed. Ames: The Iowa State University Press, 1994.

WEEKS, D. *The eight essential steps to conflict resolution – Preserving relationships at work, at home, and in the community*. Nova York: G. P. Putnam's Sons, 1992.

WENNINGER, E.P. Entropy, equilibrium, and organizations: problems of conceptualization. In: MELCHER, A.J. *General systems and organization theory – methodological aspects*. Ohio: Kent State Univ. Press 1975, p. 23-31.

WHYTE, W.F. *Learning from the field*. Beverly Hills: Sage, 1984.

_____. *Participatory action research*. Newbury Park: Sage, 1991.

ÍNDICE REMISSIVO

A

Abordagem sistêmica da
negociação 194
Abordagens de negociação 163
segundo o enfoque
sistêmico 169
Ackoff 108, 109, 112, 141
Acomodação 9
Acordo 22
Administração 3, 4, 119
Administração e visão
sistêmica 9
Administração evolutiva 158,
240
Alemães 63
Alocador de recursos 116
Americanos 63
Arbitragem 50, 51

C

Centraversion 109
Cibernética administrativa 5
Classificação de Gottschalk 77
Classificação de Marcondes 92
Competição 56
Comunicação 16, 198, 199
Comunicação bilateral 16
Conceituações de negociação
163
Conflito(s) 26, 27, 29, 39,
44, 214
administração dos 34
análise dos 31
construtivos 30
destrutivos 30
entendimento dos 27
litigioso 33
mediação e arbitragem na

resolução dos 45
menos intensos 34
método integrativo de
solução de 35
muito intensos 33
negociação nos 43
origem dos 25
paradoxal 33
predomínio do 32
resolução de 41
situações de 33
terminal 33
tipos de 28
uma nova visão
sobre os 38
Consenso 9
Controlador de distúrbios 116
*Critical heuristic of social
planning* (CHSP) 153
Critical systems thinking
(CST) 156

D

Dialético 101, 107
Discussão 29
Disseminador 116

E

EGS 4
Empírico 100, 106
Empreendedor 116
Enfoque
de justiça 55
individualista 54
moral 55
utilitário 54
Estilo(s)
adapta e negocia (A/N) 90

afirmação 94
amigável 74
ardiloso 73
atração 96
calculista 82
caloroso 79
confrontador 74
dá e apoia (D/A) 88
de negociação 71, 72
"destensão" 97
duro 78
ligação 95
mantém e conserva
(M/C) 89
negociador 83
persuasão 94
restritivo 73
toma e controla (T/C) 88
Estruturalista 104, 108
Ética 52, 53, 55, 56
nas negociações 211
Extrovertido 108, 109

F

Figura de proa 115
Franceses 63

G

Ganha-ganha 1, 2, 8

H

Habilidades essenciais dos negociadores 202
Heurística crítica do planejamento social (HCPS)
153
Holandeses 63

262 NEGOCIAÇÃO EMPRESARIAL

I

Informação 21
Ingleses 62
Inquiring systems 134
Interactive planning 139
Introvertido 108, 109
Intuitivo 105, 108

J

Japoneses 64
Jogos de empresas 4
Justiça 56

L

Líder 115
Lifo 85
Ligação 115
Local systemic intervention (LSI) 156, 157
Lucro 56

M

Mediação 47, 48, 49
Método da solução integrativa de problemas 36
Metodologia cibernética de Espejo 5
Metodologia sistêmica flexível (SSM) 150
Mintzberg 114, 115, 117
Modelo de Jung 72, 73
Modelo evolutivo de administração 161
Monitor 116
Movimento das relações humanas 5

N

Negociação(ões) 1, 2, 4, 15
e administração 3
e o relacionamento humano 22
e sistemas 191
e solução de conflito 25
evolutiva 228
habilidades básicas em 24
individualistas 214
internacionais 58, 222
justas 214
morais 214
na administração 66
sob um ponto de vista estratégico 23

utilitárias 213
variáveis básicas de 17
Nível de sistemicidade 172, 181

O

O planejamento da negociação 205
O planejamento interativo 139

P

Países do Mediterrâneo 62
Papéis gerenciais do administrador 114
Perfil(is)
pragmático 225
psicológico 108, 223, 226
racionalista 225
sistêmico 225
Pesquisa-ação (*action research*) 129
Planejamento interativo 140
Pluralista 7, 8
Poder(es) 18
circunstanciais 19
da capacidade persuasiva 19
da moralidade 19
da persistência 19
de atitude 19
de barganha 20
de conhecer as necessidades 20
de posição 19
do especialista 19
do precedente 19
pessoais 19
Porta-voz 116
Pragmático 101, 107
Princípio de hierarquização de sistemas 228
Processo de negociação 194, 196, 198, 201
variáveis básicas de um 200

R

Racional (ou Racionalista) 99, 106
Radical/Coercitivo 7, 8
Responsabilidade
discricionária 55
econômica 55
ética 55
legal 55
Russos 64

S

Shareholders 6
Sistema(s) 9, 10, 119
adaptativo 123, 124, 125
auto-organizado 123
autopoiéticos 126
evolutivo 123
homeostático 123
indagadores 134
Sistêmico 103, 107
Soft systems methodology 150
Solução de conflitos 71, 216
Stakeholders 6
Strategic assumption surfacing and testing (Sast) 143, 144, 145, 146
Strategic option development and analysis (Soda) 146
Suecos 62

T

Team Sintegrity 5
Tempo 20
Teoria
clássica das organizações 31
da administração 5, 6
de sistemas 11, 126, 128
mecânica 31
Testing polarized viewpoints (TPV) 143
Tipologia de Kinston e Algie 98
Tipos psicológicos 216
Tolerância 9
Total systems intervention (TSI) 156, 157

U

Unitário 7, 8

V

Viable System Model (Modelo de Sistema Viável) 5
Visão sistêmica 126, 191, 232

W

Weltanschauungen (W) 218, 219, 220, 222